U0668598

中国期货市场量化交易

（R与C++版）

李尉◎著

清华大学出版社

北 京

内 容 简 介

本书主要介绍如何运用统计分析和机器学习等方法对中国期货市场量化交易进行建模分析。不仅覆盖了最基础的数据获取、数据清理、因子提取、模型构造以及最后的动态投资组合优化、C++编程实现等方面，而且有丰富的代码方便读者临摹学习和修改提升。本书中的数据首先是交易所最原始的期货分笔数据，在此基础上整合成 5 分钟 K 线，然后再计算预测因子，最后套入统计预测模型。在交易层面，采用严谨的滚动优化方式，充分考虑了滑点和手续费，严格测试。另外本书还覆盖了中低频的趋势策略以及高频的短趋势策略，最后也详细介绍了跨期套利策略，以及对读者择业就业的建议。

本书内容的广度和深度都是国内市场上少见的，适合相关专业人士和感兴趣的投资爱好者阅读，如高校数理类和经管类师生及证券、期货、私募证券、公募基金等量化交易相关从业人员，以及对机器学习在金融方面运用的相关人士和对量化交易感兴趣的各行各业人士。

版权所有，侵权必究。举报：010-62782989，beiqinquan@tup.tsinghua.edu.cn。

图书在版编目(CIP)数据

中国期货市场量化交易：R与C++版 / 李尉著. — 北京：清华大学出版社，2018（2022.10 重印）

ISBN 978-7-302-50322-4

Ⅰ.①中… Ⅱ.①李… Ⅲ.①期货市场－研究－中国 Ⅳ.①F832.5

中国版本图书馆 CIP 数据核字（2018）第 114984 号

责任编辑： 刘志彬
封面设计： 汉风唐韵
版式设计： 方加青
责任校对： 宋玉莲
责任印制： 曹婉颖

出版发行： 清华大学出版社
  网　　址：http://www.tup.com.cn，http://www.wqbook.com
  地　　址：北京清华大学学研大厦 A 座　　　　　邮　编：100084
  社 总 机：010-83470000　　　　　　　　　　　邮　购：010-62786544
  投稿与读者服务：010-62776969，c-service@tup.tsinghua.edu.cn
  质 量 反 馈：010-62772015，zhiliang@tup.tsinghua.edu.cn
印 装 者： 三河市国英印务有限公司
经　　销： 全国新华书店
开　　本： 170mm×240mm　　**印　张：** 19.75　　**字　数：** 319 千字
版　　次： 2018 年 11 月第 1 版　　**印　次：** 2022 年 10 月第 5 次印刷
定　　价： 89.00 元

产品编号：078896-01

前言

期货市场是一个有着悠久历史的金融市场，早在几百年前，芝加哥一带的农民聚集在一起，商量一个有中央结算性质的交易场所，最终成立了芝加哥期货交易所。后来随着电子计算机技术的发展，期货交易所日益电子化，交易更为便捷，交易大厅的交易员也逐渐演变成计算机前的量化交易员和程序员。

相比期货交易，量化交易是一个更新鲜的概念。传统的期货交易有很多技术分析的书籍，如经典的《日本蜡烛图技术》《期货市场技术分析》等，一般更着重于使用技术图表分析 K 线形态，从而给交易员提升买卖点位，辅助交易员主观交易。

然而，量化交易不大一样，或者说是期货交易的升华。量化交易更多是运用现代统计学模型，包括机器学习、深度学习等模型来预测市场的价格变化，从而编写计算机程序，实现自动交易。更广泛地说，投资的整个过程，包括品种的选择、价格变化的预测、投资组合权重的分配、最小化交易成本地下单等，都可以使用相应的量化模型来分析，并且提供一套系统性、科学性的测试方法。因此，量化交易跟传统意义上辅助交易员下单的技术分析还是很不一样的。

对于一些基本面信息，本质上也可以融入量化模型中，因此，量化分析和基本面分析并不矛盾。并且现在市场上也有很多期货和股票方面的基本面量化的书籍供读者参考翻阅。

目前，国内期货市场蓬勃发展，量化交易方兴未艾。然而，目前国内很多私募量化基金交易的期货策略都是传统的程序化交易方法，与国外基于统计分析、机器学习模型的方法相比存在较大差距。然而国内却没有有关方面的书籍，即使有也是在股票投资方面，期货方面仍属空白。因考虑到广大理工科学生和科研人员对金融量化交易有着极大的热情，且本人有国内外期货量化交易多年的经验，于是写作了本书。

本书特色

1. 国内率先系统性运用统计和机器学习模型研究中国期货市场的书

国外用机器学习模型研究股票与期货市场的书确实存在，但比较新，如《Machine Trading: Deploying Computer Algorithms to Conquer the Markets》，主要运用 Matlab，分析的主要是美国股票市场日线数据。本书分析的是国内期货市场，使用的是分笔数据和 5 分钟 K 线数据，频率上要比市场上同类书籍高出不少。另外本书的模型都是本人实战多年的成果，有着良好的实盘交易记录，并且还给出了研究用的 R 代码和实盘用的 C++ 代码，方便读者学习。能做到这点的，市面上无论中国还是美国，以本人的经验看，尚不存在。

2. 理论结合实际，由浅入深，娓娓道来

本书从最基本的分笔数据出发，如从如何获得数据、如何合成 K 线等，到最后的 C++ 实盘交易程序，应该说量化交易的内容都有所涵盖。从最基本的基于买卖规则的策略，到最后基于深度学习、增强学习的策略都有所涉及，而且有详细的 R 和 C++ 代码，方便大家自主学习。本人也有着丰富的国内外量化交易经验，不仅在美国对冲基金公司全职工作过，而且也在国内多家期货公司和私募基金工作过。本书里面的代码经历过多年实盘交易的检验，另外也会穿插介绍本人的职场经历，可以供各位参考。

3. 覆盖高频与中低频交易

绝大多数的量化交易书籍都不会涉及高频交易，本书却给出了研究高频交易模型的框架，同时检验了多种经典的机器学习预测模型。一般来说，相对于中低频交易，高频交易数据量更大，就可以训练更复杂的模型，因此本书也探讨了很多非线性的模型。但对于中低频交易的训练，还是以传统线性模型为主。

本书内容及体系结构

第 1 章　期货基本策略概要。简单介绍了目前国内流行的股票对冲、商品 CTA、高频交易等策略，以及常见的程序化交易平台，对比了 R、Python、Matlab 等常见的分析语言，并且对全书进行了概括性的介绍，结合本人的经历发表了对国内量化交易市场的看法。

　　第 2 章　数据处理。详细介绍了国内商品期货分笔数据的数据结构、获取的方式、处理的方法等，以及如何从分笔数据合成 K 线数据，如何提取主力合约，如何编写更高效率的处理程序等。其中包括 R 与 C++ 相结合的编程方式，如何在 R 里面编译及调用 C++ 程序，如何使用多核并行计算等，而且有详细的 R 与 C++ 代码，为以后的建模做准备。

　　第 3 章　预测因子。任何模型本质上都是因子的组合方式。机器学习模型又被称为统计预测模型，因此里面用到的因子自然被称为预测因子，当然也有人称为特征因子。本章介绍了构造因子的方法，给出了一些常用的因子，并且还给出了测试因子的基本方法。这里的因子既有基于 K 线信息的因子，也有基于分笔数据的高频因子，方便各种策略使用。

　　第 4 章　基础统计模型。本章在第 3 章的基础上，运用一些经典的统计模型进行预测分析，并且使用了训练集、验证集和测试集的概念，严谨建模。本章使用的模型以线性模型为主，因为对于绝大多数情况，采用线性模型已经足够了。在模型测评方面，采用样本外的 R^2 作为主要依据，这种方法跟样本内的 R^2 和调整后的平方都不一样。

　　第 5 章　复杂统计模型与机器学习。本章讨论了更为复杂的统计模型，一般也被称为机器学习模型，包括决策树、随机森林、神经网络、深度学习等，并且对比了不同模型之间的表现。由于金融数据的高噪声、高维度特征，因此复杂的模型很多时候未必会比简单的模型更好。在中低频交易中，如果条件允许，花更多精力收集信息或许更为有效。

　　第 6 章　从预测到交易。有了预测模型之后，还要落实到交易才有意义。把预测结果转成交易信号有很多方法，本章会进行比较。当然还要结合品种的买卖价差和手续费，以及交易的频率等。对于股票配置型的策略和期货择时型的策略，会有不一样的处理方法。

　　第 7 章　策略模型深化。本章是对前面几章的总结和提炼，主要是在结果一致的情况下探讨一些提高计算速度的方法，从而提高研究效率。很多时候，量化研究过程需要很多次的搜索、迭代等运算，这会消耗大量时间。如果能提高计算速度，那么就可以大大提高研究的效率。事实上，最近神经网络、深度学习等方法重新流行起来，更多是依靠 GPU 等计算技术的发展。

　　第 8 章　投资组合优化。有了交易信号和资金曲线之后，下一步就是对各个策略、各个品种的投资组合进行优化工作。事实上，这部分工作也可以用量化模型来完成。与之前的统计预测、机器学习不同，这部分更多是传统的运筹优化方面的模型，如均值－方差模型、Black-Litterman 模型等。本章对比不同的投资组合优化的方法，并给出测评的结果及相关的程序。

第 9 章 投资组合优化深入研究。本章主要介绍了风险评价策略和增强学习（近似动态规划）等在投资组合里面的应用。其中近似动态规划属于动态投资组合优化的内容。另外，本章也介绍了策略的滚动优化和动态调整，对比了滚动优化和全局最优化的结果。事实上，如果处理得当，滚动优化可以取得比全局最优更好的效果。

第 10 章 C++ 实现策略。本章主要介绍了如何把 R 语言转换成 C++，从而实现自动交易。本章还介绍了 CTP 接口的基本原理，以及转换策略的基本步骤，包括处理行情数据、K 线数据、计算指标、计算仓位、合并策略等。本章主要是基于 Linux 的 C++ 编程，系统默认是 Ubuntu 16.04 LTS，读者掌握后就能自主编写全自动交易程序了。

第 11 章 实盘交易管理。上一章介绍了用 C++ 实现实盘交易的程序。事实上交易过程中其实会遇到各种各样的问题，特别是自己用 C++ 写程序，各类错误都要自己调试改正。本章系统介绍实盘交易会遇到的各种问题，并给出相应的解决方案。

第 12 章 套利交易。前面介绍的都是关于投机型趋势策略。因为没有做空的限制，所以商品期货从本质上都可以交易。本章就专门讨论套利类的策略，先从最基本的跨期套利开始，然后再简单介绍一些跨品种套利。

第 13 章 求职与工作。前面章节讲的都是量化交易研究与技术方面的问题。现实中，我们技术人员还要去工作，无论是担任期货的资管还是从事私募证券投资基金。因此，在学习了前面的知识之后，本章有关求职与工作相关的话题，作者有些经验可以和读者们分享。

<h2 style="text-align:center;color:red">本书读者对象</h2>

- 数学、统计、信息与计算科学、计算机、金融工程等专业本科生、研究生
- 高校数理类和经管类教师和科研人员

- ■ 证券、期货、私募证券、公募基金等量化交易相关从业人员
- ■ 对量化交易感兴趣的各行各业人士
- ■ 对机器学习在金融方面运用的相关人士
- ■ 人工智能方面想从事量化交易的相关人士
- ■ 学习R语言或C++的相关人士
- ■ 其他对中国期货市场量化交易感兴趣的人

感　谢

　　本书写作过程中，本人的妻子张妮洁女士正处于怀孕中，还要不断给本人写作提供各种各样的帮助。在此，本人表示对妻子衷心的祝愿。希望我的妻子能一切顺利，同时希望我们的宝宝能平安出生，成为新一代的"baby quant"。对于本书的更新和未来进展，本人会在知乎"baby quant 谈量化金融"专栏里发布，敬请各位读者留意。

2018 年 1 月

baby quant

本书相关程序、数据资料获取方式

1. 找到下面的"文泉云盘防盗码";

2. 用指甲或者塑料尺子轻轻刮开表面涂层;

3. 用微信扫码实现授权,按照下列提示操作。

注:防盗码一书一码,一旦授权,其他微信号不可使用。

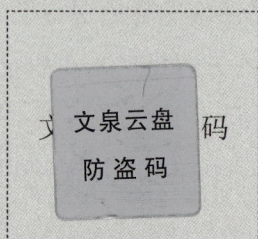

文泉云盘
防盗码

1. 用微信扫该码获取授权

2. 用微信扫该码获取下载链接

3. 选择"推送到我的邮箱"

4. 输入您个人的邮箱地址,点击"发送"

目录

第一章　期货基本策略概要

1.1　股指日内策略 …………………… 2

1.2　商品趋势策略 …………………… 6

1.3　高频交易策略 …………………… 12

1.4　本节介绍 …………………… 17

1.5　未来展望 …………………… 18

1.6　本章小结 …………………… 21

第二章　数据处理

2.1　期货分笔数据 …………………… 23

2.2　合成 5 分钟数据 …………………… 29

2.3　异常处理 …………………… 38

2.4　本章小结 …………………… 41

第三章　预测因子

3.1　技术指标来源 …………………… 43

3.2　因变量的选择 …………………… 52

3.3　高频因子 …………………… 60

3.4　本章小结 …………………… 66

第四章　基础统计模型

4.1　线性回归 …………………… 68

4.2　带约束的线性回归 …………………… 75

4.3　模型选择 …………………… 82

4.4　本章小结 …………………… 86

第五章　复杂统计模型与机器学习

5.1　复杂统计模型 …………………… 88

5.2　跨品种因子 …………………… 94

5.3　高频数据建模 …………………… 101

5.4　本章小结 …………………… 111

第六章　从预测到交易

6.1　落实到交易才有意义 …………………… 113

6.2　开平仓阈值 …………………… 115

6.3　策略筛选 …………………… 125

6.4　本章小结 …………………… 129

第七章　策略模型深化

7.1　优化提速 …………………… 131

7.2 策略更新 ··············· 140

7.3 计算因子的技巧 ········· 143

7.4 本章小结 ··············· 146

第八章 投资组合优化

8.1 马科维茨均值 - 方差模型 ····· 148

8.2 简单分配的情况 ············ 158

8.3 本章小结 ················ 166

第九章 投资组合优化深入研究

9.1 风险平价策略 ·············· 169

9.2 动态投资组合优化 ·········· 173

9.3 近似动态规划（增强学习）··· 189

9.4 本章小结 ················ 192

第十章 C++ 实现策略

10.1 关于期货程序化接口 ········· 194

10.2 从 R 到 C++ ··············· 198

10.3 本章小结 ················ 224

第十一章 实盘交易管理

11.1 模拟交易 ················ 227

11.2 风险管理 ················ 232

11.3 资金曲线管理 ············· 240

11.4 人工主观干预 ············· 243

11.5 心态管理 ················ 246

11.6 本章小结 ················ 249

第十二章 套利交易

12.1 策略介绍 ················ 251

12.2 跨期套利深入研究 ········· 259

12.3 跨期套利策略 ············· 268

12.4 跨品种套利 ··············· 277

12.5 本章小结 ················ 285

第十三章 求职与工作

13.1 对在校学生的建议 ·········· 287

13.2 工作初期 ················ 290

13.3 投资经理 ················ 294

13.4 业内交流 ················ 298

13.5 本章小结 ················ 302

后记 ······················· 304

第一章

↓

期货基本策略概要

本章主要介绍期货量化交易策略的基本类型及发展的历程。目前国内的期货品种已经有数十个，其中金融期货包括股指期货和国债期货。商品期货则覆盖农产品、能源化工、有色金属、黑色金属、贵金属等各个板块。曾经股指期货的交易额占全部期货品种的90%，但2015年股指交易受限制之后，股指交易量下降了99%。目前的期货市场由商品主导，特别是螺纹钢、铁矿石等黑色系商品。下面分别介绍各品种对应的策略。

1.1　股指日内策略

在 2012-2015 年，最受欢迎的期货量化策略是股指日内策略。国内有很多期货程序化交易平台，如 TB 开拓者、金字塔交易系统等，很多本土的量化交易团队都会使用这些平台。这些平台的优点主要是回测、优化、模拟、交易都是同一个程序，不需要修改，而且平台会自动维护数据库，另外只需要支付很低的费用（如金字塔当时是 1800 元 / 年）就可以实现自动交易。以至于很多初创公司都会使用这类平台。

1.1.1　日内策略简单介绍

这类平台的期货历史数据主要是连续合约和指数合约。所谓连续合约，比如螺纹钢现在成交量最大的是 rb1305，那么连续合约对应的数据就是 rb1305 的数据，如果过了一段时间螺纹钢成交量切换到 rb1310，那么连续合约的数据就是 rb1310。所谓指数合约，指的是该品种上市的所有合约的加权合约。因此，实际上并不存在指数合约这个交易标的。之所以使用指数合约，是因为商品策略一般是隔夜策略，而连续合约在换月上会有较大跳空，回测的时候不准确，因此使用指数合约可以缓解跳空带来的影响。

我们可以看一个连续合约跳空的例子，如图 1-1 所示。

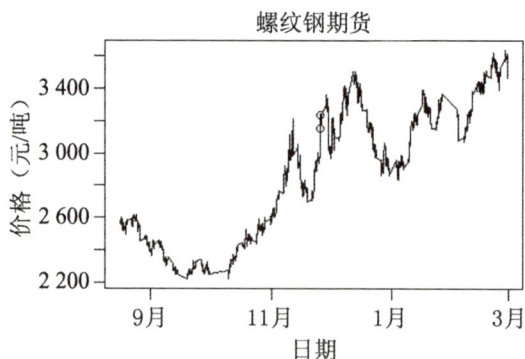

图 1-1　螺纹钢连续合约

图 1-1 中价格曲线的两个圆圈表示合约换月的日子，可以看到合约价格有较大的跳空。如果回测的时候没有注意到，就很可能捕捉到这个虚假盈利。如果要更精确地进行回测，则需要在换月之前平仓。第三方平台要将此写入程序里，不是那么的方便，如果用 R 语言等更通用的统计分析语言则方便得多。

有些人可能会问，现在很多微信号和淘宝店铺都有销售基于第三方平台的程序化交易策略，售价几十元到几百元不等，资金曲线也挺好看，既然如此，为何还要使用这么复杂的基于机器学习的量化交易呢？

事实上，很多上述策略设置了极低的手续费，比如万分之一，而且没有设置滑点，只能用最新价交易，这对商品来说每交易一次其实还能获得不少便宜。另外它们使用的是指数合约，对跳空没做专门处理，很可能策略捕捉的是不存在的行情。

正是因为使用第三方平台写隔夜策略有这些麻烦，所以很多人喜欢做日内策略。日内策略由于强制性日内平仓，因此就不会有赚取换月虚假跳空获利的情况。然而，国内上市期货品种虽然大约有 50 个，但绝大多数不适合日内策略。日内平仓可以看作一种风险控制手段，规避了隔夜的风险，放弃了潜在的利润，也避免了潜在的损失。然而，要规避这种风险是需要付出代价的。每天的平仓操作就是代价：一来需要支付手续费；二来需要牺牲滑点。因为平仓操作是必须成交的，所以一般会主动成交。

说到成交方式，一般有两种：一种称为被动成交；另一种称为主动成交。一般来说，如果需要立即成交，则会采取主动成交的方式，比如市价成交，或者加入很大滑点的限价成交。对于被动成交，则一般都是限价成交，比如说要买入，一般是当前的买 1 价，也可以是比买 1 价低的价。对于流动性比较差的品种，买卖价差非常大，被动成交可能是买 1 与卖 1 之间的某个价位挂单。

如果是第三方平台的程序化交易，一般都是趋势型策略，不会涉及频繁的挂撤单操作，因此基本可以假设是市价成交。对于上海期货交易所这种没有市价指令的交易所，一般是加了 3 个价位的限价指令，它的目的是立即成交。

好了，下面我们更仔细地介绍股指日内策略。

1.1.2　曾经辉煌

前面说过第三方平台非常适合股指日内策略。由于程序化交易、私募基金等是在 2012 年开始大规模兴起的，所以当时规模都还很小，几百万到几千万的水平，而股指日内策略的容量一般也是这么大。一个比较好的股指日内策略其实交易频率并不高，一般 1 周 1 次，即 5 天 1 次，如果一个团队储备了 50 个比较好的策略，那么平均下来每天有 10 个策略触发，可以做 10 手。当时股指合约的价值为 50 ～ 100 万元，因此，10 个策略对应的容量是几千万元。日内策略的收益回撤比较隔夜策略好，如果每个策略的收益 / 最大回撤有 1 ～ 2 倍，50 个策略合起来应该可以达到 3 ～ 5 倍，这已经是非常好的策略组合了。

如图 1-2 所示，这是一个股指日内策略组合的效果图。

测试时间：12/01/04-15/07/31 共1304天　年回报率：15.40%　利润率：66.83%　胜率：45.76%
交易次数：1414　最大回撤：5.38%（214 573.50）　回撤时间：15/06/15　MAR比率：2.86

图 1-2　股指日内策略组合

这是 5 个策略的组合，每个策略配 50 万元资金，初始资金 250 万元，总收益 66.83%，最大回撤 5.38%，收益回撤比超过 10 倍。由此可以看出，策略在 2013 年 8—12 月持续振荡，因为在经历大跌之后的那个时期股指每天均窄幅波动，真正获利多的是 2014 年年底开始的大牛市，一直持续了很长时间。一般股指日内策略回测标准是最新价加合约价值万分之三的成本。

2015 年 8 月开始股指实盘，其中 2015 年 10 月之后持续稳定，实盘结果如图 1-3 所示。

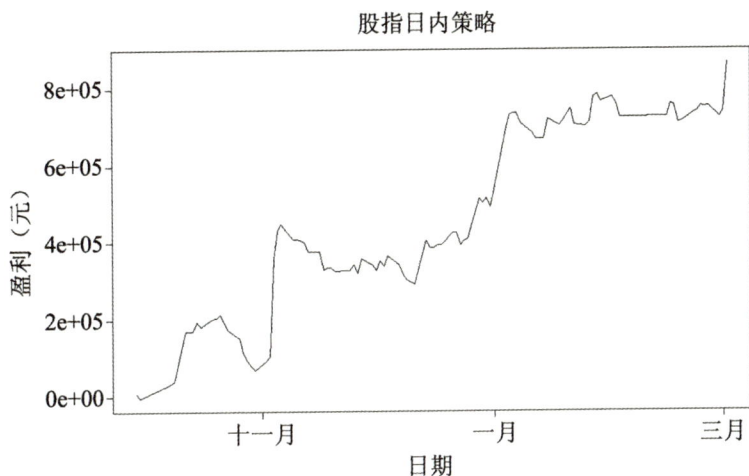

图 1-3　股指日内策略实盘交易

2015 年 10 月—2016 年 3 月：夏普比 3 倍，累计收益 / 最大回撤 5.68 倍。应该说这段时间的股指日内表现都还是很不错，主要原因是在股指受到限制后很多厉害的量化团队放弃了这块业务，因此市场有效性降低，盈利变得更加容易。

1.1.3　近期发展

然而，2015 年 8 月，证监会已经对股指进行了开仓限制，每天只能开仓 10 手，之后买卖价差变大，流动性变低，使股指日内策略的盈利难度变大。其实 2015 年 8 月—2016 年 3 月还是可以的，毕竟当时的波动还很大，基本上还可以每个月都能盈利，但 2016 年 1 月经历了熔断，之后波动开始下降，2016 年 3 月之后股指日内盈利就比较困难了，于是很多人采取了折中的办法，比如日内收盘不再硬性平仓，毕竟日内的波动已经无法覆盖平仓的成本了。

2015 年 8 月之后日内平仓手续费增加了 100 倍，要规避这个限制，只能采取锁仓的方式。国内的交易方式跟国外不大一样，国内有"开仓""平仓"

的概念。比如现在没有仓位的话，买入操作其实是买入开仓，给交易所增加新的持仓量；如果现在已经有了仓位，比如现在是空仓，那么可以选择买入平仓，相当于为交易所减少当前的持仓量。然而，即使现在已经有了空仓，也可以选择买入开仓，这样就规避了日内平仓高额的手续费，只需要在第二天再买入平仓和卖出平仓，即可平掉仓位，实现日内交易。

一开始交易所对保证金的措施是"单向较大金额"，即买入开仓和卖出开仓都要占用保证金，但只收取更大的那一边。后来交易所为了抑制日内交易，取消了这一规定，而且把保证金调整至 40%，双向就是 80%，几乎没有杠杆了，这进一步降低了日内交易的吸引力。

2017 年开始了大盘股的牛市，俗称"漂亮 50"和"悲惨 3000"，或者说一九行情。即大盘股开启了持续上涨的趋势行情，这也给股指日内交易提供了机会。很多在 2016 年长期不盈利的策略在 2017 年也开始盈利。随着股指限制从 10 手到 20 手，保证金比例也相应下调，相信未来会越来越好。

1.2　商品趋势策略

商品趋势策略是最传统的量化交易策略，一般人们称为程序化交易策略。下面简单介绍一下。

1.2.1　程序化交易的挚爱

传统的程序化交易者都是交易商品起家的，因为股指期货 2010 年才上市。例如，TB 开拓者陈剑灵就是做商品趋势策略起家，然后反过来收购了 TB 开拓者，这种商品趋势策略又统称为 CTA 策略。

一开始的 CTA 策略一般基于日线指标，因为商品波动太低，持仓时间需要比较长，另外第三方平台处理数据、优化策略的速度实在太慢，很难处理更高频率的数据，因为有数十个品种，如果每个品种每个策略都优化一下，再放到几十个品种重复做一遍，计算量会非常大。因此，CTA 策略一般以日线为主，每天收盘前下单。

其实现在很多提及的机器学习、现代统计模型，实际上他们的建模过程比传统的基于灵感和规则的程序化交易模型死板很多，也正因为建模分析过程很死板，因此容易规模化，也更方便严谨测试。实际上，很多灵活处理的交易策略未必能很好地转成机器学习的模型。但从大规模生产和高速计算的角度来看，机器学习优势明显，此内容后面会提到。

下面看一下商品日线策略的例子，如图 1-4 所示。

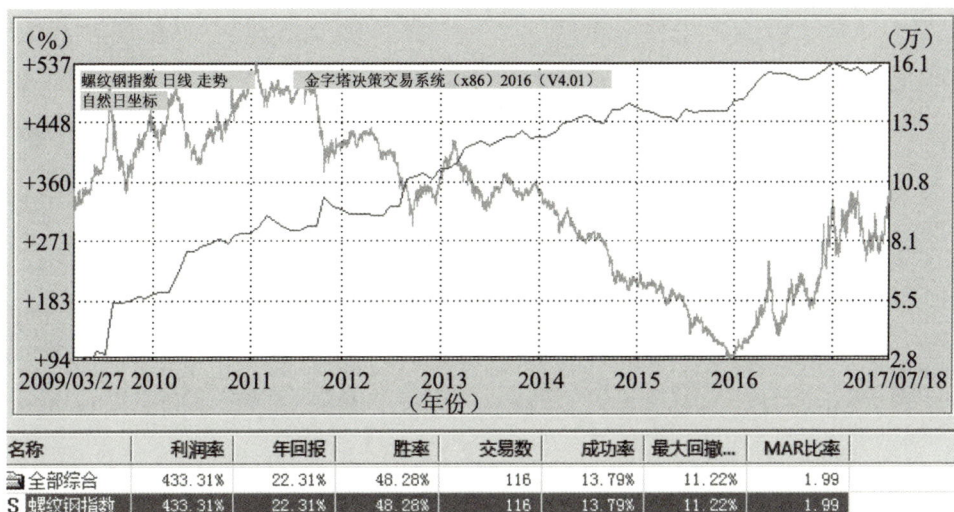

图 1-4 螺纹钢日线策略

从 2009 年 3 月 27 日螺纹钢期货上市开始，至 2017 年 7 月 18 日，单手螺纹钢初始资金 3 万，由此可见年回报达到 22.31%，累计回报 433.31%，最大回撤 11.22%，交易次数只有 116 次，相当于每年 15 次左右。交易成本是交易所手续费加两个滑点，但由于交易次数非常少，因此加多一些滑点也不会差很多。

一般商品的买卖价差比较大，比如螺纹钢，买卖价差一般占合约价值的 0.3% ～ 0.6%，而手续费只有万分之一左右，因此对于商品低频交易，成本更多指的是买卖价差，而不是手续费。

还有一项叫作 MAR 比率，它实际上是年回报与最大回撤的比值。由于最大回撤一直增加，而年回报一般来说每年会有波动，但整体来说不会随着时间的增加而增加，因此 MAR 比率对时间长的资金曲线不利。比如一些国际知名的 CTA 产品，它的 MAR 或许只有 1∶1，因为它成立了 20 多年，总有回撤大的时候。因此，利润率与最大回撤的比值更为合理。CTA 策略的利润率 / 最大回撤约 38 倍，是非常好的策略了。

这个策略是 2014 年 8 月 10 日前做的，之后没有修改，如果看完全样本外的情况，那么近 3 年表现，如图 1-5 所示。

名称	利润率	年回报	胜率	交易数	成功率	最大回撤比	MAR比率
全部综合	86.52%	23.64%	46.81%	47	14.89%	25.81%	0.92
S 螺纹钢指数	86.52%	23.64%	46.81%	47	14.89%	25.81%	0.92

图 1-5　螺纹钢日线策略回测

从图 1-5 可以看出年回报没有多少改变，利润率 / 最大回撤也有 3.35，应该说对单策略品种来说是不错的。其实最大回撤的计算也按实际发生时的曲线值作为分母，如果最大回撤发生时间较晚，此时曲线值已经增长比较高了，计算出的结果就比较小。

可以再看看样本外测试的一些指标，如图 1-6 所示。

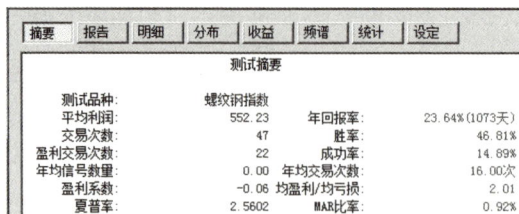

图 1-6　螺纹钢日线策略统计

胜率是 46.81%，盈亏比是 2.01，一般趋势策略的胜率都不会很高，40% ～ 50% 是比较理想的，而盈亏比会比较高，这里也有 2 倍以上。另外夏普率 2.56 也是比较高的，一般来说 CTA 策略的夏普比都不会很高，1 ～ 2 倍比较常见。螺纹钢是目前国内最活跃的商品期货，因此一个 CTA 组合能否扩大盈利，很大程度上取决于它在这种活跃品种上的盈利程度。有些策略难以扩大容量是因为它盈利的都是小品种，而大品种亏钱。

1.2.2　2016 年的辉煌

2015 年股灾之后，很多股民选择把资金转向商品市场，并且由于股指限仓，把原来交易股票的资金也转去交易商品。基于股民炒股票只能做多不能做空的特点，这些股民进入商品市场后也维持了只做多不做空的风格，导致一时间多空失衡，因而引起了 2016 年商品市场的暴涨。很多原来做商品的大户，包括现货商和投机大户，他们从基本面角度出发，维系着原来偏空的思路，随着行情的上涨不断做空，因此出现了散户赚钱大户亏钱的景象。由于散户的进入，商品单边趋势行情明显，因此 CTA 基金表现良好，很多第三方评价机构称商品 CTA 策略是 2016 年的最佳策略。智道金服研究院统计数据显示，CTA 等权平均收益为 9.40%，在所有大类资产配置策略中排名第一。

2016 年虽然全年表现良好，但中间也出现了一些波折。比如 7 月、8 月、9 月很多 CTA 出现了回撤，10 月、11 月的大涨又恢复了过来。2016 年 11 月 11 日星期五晚上，商品期货价格全面大跌，大多数基金产品净值出现了大幅度的回撤。由于此前的行情很好，大家仓位都比较重，因此这次回撤带来的损伤也是非常严重的。此后的 11 月、12 月大多数商品趋势策略没有太好的表现。

1.2.3　2017 年的惨淡

很多基金产品从"11.11 大屠杀"开始到 2017 年 7 月中旬一直回撤，甚至看不到净值曲线有好转的迹象。少数基金产品由于 CTA 基金控制了仓位，在连续七八个月的时间里窄幅振荡，然后在 2017 年 6 月、7 月的大行情中重新创了新高，结束了长达 8 个月的平台期。

仔细分析这段时间，其实还是有很多值得思考的地方。比如著名的"11.11"行情，发生在周五晚上，商品集体跳水，原来持有多头的 CTA 策略肯定是亏钱的，但如果反应及时，还是可以止损平仓出来，甚至反手做空，然后在 11 月 14 日即周一把周五晚上的亏损弥补回来。由于周五晚上和周一白天是同一个交易日，因此，如果处理得当是不会出现大幅亏损的。那段时间，商品日内策略和持仓 3～5 天的策略表现还是不错的，但持仓 7～10 天的长线策略则不尽如人意。

在接下来的 2017 年 1 月、2 月，持仓 3～5 天的策略则持续亏损，但一些更长期持仓的策略则表现良好，不少持仓 1 个月以上的策略不受短期波动的影响，在 1 月、2 月表现良好。这类基金一般容量很大，达 30 亿以上。日内交易的商品，表现也不错。事实上，商品日内策略在 2016 年之后才有比较好的表现，因为之前商品波动太小，日内波动不足以覆盖手续费，所以持续亏钱的。高频和日内策略都与波动性高度相关。

一般持仓 1 个月以上的策略都要基于基本面的数据，国内目前存在的问题是基本面数据缺乏有效的来源，数据质量也很差，并且很难保证每天准时更新数据。万德对每个品种有上中下游三类指标，每类指标都有数百个，因此每个品种可以有上千个基本面数据，除去月度、季度、年度的数据，日频数据也有数百个。如何从数百个指标中找到有预测力的指标属于统计学问题，毕竟日线的样本不会很多。而且每个指标也可以通过一些公式衍生出不同的技术指标，总体来说预测因子的数目 p 特别大，而样本数量 n 却很小，毕竟每年才 240 多天，因此，这属于 $p \gg n$ 的问题，属于高维统计（high-dimensional statistics）问题，应该用一些稀疏性（sparsity）的模型来求解，如 lasso 模型，而不是那些神经网络、深度学习等复杂的模型。

然而，3～6 月，持仓 3～5 天的策略逐渐变好，而持仓 1 个月以上的策略却损失惨重。这或许是因为持仓时间过长的策略被频繁止损出局，由于这段时间的总体趋势并不明显，无论多空都有可能亏损严重触及止损，而一般趋势策略让盈利充分奔跑，不会有强制的止盈措施，因此对长线持仓策略不利。

值得庆幸的是，2017 年 6 月、7 月商品又开启了新一轮的大涨行情，商品 CTA 结束了长期的徘徊期，不少产品也创了历史新高，开始迎接新的征程。

CTA 作为一种策略类别，其本身或许会有很长的平台期、回撤期，但由于它跟股票、债券、货币等其他投资品种相关性很低，因此，作为资产配置的一种手段，分散风险是非常必要的。对于个人投资者而言，期货的高杠杆型本质上是零息贷款，并且杠杆可达 5～10 倍，比如个人可以放 20～30 万元作为保证金进行全自动交易，每年预期收益100%，最大回撤30%～50%，10年获得上千倍的回报，也不过二三亿元，即使打个折扣，10年后100倍，也有两三千万，相当于合约价值1个亿，对期货市场影响非常小，完全在策略容量允许的范围内。第二个10年，从两三千万元起家，如果是20倍的收益，也有5亿元左右的收入。第三个10年，从5亿元起家，如果是10倍收益，则是50亿元的身家。30年时间，进可得50亿元，退也不过损失20万～30万元，其实是值得考虑的。CTA策略1980—2010年这30年的表现与标准普尔500指数的对比，如图1-7所示。

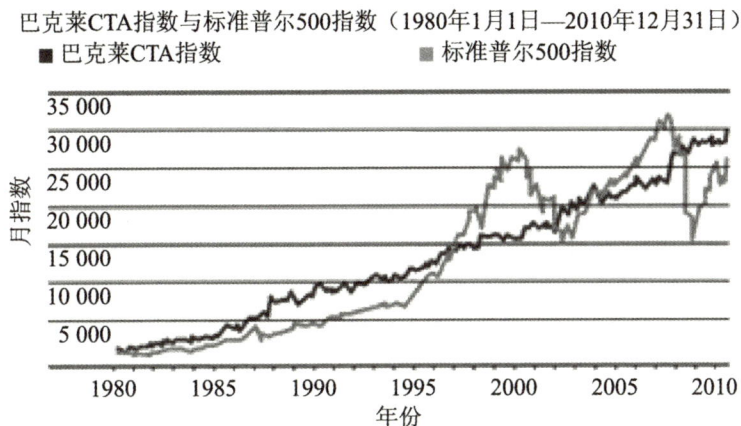

图 1-7　巴克莱 CTA 指数与标准普尔 500 指数

可见，从30年的时间段来看，相比于标准普尔500指数来说，CTA指数的收益增长要稳定得多，表现为收益更高，波动更小，回撤也不大。当然，CTA策略的总容量只有3千亿美元，而标准普尔500的总市值高达几十万亿美元，因此CTA更适合小众市场，对个人投资者和小型机构投资者来说足够了。

1.2.4　在公募机构做商品交易

一般来说，做商品CTA的大多以初创私募团队和个人散户为主，因为商品期货具有高杠杆特征，可以获得较高的收益。对于小团队来说，募集资金比较困难，只能依靠高收益来吸引客户，比如15%～20%的年化收益对客户而言才有吸引力。如果是10%～15%的收益，股票量化对冲就可以实现，没必要做高杠杆的期货，很多大机构都在做，小私募没有竞争力。

但是，对于商品 CTA，公募基金很多都没有涉足。主要是合规、风控方面的原因所导致。公募基金即使有专户，也是偏向于频率很低的股票对冲策略，因为公募基金自己的公募部门就有股票，对股票比较熟悉，对股票的风控也比较有经验。但是对于商品，很多有夜盘。传统的风控系统要加入夜盘模块的话需要额外增加一二百万元，加入商品本身也需要一二百万元，如果是国债期货可能又需要额外的一二百万元。有人会说公募基金每年收入几十亿元，加入几百万元的成本似乎并不算什么。但每块业务单独核算，对于商品 CTA 而言，公募在募集资金方面跟私募是一样的，并没有优势。因此，想要覆盖数百万元的成本，必须有几个亿的管理规模，这对于一开始成立商品的团队来说是非常困难的。另外，公募对全自动交易非常抵触，只允许出了信号后由交易员手动下单，这对期货而言可以说是噩梦，毕竟波动大起来远超股票，账户一多更是难以处理。很多在公募做 CTA 策略的都苦不堪言。另外，公募在量化人才方面储备严重不足，在 IT 方面投入更加滞后，这些均远远比不上私募。因此，如果想在 CTA 方面发展，最好的选择是去私募基金。

1.3　高频交易策略

高频交易策略给人的感觉是交易频率非常高的策略。但有一个疑问就是如果手续费很高，但波动很小，不足以覆盖手续费，那么该如何实现高频呢？在美国股票市场，被动成交是不需要交手续费的，而且还有返佣，因此成交的越多赚得越多，另外被动成交还能赚取买卖价差。因此，在美国股票市场，一些大盘股成交非常活跃，每天数据量达到几个 G，确实可以出现每分每秒都在成交，数据精度基本要达到微秒级才能分析出来，而且做市商每次成交既不用交手续费，又不会损失滑点，甚至两者都有赚头，因此确实可以实现高频交易高频赚钱。

当然，有时会出现单边趋势的行情，比如一边的单子成交了另一边却没成交。由于美国市场一只股票在多个交易所上市，每个券商自己都还有暗池，而价格的趋势变化不可能在各个地方同时发生，毕竟"同时"这个概念在高频中需要细化，比如对普通人，同一天、同一小时、同一秒都可以看成同时，但对高频来说，可能毫秒级、微秒级的差异都可以区分开来。因此，大趋势来临，只是数十个交易所的某个交易所的该股票先变化，其他交易所的该股票还没来得及改变，高频交易商完全有时间撤单，甚至可以追踪趋势。

一般来说，跟多个交易所同时交易的策略属于套利策略，套利策略对速度要求比较高，如果能够在速度上获得优势，盈利的可能性大很多，而对单个品种进行交易的策略，更多属于趋势策略，只是趋势策略持仓时间较短，属于短趋势。此策略对趋势的预测非常重要，一般来说越短期的趋势越容易预测，但还是有一定概率的，哪怕速度再快如果做反了也没用，因此，趋势策略对速度的要求没有套利策略这么高。

1.3.1　人工炒手 vs 机器高频

国内有很多人工炒手的培训，我也有幸参加过一期，费用两万元左右，主要是了解人工炒手与机器程序化之间有什么区别。

对人工炒手来说，预测方向反而是最次要的，最重要的是止损、资金管理、心态调整这些。而对机器来说，是不需要调整心态的，因此这是两者之间一个很大的区别。

人工炒手不可能托管机房，哪怕在上海期货大厦里面交易也是如此，其实跟高频交易商比起来人工炒手在速度上也是没有任何优势的，另外人也有反应时间。在分析上，高频策略都是经过历史上几千几万次回测优化得出来的，而人工炒手哪怕复盘次数再多也远远比不上，更不要说分析能力了，计算机运算速度比人工快得多，因此，人工炒手靠以上这些难以取胜。

那么人工炒手有什么优势呢？首先，人工炒手可以盯着很多个屏幕，看各种各样的信息，而高频交易由于托管机房是没法获得这些信息的。即使说那种模仿人工炒手，不用托管机房的，在处理文字信息上，机器高频也没有优势，国内自然语言处理的能力还没那么强。其次，对于一些信息的发布，不管利多还是利空，人工炒手肯定早于机器知道，因此无论机器反应速度多快，他们都是被动型的，而人工炒手可以主动根据信息做交易。最后，在对交易节奏的把握上，人工炒手可以很容易调节，比如手续费高了就要降低频率，对此，每次调整对机器高频都是噩梦，需要重新优化测试策略，如果时间太赶，测试不大严谨，就很可能出错。

在大商所，由于过去品种的价差比较大，排队挂单量很多，资金量大的人工炒手可以通过操纵盘口获利，此时以预测为主的机器高频则没办法用这类方法。这两种本质上是竞争关系。人工炒手希望可以利用资金优势诱导机器高频出错，从而获利；而机器高频也要识别出人工炒手制造的噪音，避免上当。这类博弈，人工炒手具有资金和灵活度的优势，变化多端，且监管层对此一直没有采取有效措施，而机器高频则会受到严格监管。

从美国的经验看，机器高频会越来越多，人工高频会越来越少，毕竟不只是交易这个行业，任何行业都有被机器取代的趋势。当然，很多人工炒手也在寻求转型，很多自营交易公司都是人工炒手创办，然后跟一些程序化背景的人合作。美国也一样。之前美国很多高频交易公司都是半自动的，比如人工交易量占30%，机器占70%，如著名的Getco，也是高频做市商。但后来这类公司的发展遇到了瓶颈，逐步让位给全自动交易公司。

在美国，传统的交易员很多本科读商科出身，然后读了MBA，或者一直做交易没读MBA。他们更依赖都市生活方式（street smart），即使很多招聘要求说"数学好"，也只限于速算和简单的概率比较厉害，跟陶哲轩那种数学好完全是两回事，也跟最近兴起的机器学习、人工智能风马牛不相及。这类人工交易员也会把想法和策略让程序员写成程序，这种公司的量化（quant）一般跟程序员（developer）同属一个部门。而真正的量化交易一般是quant和交易员（trader）是同一类角色，因此管理分工上会很不一样，这也决定了传统公司转型会非常困难，因为传统的交易员已经占据了领导的岗位，或者公司就是他们开的，他们不可能把自己位置让出来给量化的人。因此做量化的人一般喜欢去更纯粹的量化交易公司，而不是从中途转型过来的。在中国香港那种"重商轻理轻工"的社会，这类现象会更为严重。

中国内地反而好很多，因为中国内地的传统交易员一般都是学历很低的个体户，入不了大公司的"法眼"，即使历史业绩再好，大的资管、公募、私募也不会招他们并委以重任，而这些人即使自己开了公司，真正高学历的人也不大愿意给他们打工，因为这类公司基本工资不高，名校毕业生很看重基本工资。因此，国内大的量化资管、量化私募极少见到传统交易员出身的人，很多是招了名校硕士生来自己摸索和培养。参与人工炒手的也是个体户居多，因为在大公司工作很难抽出两个月时间去参加培训。因此，量化交易员的对手也并不是十分厉害的人，在零和博弈的市场中，大家要对自己有信心。

1.3.2　2016 年以前最暴利的策略

伊始顿是一家贸易公司（trading company），因为外国资本是不允许交易中国期货的，它必须想办法规避这个限制，于是便开了一家贸易公司，然后以贸易公司的名义交易期货。贸易公司本质上是交易现货的，按常理来说用期货对冲也无可非议，但是当期货的交易量远超现货，这就有点不大正常了。

伊始顿就是这么一家公司，老板是两个俄罗斯人，请了一些莫斯科大学数学系的学生，主要交易国内的股指期货。2012 年开始，他们的本金是 600 万，到 2015 年 7 月，积累到 20 亿，获利超过 300 倍，主要用的就是股指高频交易策略，因此，我称它为 2016 年以前最暴利的策略。

事实上，做股指高频的远不止伊始顿一家，最终对伊始顿的判词，也不是因为高频交易方面，而是其他原因。比如伊始顿跟期货公司技术部勾结，绕开了期货公司的风控系统。在中国不存在直连市场（Direct Market Access），所有人必须把单子报给期货公司，期货公司审核保证金等要求合格后，再报给交易所，交易所也只核查期货公司的保证金是否充足，不会核查到个人。如果跟期货公司技术部合作，绕开了期货公司这一端的核查，确实可以比市场上其他交易者快很多。而且，期货公司有很多闲置资金，伊始顿甚至可以利用这些闲置资金来获利，这样他动用的资金就不止几百万，而是几十亿。考虑到他的策略几乎能确定每天赚钱，因此风险是非常小的。

另外还有关于撤单方面的问题。2015 年之前监管股指套利编码账户并没有撤单限制，每天几万次也没问题，因此伊始顿不会有撤单方面的限制。

在高频速度方面，有两个速度非常重要：一个是机器到交易所的速度，另一个是机器内部的速度。机器到交易所的速度可以通过托管机房等优化提高，机器内部的速度可以通过 FPGA 提高行情速度，通过更高效的程序编写提高运算速度，通过对操纵系统的优化来提高系统运行速度。这些都是非常专业的计算机方面的内容，与本书关于量化交易的内容不大相关，只是简单介绍一些。

机器到交易所的时间一般是毫秒级别的，机器内部的时间一般是 7～10 微秒（最简单的策略），因此机器到交易所的传输时间是最为重要的，哪怕它的一点误差也远远超过机器内部的时间，因此有人说机器内部的时间不大重要。

正常人需要从本机传输到期货公司柜台，然后再从柜台到交易所，这有两段，每段都是毫秒级别的。如果伊始顿节省了其中一段，那么相当于比其他人节省了毫秒级别的时间，哪怕别人请全世界最厉害的系统优化大师，也只能省下几微秒，比起伊始顿的速度差距甚远。因此，大家不难明白为什么伊始顿是印钞机，也不难明白为什么就抓他而不抓其他人。伊始顿事件之后，监管当局开始对高频交易进行全面从严监管。

1.3.3　全面从严监管

自 2015 年 8 月起，对股指期货的一系列严格监管的规定相继出台，比如每次报单需要一块钱的费用，取消套利编码账户的无限撤单优惠，股指日内平仓手续费先是 10 倍，然后很快增加至 100 倍，股指保证金增加至 40%，很快锁仓保证金双向计算等；商品方面，对各开户人在不同期货公司开的账户进行撤单的合并计算，违反者停止交易一个月；另外对那些不以成交为目的的挂单也进行了限制，这主要打击了人工炒手操纵盘口，事实上对高频交易者影响不大。曾经有一段时间要求提交量化交易源代码，但后来暂缓实施。

股票方面的监管更为严厉，比如不允许新的程序化交易接入，旧的账户则没有限制。这实际上保护了已有账户的利益，不少股票日内回转策略在 2015 年 8 月之后大放异彩，正是因为缺乏竞争对手的缘故。按常理说，股票日内交易的难度远小于期货高频，毕竟股票日内一天最多也就是卖一次然后买回来，分析难度不大，而期货高频几百几千次的却很常见。但由于期货交易之前太暴利，看不上股票日内回转的收益，等期货没法做的时候又不能开股票的户，导致股票日内回转缺乏强有力的竞争对手，因此从业者获利丰厚，但整体而言其实他们水平并不高。比如很多日内回转都是人工工厂，即使有机器做的，从业者也大多不是海外回来的，而是本土成长的，跟期货高频几乎被海外巨头垄断的情景不一样。

2016 年年底以来，股票指数连续大涨，因此很多量化团队转去做指数增强，比如沪深 300 指数增强、中证 500 指数增强等。由于指数本身就很强，一年涨幅为 20%～25%，再增强就更厉害了，所以这类策略是比较受欢迎的，而且容量也很大。但是，这本质上并不是市场中性的策略，2015 年那种腰斩行情未来也很可能出现，加上很多量化产品宣传未必客观，而且很多依靠代销机构，就算客观，如果真的回撤 40%、50%，哪怕增强个 4%、5%，恐怕客户也难以接受。

这类策略运行时间还不是很长，还没见过大场面，所以也不能因为曲线好看而觉得他们有多厉害。并且最近深度学习、阿尔法狗概念持续发酵，不少人使用了深度学习模型，很多国外顶级的量化对冲基金几十年来都是以传统多因子模型为主，对复杂一些的模型持观望态度，非线性模型逻辑性比较差，导致赚钱不知道是怎么赚的，亏钱也不知道是怎么亏的。

在此期间，证监会高层也发生了大的变动，新任领导似乎并没有把工作重心放在程序化交易的监管上，程序化交易处于被遗忘的状态，这对从业者而言反而是好事。

1.4　本节介绍

本节主要介绍本书的编程语言及主要研究的策略，也跟其他主流的编程语言做了对比，并且介绍了本书要讲的策略类型，以及其他一些策略类型。

1.4.1　为什么使用 R 语言

很多人会问为什么使用 R 语言？因为现在国内最受欢迎的分析类语言是Matlab，国际上 Python 越来越流行，而且介绍 Matlab 和 Python 的书喜欢用 R语言作为反面例子。整体而言，一个语言是否适合做量化交易，有以下几个方面原因。

■ 运算速度。其实这几个都是解释性语言，或许有一定的速度差异，但一般是10%～20%这个幅度，对于计算量大的处理，要么已经封装了软件包，里面是C++写的，要么自己可以写成C++编译，然后用分析语言调用，整体速度就差不多。本书会介绍如何使用Rcpp来在R语言里面使用C++。

- 研究与交易结合。客观说这不能算是优势，因为绝大多数正规的量化团队还是会用C++把交易程序重新写一遍，Python在国内期货也需要调用C++的CTP接口才能交易，其实正规的团队不大喜欢用第三方的接口，因为有错误的话难以调试。

- 研究效率。其实这是R语言的优势，在可视化方面R语言应该是最好的，而且R语言很多package都是开源的，网上可以搜到代码，有不懂的可以上stackoverflow上面问，一般作者都会在24小时内回答，非常方便。

- 其他方面。国内使用Matlab多是因为可以免费试用，但国外Matlab是收费的，而R语言是免费的，且没有版权的问题。很多学术界的书籍都是基于R语言的，Python更多是复杂的机器学习模型上有优势，但统计学领域的时间序列、非参数统计等基本上只有R语言才会有对应的package。

基于上述的理由，加上本人在研究生阶段就是学习 R 语言为主，而且并没怎么使用深度学习模型，因此本书使用 R 语言作为研究的语言。

1.4.2 重点介绍中低频趋势

本书重点介绍的是中低频策略，基于 5 分钟 K 线，持仓三五天。如果是更高频率的策略，比如基于分笔数据的策略，数据量比较大，回测、优化时间较长，不适合初学者。如果是更低频的日线数据，最好结合基本面数据才能研究出好的策略，因此这里也没有涉及。基于 5 分钟 K 线的数据，一般不需要基本面数据，也不会对交易速度有很高的要求，各项都比较适中，而且容量也比较大，10 ～ 15 亿都没问题，适合中小型私募和个人投资者。

1.5 未来展望

在写作本书的时候我主要交易的是商品趋势策略，商品日内策略也刚刚完成，目前正在研究其他的一些策略，这些策略留在以后有机会再写。

1.5.1　跨期、跨品种套利策略

跟趋势策略相对应的是跨期、跨品种的套利策略。所谓"套利"，并不是指赚取无风险的利润，而是指做多一个品种的同时做空另一个品种，然后通过赚取价差的变化来盈利。因此，这种策略跟趋势策略有相似的地方，只不过从预测单品种的趋势变成预测品种价差的趋势，从买卖期货变成买卖价差。大商所有专门的组合合约，但这里我们并没有交易那种合约，而是自己构造合约。一般原品种的流动性会比组合合约好很多。

构造价差合约的K线时也有需要注意的地方，比如两个合约的时间戳（time stamp）不一定完全对应，在计算价差时要先把时间对齐了才能计算。不同交易所的时间也不一样，因此跨品种的时候最好是同一个交易所的，当然跨期处理可以更容易一些。另外如果是合成5分钟K线，计算高低价格的时候，也需要从分笔数据的价差合约来计算，不能用已经合成的各个合约的5分钟数据相减计算，因为各自的最高价相减是没有什么意义的，跟价差的最高价没有关系。

构造好价差的5分钟K线后，还有一个需要注意的问题是价差可能是负数，负数不存在对数，没法计算对数收益，因此只能用实际价格的变化作为因变量。另外价差合约的成交量也需要处理，可以是两个合约成交量较少的那个，因为整体价差合约的流动性由较小的那个决定。另外价差合约的持仓量似乎很难定义，因此研究策略的时候可以忽略跟持仓量有关的指标。

跨期、跨品种套利的思路大致如此，本书不做深入展开，以后有机会再写。

1.5.2　商品市场中性策略

另外一种策略叫作商品市场中性策略，也有人称为宏观对冲策略。套利策略一般是买一个卖一个进行配对交易，而市场中性策略则只需要保持多空市值相等即可，然后每隔一段时间调整一次。这属于配置型策略，而不是择时策略。一般来说基于机器学习预测模型的策略都是择时策略，而这种配置型的策略由于时刻保持多空仓位平衡，比如多空各一个亿的合约价值，因此并不是择时的。

有一个可行的办法是选一些技术指标，然后每个技术指标都可以作为排序的依据，各个品种按强弱排序，强的一半做多，弱的一半做空。如果市场出现整体上涨或下跌，其实对组合是没有太大影响的，因此这也是"市场中性"一词的含义。然后再把各个因子得到的多空组合汇总起来，得到整体的组合。

另外一种方法也可以用回归的方法来做，此时因变量不再是某个品种自身的价格变化，而是该品种相对于市场整体的价格变化。至于市场整体的价格变化如何加权计算，即商品指数如何加权计算，也是一个复杂的问题。无论如何，相对于指数的价格变化，肯定一部分是正的，一部分是负的，只需每次做多正的做空负的即可。调仓频率可以比较低，比如一个星期乃至一个月调整一次，预测的频率也比较低，触发交易的阈值不必敏感。

国内一些基于基本面的商品私募基金就是这么做的，比如在 2016 年年底做多黑色系做空农产品，虽然农产品亏了一点钱，但黑色系的收入远远超过农产品亏的钱，总体而言表现也不错。

1.5.3　基于基本面数据的策略

之前的数据都是基于行情数据的，这对于比较短线的策略来说还是可以的，但对于持仓时间比较长，比如一个月以上的策略，或许就不大合适了。为此，可以考虑基于基本面数据的策略。

基本面数据的获得是一个问题。每个品种每个版块在网上都可以找到相关的基本面数据，但过于分散，可以借助万德等第三方平台。比如万德里面每个商品都有几百甚至几千个基本面指标，频率从日到年都有。考虑到国内商品上市时间很多都不长，用日频数据比较好，这样也有数百个指标。

然后可以构建简单的线性回归模型，利用这些因子来预测价格未来的变化，由于因子数目较多，可以运用 lasso 等稀疏模型来求解，筛选其中重要的因子。当然，最好有基本面方面的知识，防止选择很多意义不大但恰好很有预测力的因子，这是由于因子数目太多因此选择了噪音部分。

选择好基本面因子，之后的交易过程就跟基于 5 分钟 K 线的策略差不多了。对冲策略也可以用基本面因子来建模。

1.5.4　算法交易

算法交易是量化交易的另外一块内容，一般指把一个大单分拆下单从而减少交易成本。比如一个 1 万手的买单，由于市场上买一价挂单一般只有几百手，而且超出 5 档的挂单会非常稀薄，因此 1 万手一次性下单可能会把价格推到涨停，俗称"乌龙指"，产生巨大的买入成本，这是流动性风险。而如果把单子分拆得很细的话，比如每次只下 1 手，需要一万次，假设每 1 秒下一次，也需要近 3 个小时，可能价格变化也非常厉害了，因此这有价格波动的风险；那么，如何在流动性风险与价格波动之间实现平衡也是一个问题。另外，如果下单过于有规律，会被市场察觉，这会带来逆向选择的风险，总的来说整套体系也是挺复杂的。

一般衡量执行效果的指标有成交量加权平均价（Volume Weighted Average Price，VWAP），即这段时间交易 1 万手买单的平均价格跟这段时间市场的 VWAP 对比，如果低于 VWAP 则是比较好的。事实上，如果买入的时候一直是对手价抢单，成交量跟当前成交量相当，那么最终的平均价比 VWAP 略高一些。但如果买入的时候一直挂单，虽然成交价格更优，但也存在不能成交的风险。因此，如何用挂单与抢单结合的方法来降低平均成交价，也是一门学问。

国外这方面技术在股票用得比较多，比如把要交易的量分到一天内的各个时段来成交，每分钟成交多少，每秒钟成交多少都有对应的任务，时间快到了就抢单，时间没到就挂单等待，然后挂单成交的概率也需要利用实际成交情况来估计。

一般规模比较大的私募需要这些方法，规模小的私募还是以预测模型为主。

1.6　本章小结

本章抛砖引玉，介绍了中国市场量化交易的一些基本情况，也介绍了几种常用的策略。由于篇幅有限，本书重点介绍期货中低频策略，从最基础的地方开始讲起。

第二章

↓

数 据 处 理

　　本章主要介绍期货数据的获得与处理。由于最常用的程序化交易接口CTP接到的行情一般是一档的500毫秒截面数据，因此这里主要讨论的也是这种数据。我们从这种数据出发，构造出5分钟的K线数据，以后的章节会在这种5分钟K线数据上建模。事实上，国内商品期货的波动相对于交易成本（买卖价差和手续费）而言并不大，太高频的分笔数据很难分析出长期有效的短趋势策略，即使有也是高度依赖挂单被动成交。但如果使用5分钟数据的话，可以很容易分析出较长期的策略，波动远远超过交易成本，反而可以有比较好的策略。

2.1 期货分笔数据

国内商品期货有 40 多种，金融期货有 5 种，目前（2017 年 10 月）由于股指期货受到限制，现在最活跃的大都是商品期货，特别是黑色系的商品期货，比如螺纹钢、铁矿石等。为统一讨论，本书一般以国内成交量最大的螺纹钢期货作为例子来研究。

螺纹钢在上海期货交易所交易，代码为 rb，2009 年上市至今已经超过 8 年。螺纹钢价格在 1 500 ～ 5 000 元波动，近期一般在 3 000 ～ 4 000 元，最小买卖价差是 1，每手是 10 吨，因此合约价值大约是 3 万～ 4 万元每手。

这里给出 rb1710 在交易日为 2017 年 7 月 21 日的数据，如图 2-1 所示。

时间	最新	持仓	增仓	成交额	成交量	买一价	卖一价	买一量	卖一量
2017-07-20 18:30:26.500	3496	3954248	3954248	0	0	0	0	0	0
2017-07-20 20:59:00.500	3510	3950524	-3724	291470400	8304	3509	3510	5	134
2017-07-20 21:00:00.500	3507	3949310	-1214	117806300	3358	3505	3507	106	55
2017-07-20 21:00:01.000	3508	3948646	-664	80454200	2294	3508	3509	31	544
2017-07-20 21:00:01.500	3507	3948962	316	109051660	3110	3506	3507	19	70
2017-07-20 21:00:02.000	3506	3949594	632	47328520	1350	3504	3506	378	919
2017-07-20 21:00:02.500	3505	3949598	4	27125660	774	3504	3505	247	79
2017-07-20 21:00:03.000	3505	3950170	572	54952600	1568	3505	3506	133	3286
2017-07-20 21:00:03.500	3505	3950012	-158	32595820	930	3504	3505	132	152
2017-07-20 21:00:04.000	3504	3950032	20	29158040	832	3503	3504	390	368

图 2-1 螺纹分笔数据

可以看出，虽然说交易日是 7 月 21 日，但它实际上是从 7 月 20 日晚上开始。一开始的 18:30 的价格可以看成是前一天的结算价，然后 20:59:00 的价格为集合竞价的价格，然后 21:00:00 之后的价格才是真正开始交易的价格。主要的信息包括：

时间——即那笔行情发布的时间，虽精确到 500 毫秒，但不一定每个 500 毫秒都有，存在更新信息的时候才会有；

最新——即最新的成交价，如果在非交易时间的这个价格，但它是前一天的结算价；

持仓——当前该合约的市场总持仓量，商品是买卖双倍计算；

增仓——当前时间新增加的持仓量，商品是买卖双倍计算；

成交额——当前时间的成交金额，即成交量乘以合约乘数，商品是买卖双倍计算；

成交量——当前时间的成交合约数量，商品是买卖双倍计算；

买一价——最高的买价；

卖一价——最低点卖价；

买一量——在买一价上的挂单量；

卖一量——在卖一价上的挂单量；

第一行的很多数字是零，那是因为它发布的是结算价和前一天的成交量，买价卖价等信息不存在，所以都是零。

螺纹钢有夜盘，因此集合竞价发生在夜盘，白天开始的时候是不存在集合竞价的，如图 2-2 所示。

时间	最新	持仓	增仓	成交额	成交量	买一价	卖一价	买一量	卖一量
2017-07-20 23:00:00.000	3492	3871238	-70	6773700	194	3492	3493	5	187
2017-07-20 23:00:00.500	3492	3871238	0	0	0	3492	3493	5	187
2017-07-21 09:00:00.500	3479	3879074	7836	906039440	26022	3479	3480	20	1063
2017-07-21 09:00:01.000	3478	3875176	-3898	345417900	9932	3476	3478	3	283
2017-07-21 09:00:01.500	3479	3870682	-4494	348284080	10016	3478	3479	140	547
2017-07-21 09:00:02.000	3476	3869180	-1502	350905700	10094	3476	3478	22	739
2017-07-21 09:00:02.500	3477	3869396	216	130298500	3748	3477	3478	49	193
2017-07-21 09:00:03.000	3478	3870578	1182	100202880	2882	3478	3479	113	275
2017-07-21 09:00:03.500	3475	3871468	890	75917980	2184	3474	3475	1	10
2017-07-21 09:00:04.000	3474	3872016	548	134043880	3858	3472	3473	272	1

图 2-2　螺纹钢白天价格

2.1.1　获得数据的途径

很多人想收集历史行情信息，其实有很多途径。比如有些人只需要 5 分钟数据，或许就可以从第三方的程序化交易平台上下载。但有几点需要注意。

（1）信息完整性。第三方平台的 5 分钟数据往往只有高开低收等 K 线信息，没有挂单量和买一、卖一等微观结构的信息，而这些信息对精准回测而言比较重要。

（2）构造复杂因子。如果有微观信息，可以利用 5 分钟内的这些信息构造出更复杂的因子，虽然这些因子仍然是 5 分钟频率，但由于用到了更微观的信息，所以构建出来的因子会比单纯的 5 分钟高开低收更有效一些。

（3）换月数据。公开平台的连续合约在换月时没有新合约的历史数据，因此在计算因子的时候很不方便。比如最简单的 20 均线，新合约只能在出现 20 根 K 线之后才能准确算出，前面的均线多少都要用到旧合约的信息。但如果是自己构造的 K 线，则不会有这个问题。或许很多人认为这只是一个小部分，但很多时候机器学习模型就是由一个个模块叠加而成，如果每一个模块都引入一些误差，那么这些误差是逐渐叠加的，而不是误差越多越能互相抵消的，导致最终的结果跟设想的很不一样。

因此，最好从最基本的分笔数据开始，自己合成每个合约的 5 分钟 K 线，计算相应的因子，这样就不会有跨合约计算同一个因子的问题，在源头上减少误差。

获得分笔数据的几个途径有以下几种。

（1）自己用 CTP 下载。这个当然是免费的，而且最及时，可以得到一手的数据，也可以对比不同行情服务器地址的数据之间的差异，以本人经验来看，上海和大连的不同地方得到的数据基本一致，但郑州的数据不大一致，有细微的差别。

（2）万德资讯。这是国内最常用的金融信息软件，里面有商品的高频数据，而且支持 R、Matlab、Python 等接口，比较方便，但是需要收费，并且高频数据有流量的限制。

（3）国泰安。这是国内比较庞大的一个数据提供商，费用也比较高，数据需要落地，因此需要本地的服务器接收，一般通过 sql 导出。

（4）淘宝。本人购买的是淘宝大富翁提供的数据，盘后是 100 元 / 月，历史数据是 60 元 / 月，如果是 5 档行情会贵一些，180 元 / 月。

如果是小私募或者个人，建议在自己下载数据的同时也购买淘宝数据作为对照，且经济实惠。

有了数据获得的途径，就可以写一个程序，每天定时下载，自动处理，这样可以节约人力资源。其实现在很多新的发明主要作用就是节约人力资源，据说著名的高盛公司原来主要依靠银行家和销售人员，做的都是看起来比较高端的工作，觥筹交错间畅谈世界经济金融局势，但现在招聘了越来越多的程序员，越来越像一家科技公司。摩根士丹利也一样，原来交易大厅有 600 人，现在只有两个人。后面会讲到如何盘后自动获取数据。

2.1.2 数据储存

数据下载到计算机后，如何存储数据也是一个问题。如果存储成 csv 格式，每次读取的速度是个大问题，我们可以来测试一下各种情况下数据读取的速度。

首先是用最简单的 read.csv 命令：

```
setwd("D:/liwei/tick/f_c201707d/sc/20170727") ## 设置工作路径
file.list <- list.files() ## 读取文件列表
system.time(for (file in file.list) ## 测试运行时间，并且使用循环
  data <- read.csv(file, header=TRUE, stringsAsFactors = FALSE)) ## 读
取csv数据
用户系统流逝 ## 运行结果
40.86  0.30 43.71
> length(file.list) ## 显示文件长度
[1] 161 ## 显示结果
```

可见需要 43.71 秒，一共 161 个文件。但如果我们使用速度更快的 fread
命令，则有：

```
library(data.table) ## 调用data.table程序包
system.time(for (file in file.list) ## 测试运行时间
  fast.data <- fread(file, header=TRUE, stringsAsFactors = FALSE)) ##
用fread高速读取
用户系统流逝 ## 运行时间
5.07 0.06 5.36
```

速度变成 5.36 秒，只有原来的 12.26%，提高了许多，而且结果是一致的：

```
> data[101:110,c(3:6,13:16)] ## 显示部分样本
时间最新持仓增仓买一价卖一价买一量卖一量
101 2017-07-26 21:00:51.000 22590    38    0   22340   22770    1      5
102 2017-07-26 21:00:51.500 22590    38    0   22340   22770    1      5
103 2017-07-26 21:00:52.000 22590    38    0   22345   22770    4      5
104 2017-07-26 21:00:52.500 22590    38    0   22350   22770    1      5
105 2017-07-26 21:00:53.000 22590    38    0   22350   22770    1      5
106 2017-07-26 21:00:53.500 22590    38    0   22355   22770    2      5
107 2017-07-26 21:00:54.000 22590    38    0   22360   22770    1      5
108 2017-07-26 21:00:54.500 22590    38    0   22360   22770    1      5
109 2017-07-26 21:00:55.000 22590    38    0   22365   22770    2      5
110 2017-07-26 21:00:55.500 22590    38    0   22370   22770    1      5
> fast.data[101:110,c(3:6,13:16)] ##显示高速运行的部分样本
时间最新持仓增仓买一价卖一价买一量卖一量
 1: 2017-07-26 21:00:51.000 22590    38    0   22340   22770    1      5
 2: 2017-07-26 21:00:51.500 22590    38    0   22340   22770    1      5
 3: 2017-07-26 21:00:52.000 22590    38    0   22345   22770    4      5
 4: 2017-07-26 21:00:52.500 22590    38    0   22350   22770    1      5
 5: 2017-07-26 21:00:53.000 22590    38    0   22350   22770    1      5
 6: 2017-07-26 21:00:53.500 22590    38    0   22355   22770    2      5
 7: 2017-07-26 21:00:54.000 22590    38    0   22360   22770    1      5
 8: 2017-07-26 21:00:54.500 22590    38    0   22360   22770    1      5
 9: 2017-07-26 21:00:55.000 22590    38    0   22365   22770    2      5
10: 2017-07-26 21:00:55.500 22590    38    0   22370   22770    1      5
```

可以看出结果是一致的。

当然，csv 文件还只是文本的格式，如果保存成 R 语言自己的二进制格

式，理论上说读取速度还可以更快。为此，我们首先把 csv 文件存成二进制的
RData 文件：

```
for (file in file.list) { ## 循环逐个处理文件
  data <- fread(file, header=TRUE, stringsAsFactors = FALSE) ## 高速读取
  save(data, file=paste("d:/liwei/binary tick/20170727/", substr(file,
1, nchar(file)-3), "RData", sep="")) ## 保存二进制格式的文件
}
```

然后就可以直接调用这些二进制文件了：

```
>system.time(for (file in file.list)
+    load(file)) ## 直接调用二进制文件
用户系统流逝
4.74 0.01 4.76
```

可见调用二进制文件可以比 fread 还要更快一些。但如果保存成 RData 格
式，其实多占用了一份空间，因为 csv 文件方便人工查看，因此直接使用 fread
可以节省保存数据的空间。当然，如果只是希望在 R 语言里面使用数据，只保
留 RData 文件也是可以的，也不会因为不小心失误修改了数据而导致意外发生。
因此，实际工作中可以将 RData 和 csv 文件各保存一份，平时调用 RData 文件，
需要增减数据也容易，如果不小心篡改了，再从 csv 文件中重新读取即可。

2.1.3 盘后自动获取

虽然说交易过程中也可以输出收到的分笔数据，但难免发生意外，专业的
事情可以交给专业的机构做，费用也并不高。比如可以使用淘宝大富翁上的数
据服务，每天盘后商品一档数据是 100 元 / 月。如果自己本身是有一定规模的
私募，IT 团队比较厉害，也可以自己做。但是事实上，现在程序员工资也挺高，
如果仅仅做这种期货量化，确实不太需要专门的程序员。更何况很多程序员都
是 C++ 和 Java 厉害，对 R 语言也不大懂。

例如，每天下载数据的程序可以这么写：

```
> address <- "ftp://account:password@down.licai668.cn/" ## 下载的网址, 其
中account和password
## 需要自己购买填写
> MAIN.CONTRACT.PATH <- "d:/liwei/main contract" ## 主力合约所在的路径
>exchanges <- c("dc","sc","zc") ## 三个商品交易所列表
download.exchange.data <- function(commodity.latest.date, exchange) {
## 函数头
## 需要最新日期和交易所的代码作为参数
  setwd("d:/QQMiniDL") ## 设置工作目录
```

```
library(RCurl) ## 调用RCurl包, 可以进行网络传输
file.dest <- paste(address, exchange,"/",sep="") ## 目标文件地址
all.files <- getURL(file.dest) ## 获取目标文件列表
names <- str_split(all.files, pattern=" ")[[1]] ## 分割文件名
chosen<- names[which(!is.na(str_match(names, paste("^", exchange,
"_.*", sep=""))))]
## 选择符合命名规则的文件
date.list <- str_sub(chosen, 4,11) ## 读取文件日期部分
new.date <- date.list>commodity.latest.date ## 选取需要更新的日期
file.list <- str_sub(chosen,1,15)[new.date] ## 读取需要更新的文件名
dire.list <- str_sub(chosen,1,11)[new.date] ## 读取需要更新的文件目录
date.list <- str_sub(chosen, 4,11)[new.date] ## 读取需要更新的日期列表
month <- str_sub(date.list,1,6)[1] ## 需要更新的月份
dir.create(paste("d:/liwei/tick/f_c",month,"d",sep=""),showWarnings =
FALSE) ## 创建文件夹
dire.path <- paste("d:/liwei/tick/f_c",month,"d/",exchange,sep="") ##
下载的文件夹
  target.path <- paste("d:\\liwei\\tick\\f_c",month,"d\\",exchange,s
ep="")## 目标文件夹
dir.create(dire.path, showWarnings = FALSE) ##创建目标文件夹
for (j in 1:length(file.list)) { ## 逐个文件处理
  file <- file.list[j] ## 读取文件名
  file.url <- paste(file.dest, file, sep="") ## 文件下载地址
   download.file(url=file.url, cacheOK=FALSE,mode="wb",quiet=FALSE,destfi
le=file) ##下载文件
command<- paste("unrar e -y d:\\QQMiniDL\\", file, " ",target.path,
"\\",date.list[j], sep="")
## 解压命令
dir.create(paste(dire.path,"/",date.list[j],sep=""), showWarnings =
FALSE)
## 创建目标目录
  system(command) ## 在操作系统中执行命令
  }
 return (date.list)  ## 返回更新的日期列表
}
```

关键点如下。比如我们需要下载的是某个日期之后的数据，毕竟一般是每天更新，上一交易日的日期保存在 commodity.latest.date 中：

```
new.date <- date.list>commodity.latest.date
```

由于国内是三个交易所，每次下载其中一个交易所的数据即可，比如下载上期所的数据，上期所 sc 是第二个交易所，可以用：

```
download.exchange.data(commodity.latest.date, exchanges[2])
```

另外，数据格式可能是压缩的 rar，需要运用 unrar 命令解压，在 R 语言里面可以直接运行 windows 命令行的命令，比如把命令写成字符串，然后用 system() 调用，这是以下部分：

```
download.file(url=file.url, cacheOK=FALSE,mode="wb",quiet=FALSE,destfile=fi
le)
```

```
command<- paste("unrar e -y d:\\QQMiniDL\\", file, " ",target.path,
"\\",date.list[j], sep="")
dir.create(paste(dire.path,"/",date.list[j],sep=""), showWarnings =
FALSE)
system(command)
```

这样就可以每天自动把数据下载到计算机了。如果使用万德等第三方平台，他们会整合其他很多功能，整体收费会比较高，因此只需要行情数据的话没必要使用太复杂的集成化信息系统。但如果需要其他基本面信息，或许那些平台更好一些。

下载完数据，接下来就可以用来分析日内策略或高频策略，如果想研究中低频的策略，可以使用 5 分钟 K 线，后面会有介绍。

2.2 合成 5 分钟数据

有些人问为什么需要合成 5 分钟数据？其实这更多是从研究效率来考虑。5 分钟 K 线有以下几个好处。

（1）过滤了分笔数据的很多噪音。分笔数据的量非常大，但行情起起伏伏，很多是噪声交易者所为，并不能预示未来的趋势。因此，如果能把这些信息整合起来，可以起到减少噪声的作用，而且太微观的变化对持仓长线的策略并没有太大意义，性价比不高；

（2）提高计算速度。500 毫秒的分笔数据 5 分钟可以有 5×60×2=600 个数据，如果使用 5 分钟 K 线，数据量只有原来的 1/600，可以大大减少计算量；

（3）频率也不会太低。如果用频率更低的 15 分钟线，则可能会因为频率太低而失去很多交易的机会。国内商品市场上午 10:15—10:30 有个空档，而且上午是到 11:30，下午 1:30 开始，因此划分 K 线最好是 15 的约数，10 分钟其实也不大好，比如 15 分钟的空档很难处理；如果是半小时、一小时，则会出现跨越很多空档时间段，因此 5 分钟是比较好的选择。其实 15 分钟的因子都可以用 5 分钟合成。但 1 分钟或许太过密集，很多商品不活跃，1 分钟也不会有太多成交。

合成 5 分钟 K 线数据主要包括开始价、最高价、最低价、结束价、成交量、成交额、持仓量等信息，这些都是 500 毫秒数据包含的，只需简单处理一下。

但需要注意的地方包括：

（1）并不一定在整 5 分钟结束的时候有行情。比如这段 rb1709 的行情：

```
    date.time price cum.open.int open.int  bid   ask bid.qty ask.qty
341 2017-07-26 21:04:57.500       3664          12724     0  3662  3664
1       10
342 2017-07-26 21:04:58.500       3664          12724     0  3662  3664
1        8
343 2017-07-26 21:05:00.500       3664          12724     0  3662  3664
1        8
344 2017-07-26 21:05:01.000       3664          12724     0  3662  3665
2        1
345 2017-07-26 21:05:01.500       3664          12724     0  3663  3665
2        9
346 2017-07-26 21:05:02.000       3664          12724     0  3664  3665
1        9
347 2017-07-26 21:05:02.500       3664          12722    -2  3662  3664
3        2
348 2017-07-26 21:05:03.000       3664          12722     4  3662  3665
4        9
349 2017-07-26 21:05:03.500       3664          12722     2  3664  3665
2        9
350 2017-07-26 21:05:06.000       3664          12722     2  3664  3665
2        9
```

在加粗部分，直接从 21:04:58.500 跳到了 21:05:00.500，而应该存在的 21:05:00.000 却不存在。因此，在进行 K 线分割时，并不能机械地查找整 5 分钟的时间点，而应该顺着行情一个一个检查。

（2）每个合约开始结束时间并不一样。比如黄金、白银是凌晨 2：30 结束，而很多品种没有夜盘，有的品种夜盘的时间在历史上修改过，因此，程序要能灵活识别这些情况。比如把数据分段，如果该段不存在行情，则应该知道该品种在那个时段是没有交易的。在这里，把夜盘分成 5 段，因为白天都是一样的，所以只有一段，因此，程序可以这么写：

```
night.1 <- which(data$time>"20:59" & data$time<"23:00:01") ## 夜盘第一段时间
night.2 <- which(data$time>"23:00:01" & data$time<"23:30:01") ## 夜盘第二段时间
night.3 <- which(data$time>"23:30:01") ## 夜盘第三段时间
night.4 <- which(data$time<"01:00:01") ## 夜盘第四段时间
night.5 <- which(data$time>"01:00:01" & data$time<"02:30:01") ## 夜盘第5段时间
day.time <- which(data$time>"08:59:00" & data$time<"15:00:01") ## 白天时段
```

注意到，比如是 23:00:00.500 这个时间，它会属于 night.2，某些品种夜盘会在这个时刻结束，因此，如果用"<23:00:01"的条件可以把它包含进来。每

天结束时有时会有15:00:00.500的时刻,因此用"<15:00:01"可以把它包含进来。

(3)程序运行速度。无论 R 语言、Matlab,还是 Python,其实都是解释性语言,运行速度较慢,如果处理一些难以向量化的运算则会力不从心,此时可以考虑用 C++ 来写。

2.2.1 R 语言的版本

比如上一小节说的找出每个 5 分钟的切割点,如果用 R 语言来写,可以写成如下函数:

```
get.time.split <- function(data.time, split.time) { ## 切割5分钟K线
 j <- 1 ## 跟踪切割位置
 total.bar <- length(data.time) ## 总的行情数目
 n.bar <- length(split.time) ## 总的K线数目
 chosen.line <- rep(0,n.bar) ## 切割位置
for (i in 1:n.bar) {
    while (j<=total.bar && data.time[j]<=split.time[i]) ## 寻找下一个切割
位置
     j <- j+1
    chosen.line[i] <- j-1 ## 设置切割位置
  }
return(chosen.line)
}
```

可以重复 1000 次考察其运行时间:

```
system.time(for (i in 1:1000)
+     bb <- get.time.split(data$time[night.1], night.1.split) +night.1
[1]-1) ## 记录运行时间
用户系统流逝
39.61  0.00 39.87
```

由此可以看出,效率并不是十分高。主要原因在于 R 语言本质上是解释性语言,对于循环语句来说运行速度很慢,而这类切割 K 线存在路径依赖的问题,很难并行化处理。因此,要想提高速度,只能使用其他速度更快、更低级的编程语言来实现。

2.2.2 结合 Rcpp 提速

目前最常见的低级语言是 C 和 C++,它们速度差不多,但 C++ 更容易上手,而且有着面向对象的功能,在 R 语言里面也可以直接调用,无缝连接。

R 语言有一个专门跟 C++ 程序结合的包叫做 Rcpp，使用这个包可以直接在 R 语言里面编译 C++ 的程序，甚至可以自己专门建立一个 library，每次方便调用。因此，如果读者熟悉 C++ 的话，不妨尝试一下。

如果这部分用 C++ 来写，结合 Rcpp，可以新建一个程序文件 getTimeSplit.cpp：

```cpp
#include <Rcpp.h> ## 包含Rcpp.h的头文件
using namespace Rcpp; ## 使用Rcpp命名空间

#include <vector> ## 使用C++的vector库
#include <algorithm> ##使用C++的algorithm库

// [[Rcpp::export]] ## Rcpp特有的注释，表明这是要被R调用的cpp文件

NumericVector getTimeSplit(CharacterVector dataTime, CharacterVector
splitTime) {
## dataTime和splitTime都是字符型向量，与R语言程序一致
  int j=0; ## C++开始位置是0
  int totalBar=dataTime.size(); ## 行情数目
  int nBar=splitTime.size(); ## K线数目
  Rcpp::NumericVector chosenLine(nBar); ## 切割位置
for (int i=0; i!=nBar; ++i) { ## 寻找下一个位置
while (j<totalBar && dataTime[j]<=splitTime[i]) j++;
    chosenLine[i]=j; ## 设置切割位置
  }
  return chosenLine; ## 返回切割为主
}
```

如果要调用里面的命令，需要先用 sourceCpp() 命令来编译：

```
> library(Rcpp) ## 调用Rcpp包
> sourceCpp("d:/liwei/rcode/getTimeSplit.cpp") ## 编译.cpp文件
```

然后可以看看用 Rcpp 的效果：

```
> system.time(for (i in 1:1000) ## 循环1000次
+    aa <- getTimeSplit(data$time[night.1], night.1.split)+night.1[1]-1)
## 调用Rcpp编译好的命令
用户系统流逝## 运行结果
1.13 0.00 1.14
```

我们可以对比一下 R 和 Rcpp 运行的结果：

```
aa
 [1]     602   1202   1802   2402   3002   3602   4202   4802   5402   6002   6602
7202   7801   8400   8999   9598 10194 10794
[19] 11394 11994 12594 13194 13794 14394
>bb
 [1]     602   1202   1802   2402   3002   3602   4202   4802   5402   6002   6602
7202   7801   8400   8999   9598 10194 10794
[19] 11394 11994 12594 13194 13794 14394
```

可见，两种语言运行的结果是一样的，但 Rcpp 的速度相比 R 语言要提高数十倍。

因此，提高计算速度对提高研究速度是非常有帮助的。比如 80 年代的神经网络，虽然模型拟合能力非常厉害，但由于当时的数据集并不是很大，很容易过度拟合。而且复杂的模型需要的参数比较多，即使有大量的数据集，运算一遍非常耗时，以至于研究者缺乏足够的耐心进行参数优化。90 年代的支持向量机等算法虽然在拟合能力上不如神经网络，但是却采用了大量的数值计算、数值优化技巧，使运算速度大为提高，反而能够在那个年代脱颖而出。

然而，2010 年以后，随着 GNU 等并行计算的大规模普及，以及互联网等大规模数据的产生，很多计算量大的模型反而重新获得了生命力。由于传统神经网络模型的名声不是那么好，神经网络的研究者采用了一个新的名字"深度学习"来继续他们的研究。

事实上，深度学习是在神经网络上发展起来的，比如著名的深度学习模型卷积神经网络（Convolutional Neural Network，CNN）则更是跟神经网络高度相关，所不同的地方在于普通的神经网络要自己找出因子，然后放入模型中学习，而卷积神经网络可以自己主动去寻找因子。这主要应用于图像分类中，比如要识别出一只动物是猫还是狗，一开始的分层更多是一些边界轮廓，比如识别出头部，然后逐步深入，可以识别出眼睛、嘴巴等，卷积类似于信号处理的滤波，可以把图像不同频率的特征识别出来，一开始是一些比较低频的特征，然后是更为高频的特征，最后再把这些特征放入神经网络模型中去拟合。

那么，这类模型能否用来分析金融数据呢？这个问题后面的章节会提到，这里只提一些思路。比如金融时间序列也是有低频和高频之分的，低频的更能显示出趋势，高频的则更类似于数据中的"毛刺"。比如一个 5 分钟 K 线，开盘价和收盘价构成主体，类似于主要趋势部分；上尾和下尾则类似于毛刺部分。或许一些厉害的高手可能把整个金融时间序列进行分解，比如是把价格变化分解成高频交易员产生的部分、低频交易员产生的部分、基本面产生的、技术面产生的等几个部分，类似于猫的头部、身体、尾部等然后再加总起来。

各个部分的交易员一般不会频繁改变自己的交易思路，并且市场中各部分成员的比例在短时间内也不会改变，即使缓慢改变，我们也可以通过渐进式（adaptive）的模型去拟合，这种方式或许比目前简单的线性回归模型更好一些。当然，这类模型需要的数据量也会更多，或许可以把数十个品种的数据加起来进行拟合。其实，每个分笔数据类似于图像处理的每个像素点，或许可以把图像处理的模型移植到金融中。这些内容已经超出了本书的范围，不再深入研究，它的计算量会比目前的模型大得多。我们接下来讲解运用多核并行计算来提高计算速度。

2.2.3　多核并行再次提速

如果是处理单个品种的数据，用 Rcpp 进行提速似乎已经很不错了。但商品期货有数十个品种，而且品种数目一直在增加，我们应寻求其他提高速度的办法。

现在的计算机普遍采用了多核 CPU，每核一般有两个线程。比如本人现在使用的笔记本计算机是 2 核 4 线程，使用的台式机是 10 核 20 线程，当然服务器可以有几百个线程，国外厉害的公司估计几千个线程都没问题。使用这些来进行编程，自然可以更好地提高速度。

比如，在 R 语言里面可以使用 parallel 包来实现并行计算：

```
library(parallel) ## 调用并行的程序包
product.list <- c("ag", "au","bu","cu","hc","ni","rb","ru","zn",
                  "a","c","cs","i","j","jm","jd","l","m","p","pp","v","y",
                  "CF","FG","MA","OI","RM","SR","TA","ZC") ## 活跃商品列表
n.core <- 4 ## 核的数目
system.time({
  cl <- makeCluster(n.core) ## 建立集群
  results <- parLapply(cl,product.list,parallel.process.5m.data) ## 并行处理
stopCluster(cl)
})
用户系统流逝
  1.03   0.03 676.99
```

如果使用更多的核来并行，可以进一步提高速度。这里 makeCluster() 是使用核的命令，n.core 是核的数目，这里是 4。另外，parLapply() 是并行的命令，par 开头的此类处理命令在 parallel 包里面。

下面看看 parallel.process.5m.data() 的程序：

```
parallel.process.5m.data <- function(product, prefix="f_c201703d") { ## 并行处理5分钟数据
  cat(product,"\n") ## 输出品种名称
  path <- "d:/liwei/tick" ## 分笔数据的路径
  setwd(path) ## 设置路径
  all.dire <- list.dirs(full.name=FALSE,recursive=FALSE) ## 查找文件夹
  dire.list <- all.dire[grep(prefix, all.dire)] ## 满足前缀条件的文件夹
```

```
library(Rcpp) ## 调用Rcpp程序包
library(inline) ## 调用inline程序包
source("d:/liwei/rcode/commodity.5m.helper.r") ## 调用相关辅助函数
sourceCpp("d:/liwei/rcode/getTimeSplit.cpp") ## 编译.cpp函数
library(data.table) ## 调用data.table
chosen.month <- paste(contract.month[[product]],collapse="|") ##选择品
种活跃月份
if (!grepl("^[[:upper:]]+$", product)) { ## Shanghai or Dalian上海或大连
交易所
    pattern <- paste(".*",product,"[[:digit:]]{2}(?:",chosen.
month,")",sep="")
} else { ## Zhengzhou郑州交易所
    pattern <- paste(".*",product,"[[:digit:]]{1}(?:",chosen.
month,")",sep="")
}
for (dire in dire.list) {
cat(dire,"\n")
    parse.dire.fast(dire,pattern,product) ## 处理一个文件夹的问价
}
}
```

之所以对郑州单独处理是因为大连和上海的合约月份都是 4 位，而郑州是
3 位。这里面还调用了一个函数 parse.dire.fast()，它是对一个文件夹里面的所
有合约进行处理，代码如下：

```
parse.dire.fast  <- function(dire,pattern,product,object.dire="d:/
liwei/binary/com5m/") {
## 处理文件夹的程序
  file.list <- list.files(dire, recursive=TRUE,pattern=pattern) ##查找所
有满足条件的文件
  file.list <- file.list[grep(paste("/",product,sep=""), file.list)] ##
过滤掉一些错误的文件
  start.prod <- as.numeric(regexpr(paste("/",product,sep=""),file.
list[1])) ## 查找到期日位置
  check.dup <- substr(file.list, start.prod+nchar(product)+1,start.
prod+nchar(product)+1) ##提取到期日
  file.list <- file.list[check.dup>="0" & check.dup<="9"] ## 继续过滤文件
  if (length(file.list)==0) return(1) ## 如果没有满足要求的文件则返回
  for (i in 1:length(file.list)) { ## 逐个处理文件
    file <- file.list[i] ## 提取文件
cat(file,"\n")
    if (file.info(paste(dire,file,sep="/"))$size==0) next ## 文件错误则下
一个
  data <- get.data.5m.fast(dire,file) ## 快速整理5分钟数据
  if (length(data)==1) next ## 数据错误则下一个
  contract <- data$contract[1] ## 提取合约
    dir.create(paste(object.dire,contract,sep=""),showWarnings=FALSE)
## 创建文件夹
    new.file <- gsub("_","/",paste(substr(file,10,nchar(file)-
3),"RData",sep="")) ## 新文件名
    heaven <- as.numeric(gregexpr("/",new.file)[[1]]) ## 特殊情况处理
if (length(heaven)>1) new.file <- substr(new.file, heaven[1]+1,
nchar(new.file))
```

```
   save(data,file=paste(object.dire,new.file,sep=""))  ## 保存新文件
  }
}
```

这里面调用了函数 get.data.5m.fast()，它就是利用了 Rcpp 的函数来把分笔数据整理成 5 分钟数据，速度比较快，代码如下：

```
get.data.5m.fast<- function(dire,file) { ## 快速处理5分钟数据
  data <- fread(paste(dire,file,sep="/"),stringsAsFactors=FALSE)  ## 快
速读取文件
  data <- as.data.frame(data) ## 整理成数据框
  trade.date <- substr(file, nchar(file)-11, nchar(file)-4) ## 提取交易日
  colnames(data) <- c("market","contract","date.time","price","cum.
open.int","open.int","turnover",
"qty","open.symbol","close.symbol","type","dire","bid","ask","bid.
qty","ask.qty") ## 列的名称
  data$date<- paste(substr(data$date.time,1,4),substr(data$date.
time,6,7),substr(data$date.time,9,10),sep="")
## 提取日期
  data$time <- substr(data$date.time,12,23) ##提取时间
  total.bar <- nrow(data) ## 总的行情数
  pre.time <- c(data$time[1], head(data$time,-1)) ## 前一个时间
  night.1 <- which(data$time>"20:59" & data$time<"23:00:01") ## 夜盘第一
段数据
  night.2 <- which(data$time>"23:00:01" & data$time<"23:30:01") ## 夜盘
第二段数据
  night.3 <- which(data$time>"23:30:01") ## 夜盘第三段数据
  night.4 <- which(data$time<"01:00:01") ## 夜盘第四段数据
  night.5 <- which(data$time>"01:00:01" & data$time<"02:30:01") ## 夜盘
第五段数据
  day.time <- which(data$time>"08:59:00" & data$time<"15:00:01") ## 白
天数据
  chosen.line <- rep(0,120) ## 分割位置
  split.time <- rep("",120) ## 分割时间
  cur.i <- 0
  if (length(night.1)>0) { ## 处理夜盘第一段数据
chosen.line[(cur.i+1):(cur.i+24)] <- getTimeSplit(data$time[night.1],
night.1.split)+night.1[1]-1
chosen.line[cur.i+24] <- tail(night.1,1)
split.time[(cur.i+1):(cur.i+24)] <- night.1.split
  cur.i <- cur.i+24
  }
  if (length(night.2)>0) { ## 处理夜盘第二段数据
chosen.line[(cur.i+1):(cur.i+6)] <- getTimeSplit(data$time[night.2],
night.2.split)+night.2[1]-1
chosen.line[cur.i+6] <- tail(night.2,1)
split.time[(cur.i+1):(cur.i+6)] <- night.2.split
  cur.i <- cur.i+6
  }
  if (length(night.3)>0) { ## 处理夜盘第三段数据
chosen.line[(cur.i+1):(cur.i+6)] <- getTimeSplit(data$time[night.3],
night.3.split)+night.3[1]-1
chosen.line[cur.i+6] <- tail(night.3,1)
split.time[(cur.i+1):(cur.i+6)] <- night.3.split
```

```
    cur.i <- cur.i+6
  }
  if (length(night.4)>0) { ## 处理夜盘第四段数据
chosen.line[(cur.i+1):(cur.i+12)] <- getTimeSplit(data$time[night.4],
night.4.split)+night.4[1]-1
chosen.line[cur.i+12] <- tail(night.4,1)
split.time[(cur.i+1):(cur.i+12)] <- night.4.split
    cur.i <- cur.i+12
  }
  if (length(night.5)>0) { ## 处理夜盘第五段数据
chosen.line[(cur.i+1):(cur.i+18)] <- getTimeSplit(data$time[night.5],
night.5.split)+night.5[1]-1
chosen.line[cur.i+18] <- tail(night.5,1)
split.time[(cur.i+1):(cur.i+18)] <- night.5.split
    cur.i <- cur.i+18
  }
  if (length(day.time)>0) {## 处理白天数据
chosen.line[(cur.i+1):(cur.i+45)] <- getTimeSplit(data$time[day.time],
day.split)+day.time[1]-1
chosen.line[cur.i+45] <- tail(day.time,1)
split.time[(cur.i+1):(cur.i+45)] <- day.split
    cur.i <- cur.i+45
  }
  chosen.line <- chosen.line[1:cur.i] ## 提取有效的部分
chosen.line[chosen.line==0] <- 1
  data.5m <- data[chosen.line,selected.column] ##提取有意义的行和列
  data.5m$time <- substr(split.time[1:cur.i],1,8) ## 设置时间
  data.5m$trade.date <- trade.date ## 设置交易日期
start<- 1
  while (data$bid[start]==0 & data$ask[start]==0) start <- start+1 ##
过滤没意义的行情
  for (i in 1:cur.i) { ## 逐段计算K线数值
    range <- start:chosen.line[i] ## K线对应的行情范围
    data.5m$open.int[i] <- sum(data$open.int[range]) ## 持仓量
    data.5m$qty[i] <- sum(data$qty[range]) ## 成交量
    data.5m$open[i] <- data$price[start] ## 开盘价
    data.5m$high[i] <- max(data$price[range]) ## 最高价
    data.5m$low[i] <- min(data$price[range]) ## 最低价
    data.5m$close[i] <- data$price[chosen.line[i]] ## 收盘价
    start <- chosen.line[i]+1 ## K线开始位置
  }
  return(data.5m) ## 返回5分钟K线
}
```

这里计算了 5 分钟 K 线的高开低收以及成交量、持仓量等，至此，整个把分笔数据合成 5 分钟 K 线的程序就完成了。如果该品种某段交易时间段不交易，则会自动跳过该段时间段，进入到下一个时间段。哪怕该段时间只有一次交易，也会生成该段所有的 5 分钟 K 线。

当然，这个程序也有一定的缺陷，比如交易所改变交易时间段，增加某些时间段或拆分已有的时间段等都需要修改程序。

另外，部分量化交易策略需要估算挂单成交的，除了高开低收的成交价以外，还需要挂单价，这里由于我们分析的是趋势策略，加滑点抢单成交，并没有分析被动挂单策略，因此不需要最高价和最低价的挂单价，有兴趣的读者可以自己整理一下。

2.3　异常处理

做机器学习或数据挖掘的人都知道，数据集往往有很多缺失、错误的地方，需要先人工进行处理。比如期货数据会有很多非交易时间段的数据需要专门处理，例如：

时间	最新	持仓	增仓	买一价	卖一价	买一量	卖一量
1 2017-07-26 19:12:02.500	3568	3421350	3421350	0	0	0	0
2 2017-07-26 20:59:00.500	3555	3421818	468	3554	3555	273	153
3 2017-07-26 21:00:00.500	3556	3422600	782	3556	3557	792	164
4 2017-07-26 21:00:01.000	3557	3423296	696	3557	3558	119	396
5 2017-07-26 21:00:01.500	3558	3423872	576	3557	3558	509	239

第一行的数据买一价、卖一价、买一量、卖一量都是零，而且交易时间是19：12：02.500，这是非交易时段，这个数据理应去掉。事实上，我们之前的数据处理程序已经考虑了这点：

```
while (data$bid[start]==0 & data$ask[start]==0) start <- start+1
```

从第一个 bid 价和卖价至少一个不为零的数据开始，有时候行情出现涨跌停板，比如涨停板时 ask 是零，因此，只有当两个都是零的时候才是异常的。

2.3.1　夜盘数据

现在不少期货品种开通了夜盘，一般是从晚上 9 点开始，但结束时间各不一样。如果机械记录每个品种的夜盘结束时间，其实也不大好，因为这个时间不是一成不变的，而是会随着一些新的规定一直改变。比如螺纹钢一开始夜盘交易到凌晨 1 点，现在交易到晚上 11 点。因此，我们需要一个更灵活的方式来处理夜盘数据。为此，我把夜盘分成以下几段：

```
night.1 <- which(data$time>"20:59" & data$time<"23:00:01")
```

```
night.2 <- which(data$time>"23:00:01" & data$time<"23:30:01")
night.3 <- which(data$time>"23:30:01")
night.4 <- which(data$time<"01:00:01")
night.5 <- which(data$time>"01:00:01" & data$time<"02:30:01")
```

最早结束夜盘的品种是23:00:00,但很多时候会有23:00:00.500这笔行情,因此,用data$time<"23:00:01"可以把这笔行情包含进来,其他时间也类似处理。

2.3.2 涨跌停处理

在涨停板,卖价是空值,一般行情软件用零代替,而在跌停板,买价是空值,也是用零代替。今后处理一些因子和因变量的时候要特别注意,因为这个时候的交易实际上并没有产生价格变化,而此时计算的预测指标,由于买量很大,一般都会预示有很强的上涨动能,因此会出现预测值与技术指标值的相关性极不正常的情况,这些就是异常值,在训练模型拟合系数的时候需要剔除。这里原始数据并没有做特别处理,这点留到以后再详细说明。当然,如果某些品种涨跌停板的比例很低,不会对模型参数拟合产生太大影响,也可以不用考虑。

事实上,涨跌停板数据占总数据量并不多,以螺纹钢为例:

```
> product <- "rb" ## 定义品种为螺纹钢
> all.contracts <- get.dates(product) ## 读取该品种的全部主力合约
> all.contracts ## 显示该品种的全部主力合约
 [1] "rb1210.RData" "rb1301.RData" "rb1305.RData" "rb1310.RData"
"rb1401.RData" "rb1405.RData" "rb1410.RData"
 [8] "rb1501.RData" "rb1505.RData" "rb1510.RData" "rb1601.RData"
"rb1605.RData" "rb1610.RData" "rb1701.RData"
 [15] "rb1705.RData"
> total <- 0 ## 总的K线数目
> good <- 0 ## 非涨跌停板的K线数目
> for (contract in all.contracts) { ## 遍历所有合约
+   load(contract) ## 调用合约数据
+   total <- total+sum(data$continuous)   ## 总K线累加
+   good <- good+sum(data$continuous & data$good) ## 非涨跌停板K线数累加
+ }
> good/total ## 好的K线的比例
[1] 0.9960169
> good ## 好的K线的数目
[1] 74268
> total ## 总的K线的数目
[1] 74565
```

由此可见,正常的无涨跌行情占99.6%,因此涨跌停行情对数据影响不会很大。可能很多人会担心涨跌停板时期价格基本处于停滞状态,但技术指标的取值往往却比较极端，这时候如果价格变化与技术指标取值很不一致，会影响拟合的效果。但因为这部分行情占比很小，所以对实际参数估计的影响并不大。

2.3.3　为什么保留买卖盘口

之前章节也提到过，虽然用最新价也可以较准确的回测策略，但这里我们还是保留了买卖盘口，哪怕是用 5 分钟 K 线做中低频的策略，原因有以下几点。

（1）很多品种买卖价差相对于价格来说很大，比如螺纹钢，价格一般在 1800 ～ 3600 元，买卖价差是 1，即买卖价差是盘口的 0.28% ～ 0.56%，其实挂单量也蕴含了很多信息，此时的最新价一般在二者之一，不能较准确反映当前的行情，如果用挂单量加权平均价或许更有意义。

（2）对于一些基于挂单价成交的策略，可以设置当前买一价买入，或者低于当前买一价若干价位买入，然后看 5 分钟内能否成交。事实上，回测时可以更严格一些，比如我们挂买一价，如果最低价低于买一价才算是成交，即使相等也不算，这样可以更为严格的估算挂单成交。

比如回测一个策略，可以出信号后立刻对手价 + 滑点成交，也可以假设挂单，如果下一根 K 线的最低价低于挂单价，则挂单价成交；如果下一根 K 线的最低价大于等于挂单价，则用下一根 K 线收盘价 + 滑点成交，这样可以跟原来的成交情况进行对比，或许有所改进。

由于涉及挂单的策略会更复杂一些，这里不作专门讨论，本书讨论的趋势策略默认都是加滑点即时成交。

2.3.4　跟其他行情软件对比

每个行情软件都有自己切割 K 线的方法，关于 500 毫秒应该放上一根还是下一根的问题每个软件处理方法都不一样。其实这些方法整体上都是大同小异的，没必要刻意强求，但是要保证自己实盘程序跟研究程序用到的 K 线是一致的。因为这类机器学习模型，对数值计算高度敏感，随着计算次数的增加，误差是一直累积的并不会抵消，由此可能造成实盘和回测优化很不一致，比如开平仓时间点不一样甚至缺少一些交易等。因此，最重要的是保持自己 K 线的一致性，而不是跟某个行情软件的一致性。

另外，现在有很多免费或付费的基于第三方平台的策略程序，也可以用自己的 K 线去测试一下。一般规则型的策略对数值不会很敏感，事实上如果对数值过于敏感也可能由过度拟合所导致。总之，如果是 5 分钟 K 线的话应该差别不会很大，因此不必过于纠结。

对于夜盘结束等停止交易的时段要特别小心，交易所可能会把最后一条行情反复推送，或者自己的程序在夜盘结束后关闭，而白天重新启动时会再次接收到夜盘的数据，很可能把成交量等再次累积计算，这些都要被过滤掉。本人曾经因为类似的原因导致白天开盘 K 线总是跟回测对不上，而且总是容易触发交易而亏钱。

2.4 本章小结

本章介绍了分笔数据的处理，主要处理方法是把分笔数据整理成 5 分钟 K 线数据，以及各种提高速度的方法。R 语言本质上是解释性语言，虽对统计分析有丰富的函数包做支持，但处理一些计算时速度并不快。为此，本章使用了 Rcpp 与多线程相结合的办法，把速度提高了数十倍甚至上百倍，大大提高了研究的效率。接下来的一章，我们将用这些数据构造预测因子，进入统计分析的阶段。

第三章
↓
预 测 因 子

　　本章主要介绍用于建模的预测因子。在机器学习这个领域，一般把构建因子称为特征工程（feature engineering），因为在机器学习中一般把统计学里面的参数（parameter）称为特征（feature），实际上特征、因子、参数都是一个含义，下面不再进行区分。当然，机器学习会帮另一类基础的因子成为属性（attribute），然后把attribute加工成的因子称为feature，所以才有特征工程一说。一般在统计学里没有这么麻烦，这里就不加以区分了。

3.1 技术指标来源

传统的直观的建模方法是规则型或者条件型的，满足一系列条件就买（卖），不满足就不进行买（卖）。这些条件都是由人脑主观构造的，但由于市场变化莫测，各种情况千差万别，很难用一些过于精确的条件来描述价格的变化。

3.1.1 建模背景介绍

举一个类似的例子，如自动驾驶。要教会一辆汽车自动驾驶，如果依靠规则系统，比如告诉它看见红灯就减速，看见绿灯就启动等，这些还算比较简单；但如果是看见前面的车就刹车、看到旁边的车就变道、看到后面的车就加速等，则会比较复杂，整套规则体系过于庞杂也不便系统化地研究，很多规则都是一些较为特殊的情况，并且规则之间多有重叠性，如何泛化又是一个问题。因此，如果顺着这种规则型、专家型的思路，很难进行系统化的研究。

20 世纪 80 年代最流行的模型是神经网络，也有人用神经网络的方法研究自动驾驶，可惜那时候不是很成功。神经网络的一个很大问题在于过度拟合，这主要是由模型参数过多而训练数据太少导致的。比如估计一个参数的数值，数据量每扩大 100 倍，精度可以提高 10 倍；而如果估计的参数非常多，类似于一个高维统计问题，数据点则会更多地分布在样本空间的边缘地带，从而严重影响参数估计的效果。详细的讨论可以参考《Elements of Statistical Learning second edition》第二章，这里不做展开。

如果数据量足够大，在样本空间内部各种取值都有，参数估计则更为准确。当年神经网络的模型在今天重新运用都取得了很好的成果，但因为神经网络的名声不是很好，所以现在的研究者把它命名为深度学习。

现在回到汽车驾驶的问题。我们可收集非常长的驾驶记录作为训练数据，然后把可以想象到的指标如车速、前车车速、后车车速、车距等作为因子，然后用复杂的深度学习模型，例如卷积神经网络，就可以训练出很好的自动驾驶系统。事实上，人类学习驾驶也是通过观察别人驾驶，然后有个较为模糊的印象，而不是通过一条一条精确的规则来驾驶，这跟卷积神经网络类似，如果驾驶途中一条一条规则去套，显然反应不过来，容易出车祸。

因此，知道预测模型的威力之后，我们不再使用规则型的系统，在交易中也一样。本章主要讨论预测因子，下一章再讨论预测模型。

因子的来源有很多种，其实更多依赖数据的来源。如果只有行情数据，那么可以做的工作非常有限。更进一步地说，如果是持仓 3、5 天的中低频策略，那么过于高频的分笔数据用处不大，还要先整理成 5 分钟 K 线，然后在 5 分钟 K 线的基础上构建预测因子，这样可以变换的方式并不多见。

如果是持仓时间更长的策略，比如 2 ~ 4 周，那么一般需要用日线数据建模，可以使用很多基本面的数据。国内很多信息提供商会提供商品基本面的数据，比如有上游、中游、下游三种，数据有日频、周频、月频等，可以用来建模。但很多时候数据质量是一个问题，比如数据更新不及时，数据修正缺乏历史记录等，就会导致用这些数据建立的模型没说服力。行情数据虽然简单，但最起码数据质量是有保证的。如果数据质量没有保证，机器学习就会称之为垃圾进垃圾出（garbage in，garbage out），得不到有意义的结果。因此，我们这里只研究行情数据和 5 分钟 K 线。

我们以螺纹钢（rb）为例来说明。本地数据中 rb 的合约有如下几个：

```
> product <- "rb" ## 设置品种为螺纹钢
> all.contracts <- get.dates(product) ## 获得全部主力合约
> all.contracts
 [1] "rb1210.RData" "rb1301.RData" "rb1305.RData" "rb1310.RData"
"rb1401.RData" "rb1405.RData" "rb1410.RData"
 [8] "rb1501.RData" "rb1505.RData" "rb1510.RData" "rb1601.RData"
"rb1605.RData" "rb1610.RData" "rb1701.RData"
[15] "rb1705.RData"
> n.contract <- length(all.contracts) ## 主力合约数目
```

我们可以用 rb1701 作为例子：

```
> contract <- all.contracts[n.contract-1] ## 取其中一个
> CONTINUOUS.PATH ## 合约存放的路径
[1] "d:/liwei/continuous binary"
> setwd(CONTINUOUS.PATH) ## 设置当前工作路径为合约所在路径
> load(contract) ## 调用合约
> plot(data$date.time, data$price, type="l", xlab="date", ylab="price",
main=contract) ## 画合约全部时段的价格曲线
> points(data$date.time[data$continuous], data$price[data$continuous],
col=2, type="l") ## 画主力合约时期的价格曲线
```

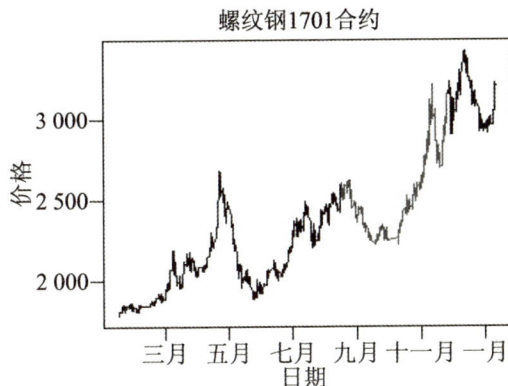

图 3-1　螺纹钢 1701 合约

　　具体的价格趋势如图 3-1 所示，黑线部分是所有的价格，红线部分是该合约作为主力合约时的时间段。由此可以看出，每个合约都只有其上市时的一部分时间作为主力合约存在，其他都是作为非主力合约存在。一般来说，只有主力合约的流动性足够好，才能够用来交易趋势类策略，因此，我们这里构造因子也只针对主力合约进行。

　　一般来说，传统的技术指标并不多，下面我们逐个进行分析。

3.1.2　R 自带的 TTR 库

我们可以先看看 R 的 TTR（Technical Trading Rules）包里面的函数：

```
> library(TTR) ## 调用技术指标库
> lsp <- function(package, all.names = FALSE, pattern) { ## 列举package
所有函数
+   package<- deparse(substitute(package))
+   ls(
+     pos = paste("package", package, sep = ":"),
+     all.names = all.names,
+     pattern = pattern
+     )
+ }
> lsp(TTR) ## 列举TTR所有函数
 [1] "adjRatios"       "ADX"          "ALMA"        "aroon"               "ATR"
 [6] "BBands"      "CCI"     "chaikinAD"      "chaikinVolatility"       "CLV"
[11] "CMF"        "CMO"      "DEMA"       "DonchianChannel"         "DPO"
[16] "DVI"        "EMA"      "EMV"        "EVWMA"          "getYahooData"
[21] "GMMA"      "growth"      "HMA"        "KST"         "lags"
[26] "MACD"      "MFI"     "momentum"        "naCheck"        "OBV"
[31] "PBands"      "ROC"     "rollSFM"        "RSI"        "runCor"
```

```
[36]  "runCov"       "runMAD"         "runMax"        "runMean"       "runMedian"
[41]  "runMin"       "runPercentRank" "runSD"         "runSum"        "runVar"
[46]  "SAR"          "SMA"            "SMI"           "stoch"         "stockSymbols"
[51]  "TDI"          "TRIX"           "ultimateOscillator"           "VHF"          "VMA"
[56]  "volatility"   "VWAP"           "VWMA"          "wilderSum"     "williamsAD"
[61]  "WMA"          "WPR"            "ZigZag"        "ZLEMA"
```

函数有 64 个之多，用它们构造技术指标应该是足够的。

例如我们可以先看第一个 ADX。考察一个因子好坏的一个简单方法是看它自身与未来收益的相关性是否稳定。正负并不重要，因为只需要加个负号就可以改变。

```
period <- 16 ## 研究周期
adx.5m <- function(high,low,close,period) { ## 5分钟的ADX
return (clean(ADX(cbind(high,low,close),n=period)[,3]/100-0.5))
}
fcum <- function(x, n, na.rm = TRUE, fill = 0) { ## 未来一段数据的和, 用于
计算未来收益
if (na.rm) return(head(lag(cum(c(x, rep(fill, n)), n), -n), -n))
else return(lag(cum(x, n), -n, fill = fill))
}
cor.vec <- as.numeric(sapply(all.contracts, function(contract){ ## 指标
与收益的相关系数, 每段
## 合约1个数字
load(contract)
  x <- with(data, adx.5m(high, low, close, period))[data$continuous]
  y <- with(data, fcum(wpr.log.ret, period))[data$continuous]
cor(x,y)
}))
cor.vec
[1]    0.0268267841  -0.0039409878   0.0317268921  -0.0544822096
-0.0030651075   0.0049134024  -0.0557897969
 [8]  -0.0980392969  -0.0293593289   0.0107987621  -0.0224249379
0.0589294998  -0.0076046940  -0.0008975012
[15]  -0.0119682773
mean(cor.vec)/sd(cor.vec) ## 均值除以标准差
[1] -0.2655112
```

如果一个指标，在不同的合约上，跟未来的收益率都是正相关，或者都是负相关，那么这个指标是比较稳定的；但如果一个指标在一半合约上正相关，另一半合约上负相关，那么它就不是十分稳定。另外，考察稳定性还可以用均值 / 标准差的方法，类似于 Z-score 的概念。这里这个数值是 -0.266，只从数值上我们很难分辨它是高还是低，可以结合其他因子一起来看。

```
> aroon.5m <- function(high,low,period) { ## 5分钟K线的AROON指标
+    return (clean(aroon(cbind(high,low),n=period)[,3])/100)
+ }
> cor.vec <- as.numeric(sapply(all.contracts, function(contract){
+    load(contract)
```

```
+    x <- with(data, aroon.5m(high, low, period))[data$continuous]
+    y <- with(data, fcum(wpr.log.ret, period))[data$continuous]
+    cor(x,y)
+ }))
> cor.vec
 [1]  0.001599738  0.067477774  0.033246871  0.015651357 -0.037340366
0.047214472 -0.010770836  0.016546496
 [9] -0.013133586  0.026169464 -0.047167192  0.031344160  0.052498959
0.022193933  0.010627709
>mean(cor.vec)/sd(cor.vec)
[1] 0.451995
```

由此可见，这个指标的数值是 0.45，而且 15 个合约中有 11 个是正的，比之前的指标更为稳定，因此，我们认为这个指标更好。

```
> size.imb <- function(bid.size,ask.size) { ## 买卖挂单量不平衡的指标
+    return (clean((bid.size-ask.size)/(bid.size+ask.size)))
+ }
> cor.vec <- as.numeric(sapply(all.contracts, function(contract){
+    load(contract)
+    x <- with(data, size.imb(bid.qty, ask.qty))[data$continuous]
+    y <- with(data, fcum(wpr.log.ret, period))[data$continuous]
+    cor(x,y)
+ }))
> cor.vec
 [1]  -0.0139030213  -0.0339061757  -0.0148683773   0.0138486289
0.0104661120 -0.0015431636  0.0029864356
 [8]   0.0031128340  -0.0101103320   0.0001543563   0.0083883613
0.0063344118  0.0294441502  0.0247227111
[15]  0.0120725355
> mean(cor.vec)/sd(cor.vec)
[1] 0.1539977
```

这个指标仅仅用到买卖盘后，表现弱一些，因为买卖盘后跟未来 80 分钟的价格变化关系不大，但是跟未来短时间的价格变化关系比较密切。因此，同样一个指标，针对不同的预测周期，会有非常不一样的效果。

也许很多人会问，这种利用过去行情信息预测未来的方法，是否违反市场弱有效的假说？其实，这个问题可以这么考虑：首先，市场弱有效本来就是个假说，有事实支持它，也有事实反驳它。其次，每个人分析信息的能力不一样，同样的信息不可能同一时间反映到行情中，有人快有人慢，信息处理能力强的人会获得一定优势，毕竟他们也支付了更多的成本（脑力、劳力），因此理应获得更高的收益。最后，大多数投资大师都反对市场弱有效假说，甚至有很多小幽默调侃它，比如"资助商学院教市场弱有效假说方便自己赚钱"，但对市场保持敬畏之心还是有必要的。总之，我觉得正确的态度是相信市场存在无效的时候，同时也认可挖掘市场无效不是那么容易的事情。

我们接下来考察其他因子：

```
bbands.5m <- function(high,low,close,period) { ## 5分钟布林带指标
return (clean(BBands(cbind(high,low,close),period)[,4]))
}
cor.vec <- as.numeric(sapply(all.contracts, function(contract){
load(contract)
  x <- with(data, bbands.5m(high, low, close, period))[data$continuous]
  y <- with(data, fcum(wpr.log.ret, period))[data$continuous]
cor(x,y)
}))
cor.vec
mean(cor.vec)/sd(cor.vec)
[1] 0.4645663
```

这个因子表现更加稳定。有人会问构造这些因子的过程是否复杂，我个人的观点是没必要在构造因子上花太多的时间，原因在于因子本质上起着向量基的作用，但是在同一个线性空间下面，目标向量（因变量）确定后，用不同的基去表示本质上是一样的；其次，现在有 boosting 等各种 ensemble 方法，复杂的因子可以通过一定的方法由简单的因子合成，所以没必要去人工构造；最后，在信息源不变的情况下，构造的因子很多是高度相关的，如果精心构造一个因子，或许会过于复杂，预测效果反而不好，还不如把精力放在这些简单的因子上。综上所述，本人不会把太多精力放在构造因子上。这些因子都是运用 R 语言自带的函数稍加整理即可，一般只有一行代码（one liner）。

```
> cor.vec <- as.numeric(sapply(all.contracts, function(contract){
+   load(contract)
+   x <- with(data, cci.5m(high, low, close, period))[data$continuous]
+   y <- with(data, fcum(wpr.log.ret, period))[data$continuous]
+   cor(x,y)
+ }))
> cor.vec
 [1] -0.004578969  0.028667631  0.069166449 -0.021923355 -0.038857232
0.068293330 -0.001378321  0.025188173
 [9]  0.012752632  0.025800136 -0.029980450  0.014307613  0.046035234
0.009632681  0.015497611
>mean(cor.vec)/sd(cor.vec)
[1] 0.4590126
```

也有些人会问，如果把这些因子都公开了，会不会对其不利。事实上，既然认为特征工程不重要，自然也就不会认为这些因子有多重要。量化建模是一个庞大的系统过程，并不存在哪块特别重要之说，本人觉得各个环节都挺重要的，而且本人也一直处于不断进步中，期货中低频也未必是本人未来主要研究的方向。

```
clv.5m <- function(high,low,close) { ## 5分钟CLV指标
return (clean(CLV(cbind(high,low,close))))
}
cor.vec <- as.numeric(sapply(all.contracts, function(contract){
load(contract)
  x <- with(data, clv.5m(high, low, close))[data$continuous]
  y <- with(data, fcum(wpr.log.ret, period))[data$continuous]
cor(x,y)
}))
cor.vec
 [1]   0.015157724  0.006745066  0.035790903  0.003152490  0.003642633
-0.005943928  0.011471704  0.025517315
  [9]  0.016062568  0.006616733  0.010025479  0.009541799 -0.002265039
0.003366260 -0.006107624
mean(cor.vec)/sd(cor.vec)
[1] 0.7873691
```

另外，从单个因子来看，即便相关性不是很一致，但很多个因子结合起来，预测效果就会好很多，这就是把几个弱指标合成一个强指标的意义。总之，没必要在单个指标上花太多时间。

```
> cmf.5m <- function(high,low,close,qty,period) { ## 5分钟CMF指标
+    return (clean(CMF(cbind(high,low,close),qty,period)))
+ }
> cor.vec <- as.numeric(sapply(all.contracts, function(contract){
+    load(contract)
+    x <- with(data, cmf.5m(high, low, close, qty, period))
[data$continuous]
+  y <- with(data, fcum(wpr.log.ret, period))[data$continuous]
+  cor(x,y)
+ }))
> cor.vec
  [1]   0.066274020 -0.000389366  0.003887651  0.078116275  0.015925439
-0.018772502  0.100707881  0.035378893
  [9]  0.026334896  0.012896424 -0.001722354 -0.009436509 -0.011295621
0.013112683  0.017397626
>mean(cor.vec)/sd(cor.vec)
[1] 0.630666
```

好了，关于 TTR 的指标就阐述到这里，剩下的内容大家可以自己尝试着练习一下。

3.1.3 一些技术指标的书籍

除了 R 语言自带的指标以外，还有一些技术指标方面的书籍大家可以参考学习一下，这里推荐一本书：《The Encyclopedia of Technical Market Indicators》，作者为 Robert W. Colby。推荐这本书并不是因为这本书里面的

技术因子有多厉害，而是因为这本书包含的因子数目非常多，一共有 800 多页，从 A 排到 Z，有数百个因子，因此不需要自己思考，直接把上面的因子拿来用即可。这本书网上有电子版，里面的技术指标很多也包含在 R 的 TTR 包里，如果没有包含，自己简单仿照着写也不困难，这里不再赘述。

另外一些是基于日本蜡烛图（即 K 线图）的预测因子，可以参考这本书《日本蜡烛图技术》（史蒂夫·尼森著，丁圣元译）。这些更像是一些技术形态，把它们翻译成技术指标还需要一些工夫。

如著名的乌云盖顶：

```
dark.cloud <- function(open,close,ret,ratio=0.25) { ## 乌云盖顶指标
  one.quar <- open+(close-open)*ratio
  pre.one.quar <- c(one.quar[1], head(one.quar,-1))
  pre.open <- c(open[1], head(open,-1))
  pre.ret <- c(0,head(ret,-1))
result<- (ret<0 & pre.ret>0 & close<pre.one.quar & close>pre.open)
return (result)
}
```

可以看出，这类信号的返回值只有 TRUE 和 FALSE 两种，并不是具体的数值，因此很难直接拿来使用。这些更适合传统的规则型策略，不大适合拿来用在机器学习上。

还有穿刺的形态：

```
piercing <- function(open,close,ret,ratio=0.25) { ## 穿刺指标
  one.quar <- close-(close-open)*ratio
  pre.one.quar <- c(one.quar[1], head(one.quar,-1))
  pre.open <- c(open[1], head(open,-1))
  pre.ret <- c(0,head(ret,-1))
result<- (ret>0 & pre.ret<0 & close>pre.one.quar & close<pre.open)
return (result)
}
```

另外还有启明星的形态：

```
morning.star <- function(open, close, body,thre) { ## 启明星指标
move<- close-open
  pre.move <- c(0,head(move,-1))
  pre.close <- c(close[1], head(close,-1))
jump<- open-pre.close
  pre.body <- c(body[1],head(body,-1))
ratio<- ifelse(pre.body==0,0,body/pre.body)
result<- rep(0,length(open))
chosen<- which(jump<0 & pre.move<0 & move>0 & ratio<thre)
result[chosen] <- -1
return(result)
}
```

有人会问这些 K 线形态的自动识别是不是就是我们常说的"模式识别"？其实，模式识别一词更多是针对图像分析领域，比如手写数字的识别，但运用的方法还是传统的统计模型，如 logistic regression。现在也有人使用更复杂的深度学习模型，在手写数字的识别上，误差率又大为降低。但这类都是标准的机器学习模型，不是那种通过语言描述一种模式（比如先涨一段回调一点再涨起来）然后用计算机去识别的模式。很多人工炒手转量化失败就是因为尝试着去用计算机语言描述这些状态，然后回测验证，这个是失败的模式。毕竟炒手主观交易很多时候也是模糊的逻辑，类似开车，而统计学习这类复杂模型也没有太清晰的逻辑，本质上也是这种模糊的思路，反而能更好拟合。

因此，这类 K 线形态或许不能直接拿来使用，这也是量化研究跟技术分析的一大区别，技术分析更多是基于这些形态使用的。

美国 WorldQuant 公司的老板写了一本书《Finding Alphas: A Quantitative Approach to Building Trading Strategies》，里面介绍了构建预测因子及测试的基本步骤，还给出了很多具体因子的例子，读者可以参考。

3.1.4　常见的论文

除了这些书籍以外，还有一些常见的论文介绍了预测因子，如《Automated Trading With Boosting and Expert Weighting》，作者是 German Creamer 和 Yoav Freund，其中 Yoav Freund 是 adaboost 的发明者，boosting 领域的顶级研究者，而 boosting 是机器学习领域很常见的概念。

这篇文章使用了 boosting 的方法来研究交易，即把一些较弱的预测因子合成为较强的预测因子，然后再构建模型，另外还给出了风险管理、投资组合优化等方法，附录给出了全部因子的公式，这些都可以作为构建因子的素材。

另外一篇比较著名的论文是《101 Formulaic Alphas》，里面列举了 101 个因子的公式，大多数适用于股票，但很多时候用在期货也是可以的。一般来说，用于股票的因子涉及全市场股票之间的相关关系，因此有很多基于排序（rank）的指标，而期货的因子一般只在单一品种上根据价量构建，不需要这么复杂。

3.2 因变量的选择

在机器学习领域，很多人把精力放在构建预测因子上，因为机器学习出现的很多都是分类问题，因变量是显然的。比如手写数字识别，因变量就是 0 ~ 9 这 10 个数字。还有一些图像识别，因变量就是猫头、狗头等图像，这些都是相当显然的。既然因变量如此简单，那么具有研究意义的就只有自变量了，因此就会花更多时间在构造因子上。

3.2.1 因变量的重要性

在金融领域，因变量就不那么显而易见了，需要自己定义。很多人刚开始研究的时候喜欢套用分类模型，也就是把 y 变量分成上涨、不变、下跌 3 类，这样显然是不够精确的。而且如果仅有价格变化的方向而没有幅度，也不足以触发交易。很多时候，价格只在很窄的区间里面震荡，这个时候即便预测对了涨跌的方向，但由于价格波动强度不足以覆盖交易成本，即使交易也很难赚到钱。

因变量的选择多种多样，不同因变量对应不同的策略，通过改变因变量来增加策略的数目相对于改变因子来说是有很多优势的，比如改变因变量后不需要增加新的因子，模型计算量比较固定，特别是实盘中，如果需要开发新的因子和增加新的内存和计算时间的话，改变因变量则一般好很多，计算完就没用了，不需要保存；另外，如果因变量固定，仅仅改变自变量的话，策略并没有什么变化，因为拟合的目标变量没有变化，只是预测的准确度改变了，而如果改变了因变量，则真正改变了策略，这样得出的策略相关性更低。

3.2.2 价格未来变化的对数收益率

以下是较为常见的因变量，之前的研究也是用价格未来变化的对数收益率作为因变量。从数学的角度出发，对数收益率可以累加，方便处理，而且跟实际的收益率相似，因此常常用它来作为实际收益率的近似值。现在来研究一下对数收益率的性质。

```
> log.ret <- c() ## 对数收益
> contract.len <- c() ## 合约长度
> mean.ret <- c() ## 收益的均值
> sd.ret <- c() ## 收益的标准差
> for (contract in all.contracts) { ## 遍历所有合约
+    load(contract) ## 调用合约
+    y <- with(data, fcum(wpr.log.ret, period))[data$continuous] ## 计算
因变量
+    log.ret <- c(log.ret, y) ## 计算对数收益
+    contract.len <- c(contract.len, sum(data$continuous)) ## 合约长度
+    mean.ret <- c(mean.ret, mean(y)) ## 计算均值
+    sd.ret <- c(sd.ret, sd(y)) ## 计算标准差
+ }
> mean(log.ret)
[1] -7.017801e-05
> sd(log.ret)
[1] 0.00713672
```

平均值接近零，标准差是 0.007 136 72，但如果观察每个合约内部的均值
和标准差，则有：

```
> mean.ret ## 均值
 [1] -2.181444e-04 -5.537213e-04  6.646196e-04 -8.597087e-04
9.795995e-05 -3.757381e-04 -4.020932e-04
 [8] -8.007577e-04 -1.596867e-04 -4.765981e-04 -3.565376e-04
3.421181e-04  4.724662e-04  6.773713e-04
[15]  2.954907e-04
>plot(mean.ret, type="l", main="return") ## 画均值
> sd.ret ## 标准差
 [1] 0.003184312 0.006897623 0.005594518 0.006479099 0.004021878
0.003706708 0.005024155 0.005728694 0.005136765
[10] 0.005325337 0.004549144 0.006057983 0.010973734 0.010639177
0.012857962
>plot(sd.ret, type="l", main="standard deviation") ## 画标准差
```

平均收益率如图 3-2 所示。

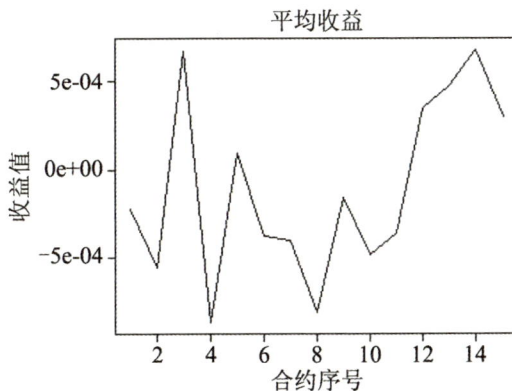

图 3-2　价格平均收益率

由图 3-2 可见价格变化的平均是基本平稳的，在零附近波动，毕竟短期来看价格上不会有明显的趋势，否则整体的趋势会相当明显，但实际上不会有这么明显的趋势。

对于价格波动的标准差，如图 3-3 所示。

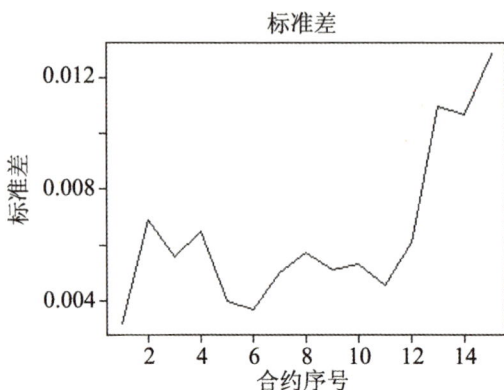

图 3-3　价格波动的标准差

由图 3-3 可见，标准差呈现逐步上升的形态，这说明价格变化的时间序列整体上是不平稳的。

对于不平稳的 y，使用回归模型会不会有问题呢？实际上，对一些趋势性很明显的 y 和 x 来说，有伪回归的嫌疑，因此会对它们进行差分后再进行回归。但现在 y 本身并没有趋势性，只是变化幅度逐渐变大。其实我们这里定义的 y 并不服从独立同分布的假设，并且我们做最小二乘拟合也并没有用到这些假设，我们本质上就是在预测因子所在的线性空间找一个跟因变量 y 距离最近的向量，这并不依赖独立性、平稳性等假设，只要不用到与统计量相关的经典统计学内容，我们做的回归分析都是可行的。

然而，正是由于 y 的幅度会随着时间的变化而变化，而根据波动率聚类的原理，用近期数据做拟合或许会更有意义。因此，如果能更频繁的更新模型，对我们其实是有帮助的。对于 y 的走势，如图 3-4 所示。

代码为

```
plot(log.ret, type="l", main="return")
```

可见，近期的价格波动确实比前面要大很多。

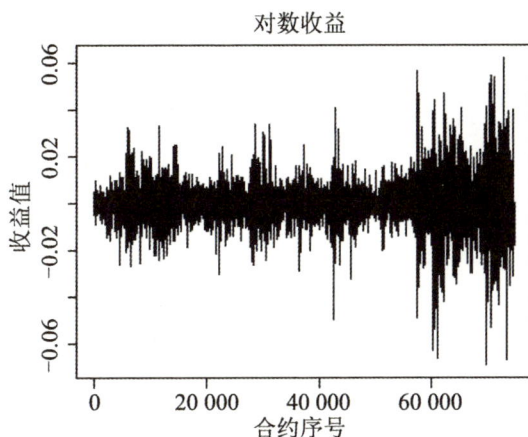

图 3-4 因变量的图形

3.2.3 价格变化的点数

用价格变化的点数代替对数收益率也有一定的道理。首先，与对数收益率类似，价格实际点数的变化也是可加的，这跟实际收益率不大一样。其次，在不考虑资金管理的情况下，研究期货策略一般都是默认固定 1 手，这时本质上获取的是单利而不是复利的收益，考虑到实际的盈亏跟实际的收益其实是一样的，用实际盈亏或许更直观一些。

```
> ret <- c() ## 收益率
> contract.len <- c() ## 合约长度
> mean.ret <- c() ## 平均收益率
> sd.ret <- c() ## 标准差
> for (contract in all.contracts) { ## 遍历所有合约
+   load(contract) ## 调用合约
+   change <- c(0, diff(data$wpr)) ## 价格变化
+   y <- with(data, fcum(change, period))[data$continuous] ## 获得未来收
益率
+   ret <- c(ret, y) ## 加入最新的收益率
+   contract.len <- c(contract.len, sum(data$continuous)) ## 合约长度
+   mean.ret <- c(mean.ret, mean(y)) ## 平均收益率
+   sd.ret <- c(sd.ret, sd(y))
+ }
> mean(ret) ## 收益均值
[1] -0.2581286
> sd(ret) ## 收益标准差
[1] 20.08028
> mean.ret
 [1] -0.9056318 -2.1057190  2.5574370 -3.3016951  0.3448239 -1.3034878
-1.3066634 -2.3057020 -0.4070499
```

```
[10] -1.0920553 -0.6853151  0.6665803  1.1098804  1.9193035  0.9871116
>plot(mean.ret, type="l", main="return")
> sd.ret
 [1] 13.260706 24.446920 21.224836 24.283626 14.752074 13.098001
16.178354 15.780021 12.998219 11.775168
[11]  9.055863 12.001606 25.538411 29.383808 41.622949
```

y 的各个合约的均值，如图 3-5 所示。

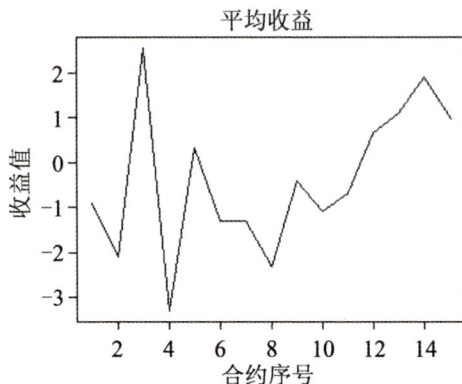

图 3-5　各合约因变量均值

由图 3-5 可见，价格变化的平均值基本不会有什么变化。对于标准差，如图 3-6 所示。

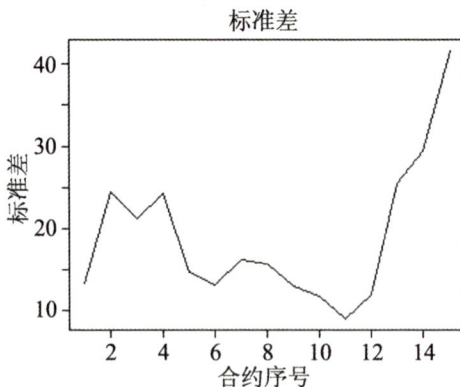

图 3-6　各合约因变量标准差

与之前对数收益率类似，按实际价格变化的标准差计算的话也是呈现出最近上涨的趋势，也不是平稳的。下面分析一下几个指标在这个 y 值的表现。

```
> cor.vec <- as.numeric(sapply(all.contracts, function(contract){ ## 计
算因子跟y的相关性
```

```
+    load(contract) ## 调用合约
+    x <- with(data, adx.5m(high, low, close, period))[data$continuous]
## 计算因子
+    change <- c(0, diff(data$wpr)) ## 价格变化
+    y <- with(data, fcum(change, period))[data$continuous] ## 计算因变量y
+    cor(x,y) ## 计算相关系数
+ }))
> cor.vec
  [1]   0.0273661966 -0.0057789437  0.0316919702 -0.0540117359
-0.0009170374  0.0040615262 -0.0555682043
  [8]  -0.0950403520 -0.0292980555  0.0123674084 -0.0243875696
0.0577538637 -0.0029906528 -0.0024970121
[15] -0.0124239078
>mean(cor.vec)/sd(cor.vec)
[1] -0.2610164
```

之前对数收益对应的结果是 -0.265 511 2，可见改变 y 之后两者相差不大。我们再看一个例子：

```
> cor.vec <- as.numeric(sapply(all.contracts, function(contract){
+    load(contract)
+    x <- with(data, clv.5m(high, low, close))[data$continuous]
+    change<- c(0, diff(data$wpr))
+    y <- with(data, fcum(change, period))[data$continuous]
+    cor(x,y)
+ }))
> cor.vec
  [1]   0.015110306  0.006024411  0.035825368  0.003805619  0.002934998
-0.005962322  0.011347802  0.025071703
  [9]   0.015903474  0.008110899  0.009623460  0.009239691 -0.002869892
0.004348989 -0.006186146
>mean(cor.vec)/sd(cor.vec)
[1] 0.7870768
```

之前对数收益的结果是 0.787 369 1，可见相差也不大。因此，这两个因变量的选择区别不大。

由此可见，简单改变一下 y 值或许并不会发生多大的变化。使用这种绝对金额的变化而不是对数收益率还有一个好处，就是对于做套利交易的策略，每次交易一个品种时，买一个卖一个，本质上就是交易价差合约。期货的价格一定是大于零的，但价差却可能是负数，负数没有对数，不存在对数收益率，因此这时只能用价格本身的变化作为因变量。

3.2.4 小波等去噪方法

前面章节提到过，改变因变量是比改变自变量更好的选择，其中另外一个

好处在于无论因变量的构造如何复杂，在实盘中我们是不需要实现的，实盘中我们只需要把自变量线性相加，得到因变量的预测值，而不需要构造因变量的实际值，况且实盘中也得不到因变量的实际值。

因此，我们可以用一些更高级的方法来处理因变量，而不需要对自变量进行处理。如果我们对自变量也这么处理，那么我们也必须在实盘中对自变量进行相应的处理，这样一来编程量会非常巨大，而得到的回报未必很多。

下面来看一下小波分析的影响。首先把原来的因变量 y 整理出来，如图 3-7 所示。

```
> library(wavelets) ## 调用小波包
> all.ret <- c() ## 所有收益
> len <- c() ## 合约长度
> for (contract in all.contracts) { ## 遍历所有合约
+   load(contract) ## 调用合约
+   x <- with(data, clv.5m(high, low, close))[data$continuous] ## 计算
clv指标
+   change <- c(0, diff(data$wpr)) ## 价格变化
+   y <- with(data, fcum(change, period))[data$continuous] ## 计算未来收益
+   all.ret <- c(all.ret, y) ## 加入新的y值
+   len <- c(len, sum(data$continuous)) ## 加入合约长度
+ }
> ret.ts <- as.ts(all.ret) ## 转成时间序列
>plot(ret.ts, type="l")
```

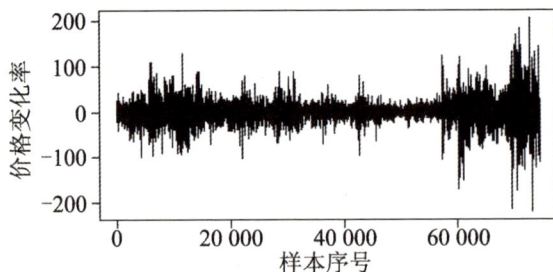

图 3-7　因变量的值

其中用到的软件包是 wavelets，如果大家对小波分析在时间序列的应用感兴趣，可以参考这本书《Wavelet Methods for Time Series》，作者是 Donald B. Percival 和 Andrew T. Walden，这个软件包跟这本书是相对应的。

小波算法本质上可以理解为滤波，即对信号进行过滤，希望把噪音过滤掉。对于简单的时间序列，或许本身噪音就不多，因此使用小波基过滤之后恢复的序列可以跟原序列一样。对于金融时间序列，噪音比较多，过滤后的序列或许会跟原来不一样，我们可以详细分析一下。下面的这条命令：

```
> ret.ts <- as.ts(all.ret)
```

是把向量转成时间序列，这样才能用小波函数进行分析。

```
> model<- dwt(ret.ts, filter="haar", n.levels=3, boundary="reflection")
## 用离散小波变换，使用
## haar滤波
> imodel<- idwt(model, fast=TRUE) ## 用逆变换返回生成的信号
>length(imodel)
[1] 74565
>length(ret.ts)
[1] 74565
> cor(imodel, ret.ts) ## 滤波前后的相关性
[1] 0.9070177
```

这里我们使用了 dwt() 这个函数进行分析，dwt() 是 discrete wavelet transform 的缩写，离散小波变换，这里使用的滤波是 haar 滤波，用了 3 层滤波，对边界点的处理是 reflection，它还有一个选项是 periodic，我们可以试试：

```
>model<- dwt(ret.ts, filter="haar", n.levels=3, boundary="periodic")
>imodel<- idwt(model, fast=TRUE)
>length(imodel)
[1] 74565
>length(ret.ts)
[1] 74565
>cor(imodel, ret.ts)
[1] 0.7274209
```

原来 reflection 是 0.907，现在 periodic 是 0.727，效果差很多，毕竟原来的时间序列不是周期函数，所以还是用 reflection 比较好，它相当于用近期的数据进行填充。一般收益序列有波动性聚类，用近期的数据进行填充会比较好。

我们这里先用了 dwt() 得到小波基的各项系数，然后用 idwt() 把信号还原，得到的时间序列长度跟原来是一样的，都是 74565，后来的数据相当于过滤之后的收益序列，它们的相关性高达 90%，我们希望的结果是把噪音过滤掉，保留信号。我们可以改变 n.levels 试一下：

```
>model<- dwt(ret.ts, filter="haar", n.levels=4, boundary="reflection")
>imodel<- idwt(model, fast=TRUE)
>length(imodel)
[1] 74565
>length(ret.ts)
[1] 74565
>cor(imodel, ret.ts)
[1] 0.4866929
```

可见多加一层滤波之后相关性下降了不少。我们现在只分析 n.levels=3 的情况。

```
> cor.vec <- c()
> start <- 1
>end<- 0
> i <- 1
>for (contract in all.contracts) {
+    load(contract)
+    x <- with(data, clv.5m(high, low, close))[data$continuous]
+    end<- end+len[i]
+    i <- i+1
+    cor.vec <- c(cor.vec, cor(x,imodel[start:end]))
+    start<- end+1
+ }
>mean(cor.vec)/sd(cor.vec)
[1] -2.070912
> cor.vec
 [1] -0.022735178 -0.031990655  0.002866996 -0.025221517 -0.029966868
-0.044399077 -0.020665077
 [8] -0.014877282 -0.015121824 -0.019714229 -0.019631380 -0.022820007
-0.043046340 -0.037073527
[15] -0.035691915
>sum(cor.vec<0)/length(cor.vec)
[1] 0.9333333
```

可见，均值 / 标准差是 -2.07，这是相当稳定的表现，比之前 0.78 的水平
好很多。另外 93% 的数值都是负数。或许大家比较奇怪的是为什么原来是正
数现在成了负数？要知道这两个目标向量的相关性高达 90%，为什么会出现这
么大的差异？这也正是金融数据的特点，在极端高波动的情况下，往往跟低波
动情况呈现出相反的特征，而波动太高的行情往往难以持续，而且风险也大，
需要避免交易，而小波分析很好地考虑到了这点。

大家可以尝试使用其他的滤波，由于只是改变了因变量，预测因子没有改
变，因此实盘程序不需要做任何修改，只需要保存系数的配置文件修改就可以
了，这也是改变因变量的好处。低频的因子和因变量就介绍到这，下面章节介
绍高频因子。

3.3　高频因子

高频因子指基于分笔数据的因子，国内是指基于 500 毫秒截面数据的因子，
这类因子一般会用到买卖价格和挂单量，即盘口信息。一般来说，可以分为三
种因子：基于买卖挂单量的因子、基于成交量和基于价格变化的因子。另外，
如果有 5 档行情，还可以开发基于深度行情的因子。

我们拿螺纹钢 2016 年 11 月 17 日至 2017 年 6 月 30 日一共 150 个交易日的日内分笔数据作为例子来分析。高频因子分析的一个特点是计算量和存储量都特别巨大，耗时比较长。简单起见，我们只选取了少数几个因子来分析。

我们先选取前面 40 天的数据，一共 11 个因子，加上因变量 y，一共 12 个。

```
> range <- 1:40 ## 取1-40天的数据
> product <- "rb" ## 品种是螺纹钢
> all.data <- prepare.tick.data(signal.list, y.str, product, all.
dates[range]) ## 准备分笔数据
>dim(all.data)
[1] 1609232          12
```

足足有 160 多万个样本，由此可见分笔数据的训练量是非常大的。我们可以挑选其中几个因子来看。

3.3.1　基于买卖挂单量的因子

这是高频数据比较独特的地方，它对买卖盘口比较依赖，因此很多时候可以考虑用挂单量来构造因子。比如：

```
size.imb<- function(bid, ask, bid.size, ask.size) { ## 买卖不平衡指标
return ((bid.size-ask.size)/(bid.size+ask.size)/(ask-bid)/(ask+bid)*2);
}
```

由于数据庞大，我们按照每 10 万数据量一组，计算各组的指标与因变量的相关系数，如图 3-8 所示。

```
all.data$id <- ceiling(1:nrow(all.data)/100000) ## 分笔数据分组
library(plyr) ## 调用plyr包
sample.cor <- ddply(all.data, "id", summarise, corr=cor(size.dif, y))
## 每组数据内部相关性
plot(sample.cor$corr, type="l")
```

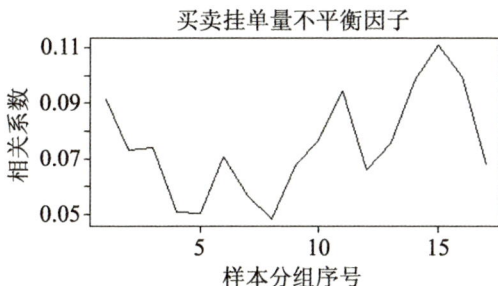

图 3-8　挂单量因子相关性

由图 3-8 可见，相关系数在 5%～11%，基本保持正相关性，还是非常稳定的。

3.3.2　基于成交量的因子

第二类是基于成交量的因子，我们也选取了其中一个：

```
trade.imb<- function(bid, ask, volume, turnover,period) { ## 成交量买卖不
平衡
    get.trade <- active.trade(bid, ask, volume, turnover)
    buy.trade <- cum(get.trade$buy.trade,period)
    sell.trade <- cum(get.trade$sell.trade,period)
buy.trade[1:period] <- 0
sell.trade[1:period] <- 0
volume[1] <- 0
    cum.volume <- cumsum(volume)/(1:length(volume))*period
signal<- (buy.trade-sell.trade) %0/% cum.volume
return (signal)
}
```

这是衡量主动买量与主动卖量对比的因子，我们可以看看它的表现，如图 3-9 所示。

```
> sample.cor <- ddply(all.data, "id", summarise, corr=cor(trade.imb.32,
y))
>plot(sample.cor$corr, type="l", main="trade.imb.32", ylab="cor")
```

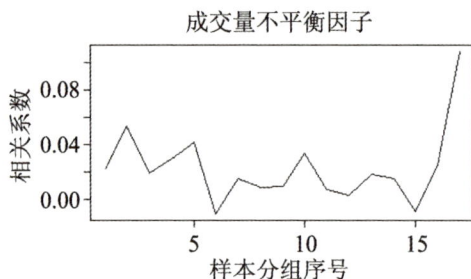

图 3-9　成交量因子相关性

由图 3-9 可知该因子在最近的行情中略有上升，整体也是正相关，但没有基于挂单量的因子表现好。一般来说基于挂单量的因子有最强的预测力，但预测出来的波动并不大。

3.3.3　基于价格变化的因子

对于中低频来说最常见的因子都是基于价格变化的，高频也可以用这类因子，比如最简单的基于指数加权平均线的因子。

```
ewma.move<- function(bid, ask, bid.size, ask.size, period) { ## 标准化的
指数加权平均因子
wpr<- clean.x((bid*ask.size+ask*bid.size)/(bid.size+ask.size))
signal<- clean.x((1-ewma(wpr, period)/wpr))
    first.negative <- which(signal<0)[1]
signal[1:first.negative] <- 0
return (signal)
}
```

可以看看这个因子的效果，如图 3-10 所示。

```
> sample.cor <- ddply(all.data, "id", summarise, corr=cor(ewma.move.32,
y))
>plot(sample.cor$corr, type="l", main="ewma.move.32", ylab="cor")
```

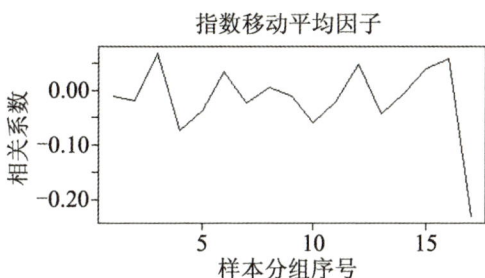

图 3-10　价格因子相关性

由图 3-10 可见这是一个负相关的因子，其实无论是正相关还是负相关对结果并没有什么影响，加入一个负号即可改变。

3.3.4　多因子预测模型

现在，我们给出一个多因子的预测模型。我们用 40 天的数据进行交叉验证来建模——即每 10 天的数据为一组，一共 4 组，每次预留一组作为验证集，然后其他 3 组作为训练集，这样一来我们可以获得 40 天的交叉验证结果，如图 3-11 所示。

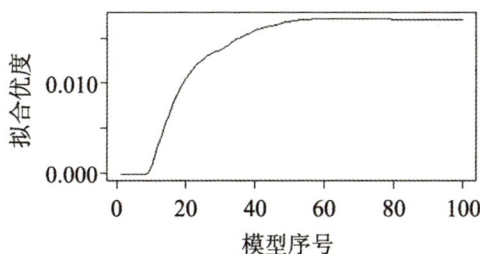

图 3-11　高频模型拟合优度

```
> system.time(tick.model <- get.tick.lasso.cross(range=1:40, product,
signal.list, y.str,chunk=chunk)) ## 用cross-validation的lasso模型进行建模
best= 66  ## 最佳模型的编号
用户系统流逝 ## 总共运行时间
38.08  1.98 40.18
```

由图 3-11 可以看出，最佳的是第 66 个模型。下面我们用这个模型来预测第 41 ～ 100 天：

```
> load(paste("d:/liwei/tick model/", product, ".", range[1], ".",
tail(range,1),".RData",sep=""))
## 调出模型
> tick.model$coef <- tick.model$coef.mat[,66] ## 设置模型系数为最佳模型的系数
> chosen <- which(tick.model$coef!=0) ## 过滤出非零系数
> signals <- tick.model$signals[chosen]
> coef <- tick.model$coef[chosen]
> length(coef)
[1] 11
> all.dates <- get.dates(product)
> r2 <- rep(0,n.dates)
> for (i in 1:n.dates) {
+    date <- all.dates[i]
+    data <- prepare.tick.data(signals, y.str, product, date)
+    pred <- as.matrix(data[,1:(ncol(data)-1)]) %*% coef
+    r2[i] <- R2(pred, data$y)
+     save(pred, file=paste("d:/liwei/pred tick/", product, "/", date,
".RData", sep=""))
+ }
```

系数的数目还是 11 个，由此可见所有因子都得以保留，我们可以考查一下样本内外的拟合优度：

```
> train <- 1:40
> test <- 41:150
> mean(r2[train])
[1] 0.01757111
> median(r2[train])
[1] 0.01687339
> mean(r2[test])
[1] 0.01136023
> median(r2[test])
[1] 0.01129559
```

可见样本内是 0.017 左右，样本外是 0.011 左右，样本外会比样本内差一些。事实上，很多时候并不一定选样本内交叉验证最好的模型，也可以选一些次优模型，这样的话在样本外或许会有更佳的表现，比如我们随机抽取一个次优的模型 best=40：

```
> tick.model$coef <- tick.model$coef.mat[,40]
> chosen <- which(tick.model$coef!=0)
> signals <- tick.model$signals[chosen]
```

```
> coef <- tick.model$coef[chosen]
> length(coef)
[1] 9
> all.dates <- get.dates(product)
> r2 <- rep(0,n.dates)
> for (i in 1:n.dates) {
+   date <- all.dates[i]
+   data <- prepare.tick.data(signals, y.str, product, date)
+   pred <- as.matrix(data[,1:(ncol(data)-1)]) %*% coef
+   r2[i] <- R2(pred, data$y)
+     save(pred, file=paste("d:/liwei/pred tick/", product, "/", date,
".RData", sep=""))
+ }
> train <- 1:40
> test <- 41:150
> mean(r2[train])
[1] 0.01512204
> median(r2[train])
[1] 0.01475278
> mean(r2[test])
[1] 0.01376843
> median(r2[test])
[1] 0.01289922
```

这时样本内降低为 0.015 1，但样本外提高至 0.013 8，这样就比较接近了，而注意到此时模型因子的数目为 9，比之前少了一些，同时起到了筛选因子的作用。进一步地，如果我们选择 best=35 的模型，则有：

```
> tick.model$coef <- tick.model$coef.mat[,35]
> chosen <- which(tick.model$coef!=0)
> signals <- tick.model$signals[chosen]
> coef <- tick.model$coef[chosen]
> length(coef)
[1] 7
> all.dates <- get.dates(product)
> r2 <- rep(0,n.dates)
> for (i in 1:n.dates) {
+   date <- all.dates[i]
+   data <- prepare.tick.data(signals, y.str, product, date)
+   pred <- as.matrix(data[,1:(ncol(data)-1)]) %*% coef
+   r2[i] <- R2(pred, data$y)
+     save(pred, file=paste("d:/liwei/pred tick/", product, "/", date,
".RData", sep=""))
+ }
> train <- 1:40
> test <- 41:150
> mean(r2[train])
[1] 0.01393324
> median(r2[train])
[1] 0.01397686
> mean(r2[test])
[1] 0.01410278
> median(r2[test])
[1] 0.01319343
```

这时样本内数据是 0.0139，样本外数据是 0.0141（平均值），样本外数据甚至比样本内数据还好，这说明降低模型复杂度之后，模型在样本内的拟合程度下降了，但是在样本外的预测能力提升了。

3.3.5 对 R^2 的理解

如果是这类分笔数据建模，预测时间也只有未来几十个 tick 的话，那么 R^2 一般都会是正数。R^2 取值较低的原因一般是行情急剧暴涨暴跌，其实也不难理解，这种情况下人工也无法判断，或者是由于"乌龙指"使然，完全在模型预料之外，因此预测值会很低。

其它情况下，对于价格低位震荡时，R^2 会比较高，因为此时价格波动一跳都比较困难，整体 y 的取值变化不大，因此也更容易预测。但要注意的是哪怕预测得十分准确也无法赚钱，因为价格波动实在太小，无法覆盖手续费和滑点等成本。对于价格波动幅度稍大的情况，R^2 会略低一些，但是由于波动幅度可以覆盖手续费和滑点，因此这时候盈利也是可能的。

由此可见，现实中 R^2 高不一定就盈利高，只能说在同一段行情下，样本外的 R^2 是越高越好。

3.4 本章小结

本章主要介绍了预测模型中的因子，包括中低频因子以及高频因子，为下一章建模做准备。高频因子属于比较特殊的因子，由于本书重点是中低频交易，因此在介绍高频因子的同时，也顺带介绍了高频因子建模的一些例子，并给出了样本内和样本外的一些结果，读者也可以先对建模的基本步骤有个大概的了解，为下一章统计建模打下一定的基础。下一章将重点介绍各类统计建模的方法。

第四章

↓

基础统计模型

上一章介绍了一些基本的预测因子，这一章介绍如何用这些因子构造模型。常用的预测模型包括线性回归、决策树、神经网络、深度学习等。由于金融数据的高噪音特性，这类预测模型的主要问题是过度拟合而不是欠拟合，因此，这里主要讨论普通的线性回归模型。

4.1　线性回归

线性回归模型一般描述如下：

$$Y=\beta_0+\beta_1X_1+\beta_2X_2+\cdots+\beta_pX_p+E_i$$

其中 Y 是因变量，X_i 是第 i 因子，β_i 是 i 因子的系数，它量化了自变量与因变量之间的关系。β_i 可以理解为在其它因子固定的情况下，X_i 每增加一个单位对 Y 的平均影响。

有了模型之后，我们可以把数据分为训练样本和测试样本两部分，其中训练样本用来拟合系数的值，而测试样本则用来检验拟合的效果。在这里，我们以螺纹钢期货（rb）为例来阐述建模的过程。

4.1.1　为什么用线性模型

很多人会问为什么使用线性模型，而不使用其他更复杂的模型，比如非线性模型，或者多个层次的神经网络模型？其实，我们可以从以下几个方面考虑。

首先，从上一章结尾对分笔数据建模的分析中可以看出，即便是预测短短几十个 tick 的价格变化，我们的样本外 R^2 也只有 1% 左右。很多初步研究量化金融预测模型的人甚至会以为自己弄错了，认为误差是 1%，R^2 是 99% 才对。但实际上，金融数据样本外能预测出来的 R^2 确实不高，一般预测几十 tick 或许加入几十个因子之后也只有 6% 左右，如果是中低频的会更低，可能千分之几。因此，金融问题跟其他问题很不一样，我们习惯于分类问题总是 99%、99.9%的识别率，比如识别一幅图有没有猫，或者识别手写的数字等，这些问题都可以达到非常高的准确度，但金融问题会比较难。

其次，我们从金融问题的性质出发。有人说金融问题是时间序列的，可以用那种长短期记忆网络（Long Short-Term Memory Network，LSTM）来解决。但事实上，LSTM 更多运用在自然语言处理这种样本更为稳定的问题中，比如英语的说话习惯不会怎么变的话，过去的意思对未来的影响才能更好地体现。更本质地，人们说话的根本目的是让别人听得懂，尽可能地减少自己的噪音，让信号更好地表达出来。但金融不同，人们交易的目的是为了自己赚钱，并且尽量隐藏自己的意图，不让别人清楚自己想干什么。因此，这也导致金融数据分析在本质上是一个博弈问题，需要不断变化，而不是一个客观的事物放在那里任由人们去分析。

最后，就是金融数据本身的高噪音低信号的特性，使复杂的模型很容易拟合了样本内数据的噪音部分。诚然，大部分好一些的模型，在拟合迭代过程中，一般都会先拟合信号部分，再拟合噪音部分。但是有可能噪音太多而信号太微弱，拟合起来也不是那么容易的。

还有就是统计学中的 bet on sparsity 的押注稀疏性原则，因为现实问题可能是稀疏的（参数较少，模型结构简单），也可能是稠密的（参数较多，模型结果复杂），但我们并不知道真实的数据产生机制，只能用模型去逼近它。如果真实模型是稀疏的，我们用稀疏去逼近，这是好的；如果真实模型是稠密的，我们用稀疏去逼近，最多欠拟合，也不会有太大问题，在金融里面表现为交易稀少但是能赚钱，只是赚的少而已。但如果真实是稀疏的，我们用稠密模型去逼近，那就很容易过度拟合了，在金融里面会更严重，可能导致频繁交易而亏钱；如果现实模型是稠密的，用稠密模型去逼近，由于模型结构复杂，参数较多，也未必能估计准，到时候效果还是可能不好。深度学习模型虽然也复杂，但是数据较多且分布稳定，所以没有上述这些问题。但金融领域往往没有这么多高质量的数据。

综上所述，我们先从线性模型出发来研究建模的问题，如果还学有余力，再慢慢过渡到其他更复杂的模型。

4.1.2 数据准备

我们的数据库是 rb1210 合约至 rb1705 合约，都是选取主力合约：

```
> all.contracts
[1] "rb1210.RData" "rb1301.RData" "rb1305.RData" "rb1310.RData"
"rb1401.RData" "rb1405.RData"
[7] "rb1410.RData" "rb1501.RData" "rb1505.RData" "rb1510.RData"
"rb1601.RData" "rb1605.RData"
[13] "rb1610.RData" "rb1701.RData" "rb1705.RData"
```

数据量为：

```
>dim(all.data) ## 看看行列的结构
[1] 74565    21
```

这主要是行情信息，并不是因子。这里的数据是 5 分钟的 K 线数据，而且把 K 线结束时的盘口信息也包含在内。此外，我们建模一般只考虑连续合约。

各变量含义如下：

```
>names(all.data)   ## 数据列名
[1] "contract"     "date"         "trade.date"  "time"      "price"    "open.int"
[7] "qty"          "bid"          "ask"         "bid.qty"   "ask.qty"  "open"
[13] "high"        "low"          "close"       "continuous" "good"    "wpr"
[19] "wpr.ret"     "wpr.log.ret"  "date.time"
```

其中，各变量含义如表 4-1 所示。

表 4-1　变量含义

变　　量	含　　义
Contract	合约名称
Date	当前日期
trade.date	交易日期
Time	时间
Price	最新价
open.int	持仓量
Qty	成交量
Bid	买一价
Ask	卖一价
bid.qty	买一量
ask.qty	卖一量
Open	开始价
High	最高价
Low	最低价
Close	结束价
Continuous	TRUE 表示连续合约
good	TRUE 表示无涨跌停
wpr	挂单量加权价
wpr.ret	价格变化量
wpr.log.ret	对数收益率
date.time	日期时间

现在我们可以把数据集划分成训练集和测试集两部分，其中前 6 个合约是训练集，后面 7、8、9 合约是测试集：

```
> n.train <- 6 ## 训练集数量
> train.range <- 1:n.train ## 训练集范围
> test.range <- (n.train+1):9 ## 测试集范围
> train.contracts <- all.contracts[train.range] ## 训练集合约
> test.contracts <- all.contracts[test.range] ## 测试集合约
> train.mat <- prepare.data(model$signals, model$y, product, train.
contracts, over.night=-1)
## 训练集数据
> test.mat <- prepare.data(model$signals, model$y, product, test.
contracts, over.night=-1)
## 测试集数据
> colnames(train.mat) <- c(paste("x",1:19,sep="."),"y") ## 给训练集命名
> colnames(test.mat) <- c(paste("x",1:19,sep="."),"y") ## 给测试集命名
> dim(train.mat) ## 训练样本规模
[1] 21825    20
> dim(test.mat) ## 测试样本规模
[1] 12756    20
```

可见，有 21 825 个训练样本，12 756 个测试样本，19 个因子，1 个因变量。这里的因变量选取的是未来 16 根 K 线之后的价格对数收益率。对数收益率具有对称性，比如价格从 80 涨到 100，再从 100 跌回 80，如果使用传统收益率，价格先上涨 25%，再下跌 20%，关系无法累加，但如果用对数收益率，则 log(100)-log(80) 与 log(80)-log(100) 互为相反数，相加后为零，方便处理。训练样本因变量 y 的图形如图 4-1 所示。

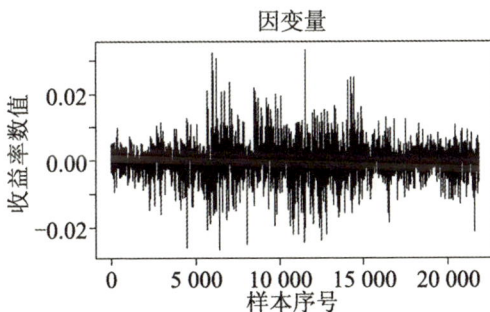

图 4-1 y 的取值

从图形看 y 的取值还是比较平稳的，即均值为零，方差有限。取值大小可以达到 2% 左右，这对于期货合约的价格变化而言应该算是非常厉害的，毕竟我们预测的是 16×5=80 分钟。

当然，这类价格收益率一般而言并不满足正态分布，有时甚至不是平稳的，而是肥尾分布。对于趋势类策略，很多时候就是为了在肥尾时候能赚钱，而不

是为了捕捉平稳时候的价格波动，因此处理的时候往往不会把波动大的行情过滤掉，有时也不会对指标进行相应的处理。

在期权定价领域，期权的卖方往往会担心肥尾效应，或者是更极端的"黑天鹅"事件，因为此类事件发生后，价格会剧烈波动，期权买方会行权获利了结，期权卖方则会亏钱，而且这种亏损理论是无上限的。历史上著名的量化对冲基金长期资本管理公司（LTCM，Long Term Capital Management）就是因为类似的策略导致损失惨重且最后倒闭。但对量化 CTA 而言却是完全不一样的。在价格剧烈变化时，比如导致长期资本破产的长期债券价格大幅上涨和短期债券价格大幅下跌等事件发生时，如果是做债券期货，例如国内的 10 年期债券期货价格大幅上升，5 年期债券期货价格大幅下跌，那么作为 CTA 趋势追踪策略，它大概会追着买入 10 年期债券期货，卖空 5 年期债券期货，从而两边获利，并且这类系统会有比较好的止损体系，如果价格反转或平稳的话就会平仓。

长期资本策略本质上是套利策略，除非加入强硬的资金止损，否则策略本身并没有很好的止损逻辑，哪怕他们是诺贝尔奖得主，或者华尔街交易老手，其实也是一样的，策略的逻辑来来去去都是那么几种，并不复杂。很显然长期资本一方面做套利类策略，另一方面却没有很好的止损逻辑，还有就是高杠杆，而且是流动性差的合约，想止损都难，因此一个月内亏损 90% 也不足为奇。但我们研究的期货市场完全是另外一个世界，甚至可以说是完全相反的两个世界。

期货合约在交易所交易，没有对手方违约的风险，正常情况下没有流动性风险，趋势策略也不惧怕价格上的"黑天鹅"。当然，如果是乌龙指一类的"黑天鹅"，瞬间把价格打到涨跌停板，策略很可能会判断失误，这需要在程序中单独处理。毕竟所有模型都是基于市场流动性好的情况下才成立的，如果流动性不好，则模型失效概率比较大，要做专门处理。

下面章节我们来看看样本内的情况。

4.1.3　样本内的情况

我们在 R 语言里面建立线性回归模型来分析样本内的情况：

```
> fit <- lm(y~.+0, data=train.mat)  ## lm是拟合线性回归的函数
> summary(fit)  ## 看看模型的总结
```

```
Call: ## 运行结果
lm(formula = y ~ . + 0, data = train.mat) ## 公式

Residuals: ## 残差统计
     Min        1Q    Median       3Q       Max
-0.027096 -0.002527  0.000029  0.002510  0.033085

Coefficients: ## 稀疏的结果
      Estimate Std. Error t value Pr(>|t|)          ## 估计值、标准误、t值、p值
x.1  -4.359e-04  2.129e-04  -2.047 0.040630 *
x.2  -5.329e-06  1.244e-04  -0.043 0.965841
x.3  -7.059e-04  3.969e-04  -1.778 0.075354 .
x.4   1.150e-03  1.297e-03   0.887 0.375320
x.5   2.227e-03  7.045e-04   3.162 0.001571 **
x.6   8.518e-05  3.940e-04   0.216 0.828855
x.7  -5.025e-04  4.497e-04  -1.117 0.263796
x.8  -1.274e-03  3.495e-04  -3.646 0.000267 ***
x.9  -6.205e-03  3.643e-03  -1.704 0.088483 .
x.10 -1.087e-03  4.930e-04  -2.204 0.027513 *
x.11 -3.040e-05  3.566e-05  -0.853 0.393906
x.12  1.859e-02  1.757e-02   1.058 0.290034
x.13 -4.233e-02  2.419e-02  -1.750 0.080124 .
x.14  3.110e-03  1.036e-03   3.001 0.002693 **
x.15  2.600e-04  3.857e-04   0.674 0.500247
x.16  1.606e-02  2.037e-03   7.885 3.28e-15 ***
x.17  1.246e-03  2.153e-03   0.579 0.562863
x.18 -2.662e-03  8.977e-04  -2.966 0.003022 **
x.19  1.236e-03  2.937e-04   4.208 2.58e-05 ***
---
Signif. codes:  0 '***' 0.001 '**' 0.01 '*' 0.05 '.' 0.1 ' ' 1

Residual standard error: 0.005083 on 21806 degrees of freedom
Multiple R-squared:  0.01625,   Adjusted R-squared:  0.01539
F-statistic: 18.96 on 19 and 21806 DF,  p-value: < 2.2e-16
```

其中 lm 是 R 语言进行线性回归的命令。

另外，我们可以看到拟合优度 R^2 的数值是 0.016 25，而调整后的 R^2 是 0.015 39，这两个数值看起来都不是特别高。一般来说，非金融市场类的统计问题一般都有很高的 R^2，比如 80% 以上，但是在金融市场数据方面，一般来说拟合程度都不会特别高。而且，从模型选择的角度而言，拟合程度的具体数值并不重要，我们更看重模型间拟合程度的排序关系，选择拟合程度较好的即可。

需要注意的是，由于 y 的取样是带有重复的，比如从 0 时刻取 16 根 K 线到第 16 时刻，从 1 时刻取到第 17 时刻，中间有 15 个区间有重合，因此各样本之间不是独立的。从统计学角度来说，这种情况下估算出来的系数值也是有意义的，毕竟最小二乘算法并不需要假设样本独立，因此计算出来的拟合优度也是正确的，但 t 值和 p 值等依赖统计分布样本独立的指标计算结果则不一定

正确。

例如，传统来说，对应因子后面有"*"符号的表示显著，"*"的数目越多表示结果越显著。我们可以看到 x8，x16，x19 都有"***"的符号，表示这几个因子结果非常显著，另外还有不少带"**"和"*"的因子，也有部分因子并不显著。但由于样本不独立，这些计算结果未必正确。

很多统计书会采用各种变量选择方法，如前向选择等、后向选择，利用 AIC、BIC 等指标，但那些更多是传统的统计学理论，往往对数据分布有一定假设。既然我们现在的数据不满足独立性假设，那么按这些统计理论选择的模型也未必正确。

下面章节我们看看样本外的情况。

4.1.4　样本外的情况

我们把计算的系数代入样本外的数据，很容易计算出样本外的预测值。

```
> pred <- predict(fit, newdata=test.mat) ## 测试集预测值
> R2(pred, test.mat$y) ## 样本外R平方
[1] -0.002399677
```

其中，R^2 是 caret 包里面的函数，但最新的版本似乎删除了，大家可以自己补上：

```
> R2<- function(pred, obs, formula = "corr", na.rm = FALSE) { ## R平方的
函数
        n <- sum(complete.cases(pred))
        switch(formula,
                           corr = cor(obs, pred, use = ifelse(na.rm,
"complete.obs", "everything"))^2,
                           traditional = 1 - (sum((obs-pred)^2, na.rm =
na.rm)/((n-1)*var(obs, na.rm = na.rm))))
        }
```

这里计算出的拟合优度的值是个负数。很多读者第一次见或许会觉得奇怪，因为按常理来说，拟合优度应该是一个非负数。对样本内来说，线性回归拟合的几何含义是把 y 垂直映射到自变量 X 所在的线性空间，类似于一个直角三角形，原来的 y 是斜边，它的长度大于任意一条直角边，拟合优度也会是正数。但对于样本外来说，线性空间没变，但现在相当于 y 可以随便映射到 X 空间的任何一个点，其长度可以很长，甚至比 y 还长，这样计算下来的拟合优度自然

是负数。另外，从拟合的角度来看，样本外的数据可以跟样本内的数据不一样，我们无法保证样本内拟合的模型对样本外还具有预测能力。

一般来说，直接用平均值作为预测值的拟合优度是零，拟合优度为负数说明预测能力还不如直接用平均值来预测，显然这种结果是不能令人满意的。到目前为止，我们也无法知道模型是过度拟合还是欠拟合而导致在样本外效果不佳，因此还需要做其他的分析。

4.1.5　关于 t-value 等统计量

在做进一步分析之前，我们先来看看 t 值、p 值等统计量。一般来说，预测模型在统计学和机器学习领域都有出现，很多模型如支持向量机、决策树等，既可以看成属于统计学的领域，也可以看成属于机器学习的领域。传统来说，统计学的参数估计、假设检验等跟"预测"并没有太直接的关系，或者说98%的统计学都与预测无关。统计学传统研究的一般是小样本的情况，需要对样本做一些假设，设计一些统计量，然后用统计量的数值对照理论上的概率分布，从而得出是否要拒绝原假设的结论。在线性回归里，原假设的意思是认为系数是零，即系数对应的因子没有作用。如果拒绝原假设，则认为因子有预测能力。这里我们主要关注 t 值、p 值、Z-score 等。

然而，前文也提到，这些数值的计算过于依赖样本的独立性以及各种概率分布的假设，金融数据一般不能严格满足这些条件。另外，从预测的角度出发，更多的是希望样本外的误差越小越好，或者同理，样本外的拟合优度越大越好，而这些是不依赖样本独立性和数据概率分布的。因此，在预测问题上，也不必太拘泥于使用 t 值等统计理论。

下面章节我们就来看看机器学习对待样本外效果不佳的处理办法。

4.2　带约束的线性回归

样本外效果不佳的可能原因有两种：一是模型欠拟合，即模型不够复杂，而数据太复杂，拟合效果不好；二是模型过拟合，即模型把很多噪音也拟合了进去，而这些在样本外的数据并不会有所体现，因此在样本外就表现不佳了。为此，我们需要一个验证集来检验。

4.2.1　验证集的使用方法

机器学习一般使用验证集来作为过渡，对模型进行微调。在机器学习中有正则化（regularization）的概念，在统计学里面一般称之为收缩性（shrinkage）。其实很好理解，线性回归计算系数本质上是用最小二乘法来计算，它计算出的系数是无偏估计，对样本内来说是最优的，但这样计算出来的系数方差比较大，可能过度拟合了样本内的数据。加入 shrinkage，也就是对系数进行限制，使它无法完全拟合样本内的数据，这样避免了噪音数据的影响，计算的系数对样本内数据或许是有偏估计，但由于计算系数时方差较小，更加稳定，或许在样本外会有更好的表现。这本质上是对偏差和方差的一种平衡（bias-variacne balance）。

一般来说一个模型越复杂，它的 bias 越小，预测值的 variance 越大；反之，一个模型越简单，它的 bias 越大，预测值的 variance 越小。这里需要一个平衡。如果样本内拟合效果很好，但样本外拟合效果很差，那么很可能就是模型过于复杂导致的，这时候需要的是弱化模型，而不是使用更复杂的非线性模型甚至深度学习模型来解决。一般来说，金融中低频数据的预测问题都是由过度拟合造成的，因为数据量比较小，样本内很容易拟合出赚钱的曲线，但样本外却不赚钱。而对于金融高频数据，由于交易手续费和冲击成本跟频率无关，而高频交易持仓时间更短，这么短时间的波动要覆盖高昂的成本是比较困难的，因此需要模型复杂一些，预测值的方差大一些，这样的话才能覆盖成本。

下面章节我们来看两种常见的 shrinkage 方法。

4.2.2　Ridge 模型

一般的线性回归的求解本质上是一个优化问题，求解最小化均方误差，即求 $\beta_1, \cdots, \beta_p$，使下列式子的值最小：

$$RSS = \sum_{i=1}^{n} \left(y_i - \beta_0 - \sum_{j=1}^{p} \beta_j X_{ij} \right)^2$$

Ridge Regression（岭回归）本质上也是求解的一个优化问题，但它的表达式加入了对系数的限制：

$$\sum_{i=1}^{n} \left(y_i - \beta_0 - \sum_{j=1}^{p} \beta_j x_{ij} \right)^2 + \lambda \sum_{j=1}^{p} \beta_j^2 = RSS + \lambda \sum_{j=1}^{p} \beta_j^2$$

其中 $\lambda \geq 0$ 是一个调节参数。第二项 $\lambda \sum_{j=1}^{p} \beta_j^2$ 是对系数的惩罚项，若系数取值幅度太大会影响拟合的效果。当 $\lambda = 0$ 时，没有惩罚项，就是一般的线性回归最小二乘；当 λ 逐渐变大时，要求系数的幅度变小，对取值大的系数有"惩罚"的作用，防止过度拟合到部分因子；如果 λ 趋向于无穷，那么系数变成零，则用均值来做预测。下面我们来看看 ridge regression 的应用效果。

我们的预测集依然是7、8、9合约，而现在引入了验证集，因此训练集变成1、2、3合约，验证集是4、5、6合约。事实上，只要预测集不改变，训练集和验证集无论怎么调整都是允许的。对于金融这种时间序列，只要训练集、验证集在前面，预测集在后面，都是符合要求的。程序如下：

```
> train.range <- 1:3 ## 训练集为1-3合约
> valid.range <- 4:6 ## 验证集为4-6合约
> test.range <- 7:9 ## 测试集为7-9合约
> valid.contracts <- all.contracts[valid.range] ## 验证合约
> train.contracts <- all.contracts[train.range] ## 训练合约
> test.contracts <- all.contracts[test.range] ## 测试合约
> train.mat <- prepare.data(model$signals, model$y, product, train.
contracts, over.night=-1)
## 训练矩阵
> valid.mat <- prepare.data(model$signals, model$y, product, valid.
contracts, over.night=-1)
## 验证矩阵
> test.mat <- prepare.data(model$signals, model$y, product, test.
contracts, over.night=-1)
## 测试矩阵
> dim(train.mat) ## 训练数据规模
[1] 10485    20
> dim(valid.mat) ## 验证数据规模
[1] 11340    20
> dim(test.mat) ## 测试数据规模
[1] 12756    20
> x <- as.matrix(train.mat[,1:(ncol(train.mat)-1)]) ## 训练数据转成矩阵
> x.valid <- as.matrix(valid.mat[,1:(ncol(valid.mat)-1)]) ## 验证数据转成
矩阵
> n.sample <- nrow(x) ## 训练集样本数目
> x.train <- x
> x.test <- as.matrix(test.mat[,1:(ncol(test.mat)-1)]) ## 测试数据转成矩阵
```

```
> n.signals <- ncol(x) ## 因子数目
> signals <- names(train.mat)[1:n.signals] ## 因子名称
```

这时训练集变成 10 485 个样本，验证集是 11 340，测试集还是 12 756，因子和因变量均没有改变。我们现在来应用 ridge regression：

```
> library(glmnet) ## 调用glmnet包，里面有ridge, lasso和elastic net
> n.coef <- 100 ## 用组参数，这其实是一维的优化，只有1个参数
> grid=10^seq(-4,3,length=n.coef) ## 参数取值
> fit.ridge <- glmnet(x,train.mat$y,intercept=FALSE, alpha=0, lambda =
grid) ## ridge模型
> coef.mat <- coef(fit.ridge)[-1,] ## 找出各个模型的系数
> oos.mat <- rep(0,n.coef) ## 模型验证的结果
> for (i in 1:n.coef) { ## 遍历所有模型
+    cur.coef <- coef.mat[,i] ## 取出模型的系数
+    pred <- x.valid%*%cur.coef ## 计算预测值
+    oos.mat[i] <- R2(pred,valid.mat$y, "traditional") ## 计算R平方
+ }
> plot(oos.mat, type="l", ylab="R2", main="ridge") ## 画出验证集表现
```

在这里我们调用了 glmnet 这个程序包，里面的 glmnet() 命令有 ridge regression 和 lasso 的功能，其中的参数 alpha=0 就是 ridge regression，alpha=1 就是 lasso，如果 0<alpha<1 那么就称为 elastic net，属于 ridge 和 lasso 的混合。在这里我们设 alpha=0，使用 ridge regression 功能。

另外，验证集本质上是优化的取值，为此我们使用了：

```
> grid=10^seq(-4,3,length=n.coef)
```

命令来给 λ 取一系列的参数，在这里，越小表示约束越大，系数取值越小，越大表示约束越小，越接近普通的线性回归。最后，我们使用了：

```
> plot(oos.mat, type="l", ylab="R2", main="ridge")
```

来画出不同的模型在验证集的表现，如图 4-2 所示。

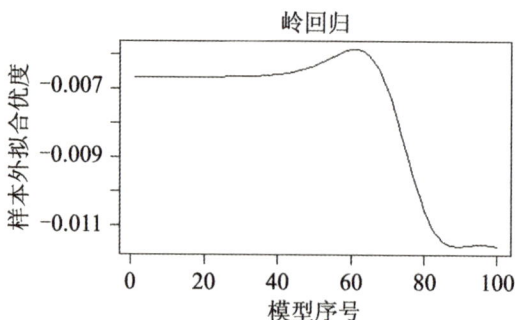

图 4-2　ridge 模型参数优化

可以明显看到，一开始对系数约束很多，系数取值基本上为零，没有改变。随着条件的放宽，各系数取值逐渐增大，预测效果也慢慢发生变化，直到达到最大值。随后，由于系数过度拟合训练样本，在验证集上表现为逐渐下降。我们发现拟合优度 R^2 依然为负数，但实际上我们更关心的是各模型 R^2 的相对大小，而不是绝对大小。

我们从验证集取得最优的 λ 之后，可以用训练集和验证集一起重新拟合一遍，然后用最优的去控制，得到最优的模型：

```
> best <- which.max(oos.mat) ## 找出最优的模型
> best
[1] 61
> train.valid.mat <- rbind(train.mat,valid.mat) ## 训练集和验证集合并
> x.test <- as.matrix(test.mat[,1:(ncol(test.mat)-1)]) ## 构造测试集的矩阵
> x <- as.matrix(train.valid.mat[,1:(ncol(train.valid.mat)-1)]) ## 训练
验证集的矩阵
> fit.ridge <- glmnet(x,train.valid.mat$y,intercept=FALSE, alpha=0,
lambda = grid)
## ridge回归的模型
> coef.mat <- coef(fit.ridge)[-1,] ## 所有模型的系数
> cur.coef <- coef.mat[,best] ## 最优模型的系数
```

最优模型是第 61 个，也就是图形中最高点的位置，然后我们再看看这个模型在预测集上的表现：

```
> pred <- x.test%*%cur.coef ## 预测集表现
> R2(pred,test.mat$y, "traditional") ## 样本外R平方
[1] -0.001568153
```

比之前的 $-0.002\,399\,677$，确实有改进。

另外，我们可以对比一下线性回归与 ridge 回归产生的模型系数：

```
> coef.compare <- as.matrix(cbind(fit$coefficients, cur.coef)) ## 合并两
个模型的稀疏
> rownames(coef.compare) <- paste("x",1:19,sep=".") ## 行的名称为因子名
> colnames(coef.compare) <- c("ols","ridge") ## 列的名称是模型名
> coef.compare ## 对比结果
              ols          ridge
x.1  -4.359220e-04  6.267822e-05
x.2  -5.328895e-06  1.321396e-05
x.3  -7.059022e-04 -3.914736e-05
x.4   1.150248e-03  4.485924e-05
x.5   2.227387e-03  1.734975e-04
x.6   8.517942e-05  5.225817e-05
x.7  -5.024898e-04  2.968960e-05
x.8  -1.274319e-03 -3.778020e-05
x.9  -6.205350e-03  1.477475e-04
x.10 -1.086805e-03  4.865833e-05
x.11 -3.040320e-05  1.523727e-06
```

```
x.12  1.858969e-02   6.084253e-04
x.13 -4.232807e-02   1.890575e-03
x.14  3.109798e-03   1.425716e-04
x.15  2.599714e-04  -5.994934e-05
x.16  1.606271e-03   5.090600e-04
x.17  1.245871e-03   9.550450e-05
x.18 -2.662491e-03   6.547399e-05
x.19  1.236075e-03   1.104729e-04
```

Ols（ordinary linear square）是普通最小二乘，ridge 表示 ridge 回归，我们可以看出 ridge 回归产生的系数在取值幅度上明显小于最小二乘产生的系数，这也是收缩的含义。

岭回归（ridge regression）可以起到缩小系数取值幅度避免过度拟合的效果，但是却没有选择因子的功能，我们可以看到每个因子的系数都不为零，如果因子数目过多，仅仅缩小因子取值幅度或许还不能减小过度拟合。一般统计学术界的稀疏 （bet on sparsity）更多指的是减少参数的数目，也就是把参数的系数变成零，因此 ridge 回归不能满足这个条件。对于很多人工智能的研究，其实并没有过于区分 L1-norm 和 L2-norm 带来的影响，那类方法往往对其他一些减少过度拟合的手段更为依赖，比如 dropout 等，这里我们暂时不讨论。L1-norm 指的是用绝对值之和来限制系数，L2-norm 指的是用平方和来限制系数，用绝对值之和的话可以把系数收缩到零，平方和就不可以。

岭回归在计算上的一个好处是它只是在求逆矩阵里面加了一项，因此还是矩阵求逆，计算起来非常方便，不像 lasso，要用专门的优化算法去搜索。而且，正是由于只涉及矩阵运算，ridge 对增加和减少样本的处理很方便，对于金融领域需要滚动优化的项目其实用 ridge 回归还是很有优势的，它可以高效地加入新的样本并且利用旧的计算结果来更新，且不需要重新计算。很多时候，金融统计建模对速度要求还是挺高的，运算速度快的话可以更高效地验证模型，更容易发现问题并且改正。如果计算一遍需要几个小时甚至几天，那么研究效率就非常低了。

我们下一节将讨论另一种 shrinkage 的方法——lasso 模型。

4.2.3　Lasso 模型

Lasso 模型是对 ridge 模型的稍微改动：

$$\sum_{i=1}^{n}\left(y_i-\beta_0-\sum_{j=1}^{p}\beta_j x_{ij}\right)^2+\lambda\sum_{j=1}^{p}\left|\beta_j\right|=\mathrm{RSS}+\lambda\sum_{j=1}^{p}\left|\beta_j\right|,$$

原来的系数平方项变成了绝对值，也就是 L2-norm 变成了 L1-norm，这表面上只是一个小变化，但实际带来的影响是非常大的。

一个最大的改变在于 lasso 具有变量选择的功能，也就是说会把其中一些变量的系数收缩到零，因此这个变量就等于删除了。有兴趣的读者可以参考本章小结推荐的相关书籍，里面有详细的介绍。

具体来说，比如有 3 个相关性很强的因子，如果使用 ridge 模型，那么它会把系数平分给这 3 个因子，并且都保留下来；但如果使用 lasso 模型，它会只保留一个因子，而删除其他两个。

我们可以来看使用 lasso 模型的情况：

```
> grid=10^seq(-10,10,length=n.coef) ## 参数取值网格
> x <- as.matrix(train.mat[,1:(ncol(train.mat)-1)]) ## 训练矩阵
> x.new <- as.matrix(train.valid.mat[,1:(ncol(train.mat)-1)]) ## 训练与
验证矩阵
> fit.lasso <- glmnet(x,train.mat$y,intercept=FALSE, lambda = grid) ##
lasso模型
> coef.mat <- coef(fit.lasso)[-1,] ## 系数矩阵
> oos.mat <- rep(0,n.coef) ## 验证集表现
> for (i in 1:n.coef) { ## 遍历所有参数
+   cur.coef <- coef.mat[,i] ## 读取当前系数
+   pred <- x.valid%*%cur.coef ## 验证集的预测值
+   oos.mat[i] <- R2(pred,valid.mat$y, "traditional") ## 计算R平方
+ }
> plot(oos.mat, type="l") ## 画出验证集R平方
> best <- which.max(oos.mat) ## 找出最优模型
> best
[1] 68
> x <- as.matrix(train.valid.mat[,1:(ncol(train.valid.mat)-1)]) ## 训练
与验证矩阵
>  fit.lasso <- glmnet(x,train.valid.mat$y,intercept=FALSE, lambda =
grid) ##
> coef.mat <- coef(fit.lasso)[-1,] ## 系数矩阵
> pred.test <- x.test %*% coef.mat[,best] ## 测试集预测值
> R2(pred.test, test.mat$y, "traditional") ## 样本外R平方
[1] -0.001875301
```

拟合优度是 −0.001 875 301，比 ridge 模型的结果略低，但比最小二乘的结果好。我们来看 lasso 模型拟合出来的因子系数：

```
> coef.compare <- as.matrix(cbind(fit$coefficients, coef.mat[,best])) ##
系数对比
> rownames(coef.compare) <- paste("x",1:19,sep=".") ## 行名称改成因子名
> colnames(coef.compare) <- c("ols","lasso") ## 列名称改成模型名
```

```
> coef.compare
                ols           lasso
x.1   -4.359220e-04  0.000000e+00
x.2   -5.328895e-06  0.000000e+00
x.3   -7.059022e-04  0.000000e+00
x.4    1.150248e-03  0.000000e+00
x.5    2.227387e-03  0.000000e+00
x.6    8.517942e-05  0.000000e+00
x.7   -5.024898e-04  0.000000e+00
x.8   -1.274319e-03  0.000000e+00
x.9   -6.205350e-03  0.000000e+00
x.10  -1.086805e-03  0.000000e+00
x.11  -3.040320e-05  0.000000e+00
x.12   1.858969e-02  0.000000e+00
x.13  -4.232807e-02  0.000000e+00
x.14   3.109798e-03  0.000000e+00
x.15   2.599714e-04 -2.359142e-05
x.16   1.606271e-02  2.988264e-03
x.17   1.245871e-03  0.000000e+00
x.18  -2.662491e-03  0.000000e+00
x.19   1.236075e-03  0.000000e+00
```

只有 x.15 和 x.16 的系数非零，由此可见只选出了两个因子，起到了筛选因子的作用。

因此，lasso 模型可以自动删除那些表现不大好的因子。很多公司研究策略时往往有着大量的量化研究员去研究新的因子，因子的数目虽然非常庞大，但很多质量一般，虽然可以用一些简单的相关性等方法过滤掉实在太差的因子，但在建模的时候，如果能进一步精简就更好了。金融建模最怕的是过度拟合训练样本，这样往往会给因子很高的权重，预测值的幅度会偏大，然而样本外依旧进行较为频繁的交易，容易导致亏钱。特别是一些基于第三方平台的规则型策略，使用了极低的交易成本进行测试，而且基本上都是全样本进行优化，过度拟合非常严重，交易次数还多，这种策略在样本外或实盘中大概率会亏钱。

4.3 模型选择

至于选取哪一种模型，需要具体问题具体分析。20 世纪八九十年代很多人运用神经网络模型预测股票市场价格变化，但收效甚微，后来产生的支持向量机、决策树等模型成为主流的机器学习模型。我们先来分析一下金融数据的特征，以及这两类模型的特征，然后再进行下一步分析。

4.3.1 金融数据特征

样本内因变量 y 的概率密度函数，如图 4-3 所示。

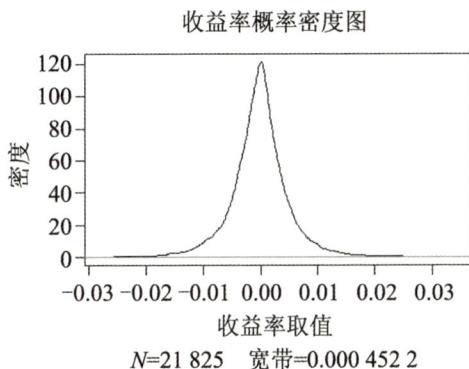

收益率概率密度图

图 4-3 y 的概率密度函数

由图 4-3 可见在零值附近的概率很大，具有尖峰特征。QQ 图则如图 4-4 所示。

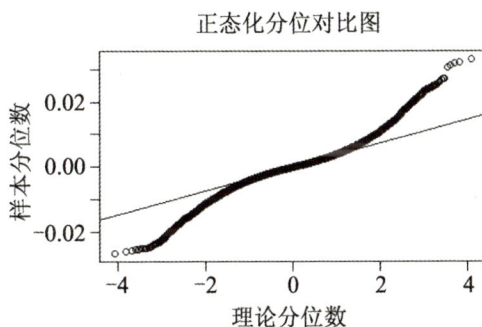

正态化分位对比图

图 4-4 QQ 图理论分位数

正负两倍的分位已经非常远离正态分布了，因此具有"厚尾"特征。这类尖峰厚尾特征的数据不大符合正态分布。代码如下：

```
> plot(density(train.valid.mat$y), main="y") ## 画出y的概率密度函数
> qqnorm(train.valid.mat$y) ## 画出y的QQ图
> qqline(train.valid.mat$y) ## 加入理论上的QQ线
```

　　y 的分布具有尖峰厚尾的特点，那么拟合之后的残差是否是正态分布呢？为此，我们可以对残差进行类似的分析。这里残差指的是样本内拟合的结果，这种拟合效果最好，因为是最小二乘拟合。

```
plot(density(fit$residuals), main="residuals")  ## 画出残差的概率密度函数
qqnorm(fit$residuals) ## 画出残差的QQ图
qqline(fit$residuals)## 加入理论上的QQ线
```

　　对于残差的概率密度函数如图 4-5 所示。

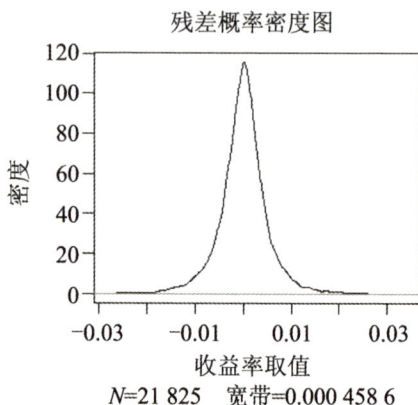

图 4-5　残差的概率密度分布图

　　由图 4-5 可见，残差也具有尖峰厚尾的特征。由于我们的因子并不能很好地拟合 y 的这个特性，所以残差依旧保留了下来。这在 QQ 图中或许可以更加清晰一些，如图 4-6 所示。

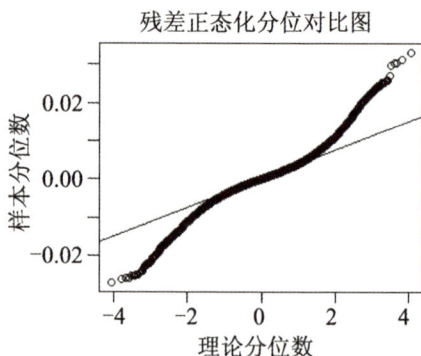

图 4-6　残差的 QQ 图

　　由图 4-6 可见，残差的分布也不是正态的，也具有尖峰厚尾特征。其实这

也不难理解，因为绝大多数的 y 的取值都是在零附近，对价格平均而言变化就是接近零的，并不存在先验的涨或跌的预判。至于厚尾性，这是由于期货合约波动较大，更容易产生极端的价格变化，而这类变化也是最难拟合的，拟合的误差也比较大，因此厚尾特性在残差中依然保留。但这并不代表实盘中就难以赚钱。事实上，波动大的时候往往是同一个方向发生变化，比如价格变化 2%，我们只预测出 0.2%，但方向没有错，因此并不会亏钱。

4.3.2　贝叶斯观点

刚才提到的 ridge 和 lasso 两种模型，我们是从一般统计分析的角度出发建模的，目的是缩小系数求解的范围来避免过度拟合。如果从另外一种角度来看，如从贝叶斯统计的角度出发，则可以得到另外一种视角。

贝叶斯统计会对系数假设一个先验分布，例如对 ridge regression 而言，对应假设系数的先验分布符合正态分布；对 lasso 而言，假设系数的先验分布符合双指数分布。双指数分布的尖峰特征使其具有筛选因子的功能。

从现代统计学的角度看，更倾向于具有稀疏性（sparsity）的模型，特别是对于高噪音的数据，如果因子数量过多，每个因子的系数值都很难准确估计，还不如把有限的数据，用于估计少数几个因子系数的值，或许更为准确。

4.3.3　数理模型在金融中的应用

现在市面上最时髦的是深度学习模型，比如卷积神经网络、长短时记忆模型、深度增强学习等。然而，在做量化金融的研究时，应该尽量选用一些含义清晰的模型，而不是那种含义不明的黑盒模型。特别是在中低频的研究时，一般把时间花在收集更多数据上会比构造更复杂的模型更有意义。

一些传统的数理模型，如时间序列、随机过程等对研究金融预测问题或许更有效一些。比如 "*Empirical Asset Pricing：The Cross Section of Stock Returns*" 一书列举了关于股票预测的各种因子，里面也用到了很多计量经济学的知识，并对异方差等进行了处理。这些都是传统数理金融的内容，对金融研究更为有用，而这些书籍和研究报告采用的语言和方法跟计算机流行的机器学习是非常不一样的，更适合具有数学、统计背景的人学习。另外还有一些用随机过程来研究价格变化的知识也可以学习一下，在统计套利中或许更为有用。

4.4　本章小结

本章介绍了用于研究金融数据的几个预测模型，还介绍了如何避免过度拟合的方法，并运用例子分析了 ridge 和 lasso 两种模型。关于线性回归、ridge、lasso 等内容，有兴趣的读者可以参考 "*An Introduction to Statistical Learning with Applications in R*" 一书，其中 ridge 和 lasso 在第六章。更深入的讨论可以在 "*Elements of Statistical Learning*" 一书中找到，里面有详细的理论推导供读者参考学习。

因子和预测模型固然重要，但也只是整个量化交易系统的一部分，如果没有其他部分的配合，也是难以持续盈利的。很多时候，交易模型、投资组合优化也同样非常重要，同样的模型，不同的交易方法和资金配置方法，可以得到截然不同的结果。前面几章主要都是对统计模型层面的讨论，无论是金融交易还是其他领域的数据，其实都是相同的。接下来的几章则是金融交易特有的内容。下面一章我们将介绍如何从预测模型过渡到真实的交易信号，并绘制回测的资金曲线，这样一来我们将会对研究结果有更直观的感受。

第五章

↓

复杂统计模型与机器学习

前面一章介绍了基础的统计模型，主要包括线性模型以及带约束项的线性模型，这一章主要介绍一些更复杂的模型，比如决策树、随机森林等。这类模型是多重可加模型（Multiple Addictive Model），本质上虽然还是线性模型，但每个因子的结构更为复杂，并不是普通的函数生成的，很多因子都有着复杂的树型结构。

此外，我们将研究跨品种的因子。比如螺纹和热卷，它们的相关性很强，所以用热卷数据生成的因子对螺纹也会有一定的预测能力，但是其生成的因子跟用螺纹自身生成的因子相关性并不会很高。

最后，我们将讨论高频数据建模的问题。在第三章简单讨论了lasso用于高频数据的建模，在此，我们将进一步讨论如何运用gbm和随机森林来研究商品高频数据产生的策略。

5.1　复杂统计模型

这里的复杂统计模型主要是指 gradient boosting machine（gbm）和随机森林两种模型。这两种模型都是基于回归树（regression tree）的建模方法。两者在实现和思想上略有差别，下面章节会详细描述。

5.1.1　Gradient Boosting Machine（GBM）

gbm 模型是斯坦福大学统计系教授 Jerome H. Friedman 于 2001 年提出的，当时的论文名称是"*Greedy Function Approximation：A Gradient Boosting Machine*"，发表在著名的统计学期刊"*The Annals of Statistics*"上面。其中 boosting 的意思是增强算法，至于对哪方面增强，不同的模型则有不同的处理方法。这里的 gradient boosting 则是对 gradient（梯度）进行增强，这里梯度是指损失函数的导数。

在回归模型中，一般使用最小二乘法进行系数拟合。比如损失函数为：

$$\text{Loss} = \frac{1}{2}\left(y - \hat{y}\right)^2$$

让它对 y 求导得到：

$$\frac{\partial \text{Loss}}{\partial y} = y - \hat{y} = \grave{\text{o}}$$

因此，导数恰好就是回归模型的残差。对导数进行增强，其本质是对残差进行增强，即每次构造一个新的因子，使残差减小得更快。

有时候会听到 stochastic gradient（随机梯度）这个词，这其实指的是一种数值计算的技巧。当样本量非常大的时候，每次计算梯度耗时就会很长，此时只需要随机选择一个样本计算其梯度，这样可以在一定程度上减少计算时间。当然，如果是全部样本一起计算梯度，那么可以保证每次迭代之后损失函数是下降的；但如果是随机选择一个样本，则损失函数有可能上升，但总体而言，如果样本分布比较平稳，随机梯度算法还是可以在很大程度上减少计算时间，提高参数收敛的速度。

下面我们回到 gbm 模型。一般来说，gbm 的每个因子都是二叉树结构。

比如我们先输入一些基础因子，gbm 会自动利用这些基础因子合成树型因子，然后把树型因子作为变量放入回归模型。因此，gbm 本质上是一个线性可加模型。

从表面上看，gbm 是一个 forward stepwise regression（前向逐步回归）模型，但本质上它是一个 forward stagewise regression（前向分段回归）模型，区别在于它并不是把树型变量的最佳系数整个放入模型中，而是乘以了一个 learning rate（学习速率），起到了 slow learning（慢速学习）的效果，避免了过度拟合。而且它也有类似 lasso 的性质，有人研究过 gbm 与 lasso 的系数演变轨迹，非常的类似，也有人给出了数学上的证明，详情可以参考 *"Elements of Statistical Learning second edition"* 一书，第一版出版时还没有证明，第二版出版时才有，这也是统计学界的一个比较漂亮的成果。在此我借用了他们一幅图来说明，如图 5-1 所示。

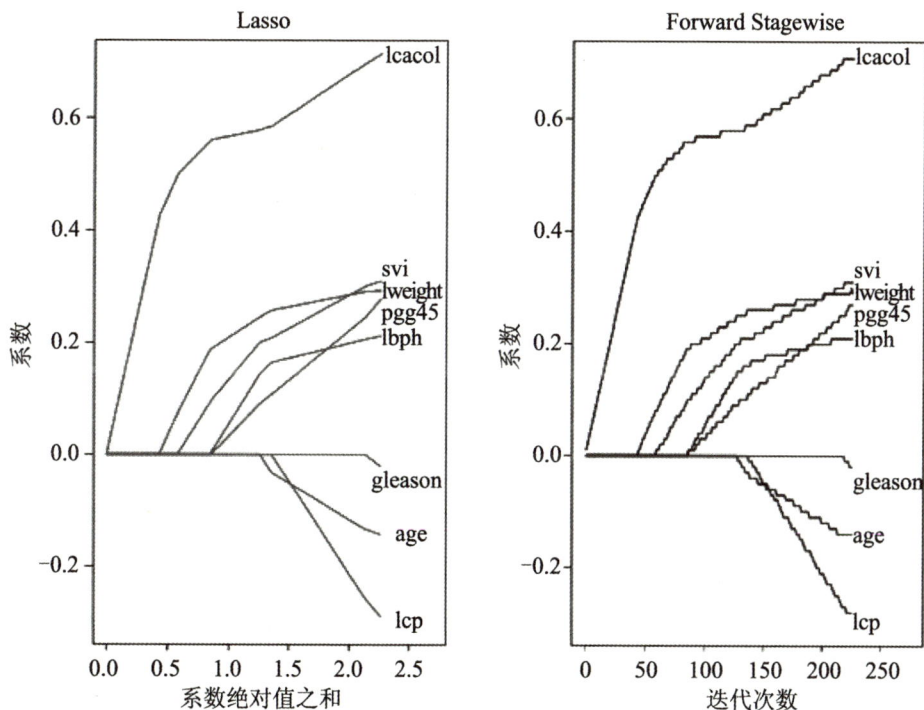

图 5-1　Lasso 与 gbm 系数演变

下面我们可以用 gbm 模型研究一下螺纹中低频策略。

我们先把数据准备好，分成训练集、验证集和测试集三部分：

```
> train.range <- 1:4 ## 训练集
> valid.range <- 5 ## 验证集
> test.range <- 6:9 ## 测试集
> train.contracts <- all.contracts[train.range] ## 训练合约
> valid.contracts <- all.contracts[valid.range] ## 验证合约
> test.contracts <- all.contracts[test.range] ## 测试合约
> train.mat <- prepare.data(model$signals, model$y, product, train.
contracts, over.night=-1)
## 训练矩阵
> dim(train.mat) ## 训练矩阵规模
[1] 14445    20
> valid.mat <- prepare.data(model$signals, model$y, product, valid.
contracts, over.night=-1)
## 验证矩阵
> test.mat <- prepare.data(model$signals, model$y, product, test.
contracts, over.night=-1)
## 测试矩阵
> colnames(train.mat) <- c(paste("x",1:19,sep="."),"y") ## 训练矩阵列名称
> colnames(valid.mat) <- c(paste("x",1:19,sep="."),"y") ## 验证矩阵列名称
> colnames(test.mat) <- c(paste("x",1:19,sep="."),"y") ## 测试矩阵列名称
```

在第 4 章里面的模型中，训练集是 1、2、3，验证集是 4、5、6，测试集是 7、8、9。由于 gbm 是比普通的 lasso 更复杂的模型，因此我们希望训练集更大一些，这样的话参数才能更好地拟合。为此，我们这里的训练集是前 4 个，验证集是第 5 个，为了让这个复杂的模型有更多测试数据，测试集是 6 ～ 9。然后我们进行建模：

```
> library(gbm) ## 调用gbm库
> n.signals <- length(model$signals) ## 因子数目
> set.seed(100) ## 设置随机种子
> n.tree <- 300 ## 树的数目
> depth <- 2 ## 树的深度
> gbm.model <- gbm(y~., data=train.mat, shrinkage = 0.01,
+                  interaction.depth = depth, distribution="gaussian",n.
trees=n.tree, verbose=FALSE) ## gbm建模
```

这里调用的是 R 语言里面的 gbm 包。现在更为流行的是一个称为 xgboost 的包，但 gbm 包使用时间更长，所以我们这里选择了 gbm。另外，由于 gbm 使用了 stochastic gradient 这种随机算法，因此每次运行的结果会不一样，为了使结果更稳定，我们使用了 set.seed（100）这个命令，使结果具有可重复性。

gbm 模型需要优化的参数主要有两个：树的深度和数目，即程序中的 depth 和 n.tree。其实这两个参数是相辅相成的：树的深度越大，数目越多，模

型就越复杂，样本内拟合的效果就越好，同时过度拟合的风险也就越大。因此，不妨固定一个参数，然后调节另一个参数。一个常见的做法是只适用深度为 2 的树，然后只改变树的数目（n.tree），这样只需要调节一个参数即可。我们可以看看这个模型的拟合效果，如图 5-2 所示。

```
r2 <- rep(0,n.tree) ## 各个模型的R平方
> for (i in 1:n.tree) { ## 遍历所有模型
+    pred <- predict.gbm(gbm.model,newdata=valid.mat[,1:n.signals],n.
trees = i) ## 预测值
+    r2[i] <- R2(pred, valid.mat$y,"traditional") ## 计算R平方
+ }
> plot(r2, type="l", main="gbm validation", xlab="n.tree") ## 画出R平方的图
```

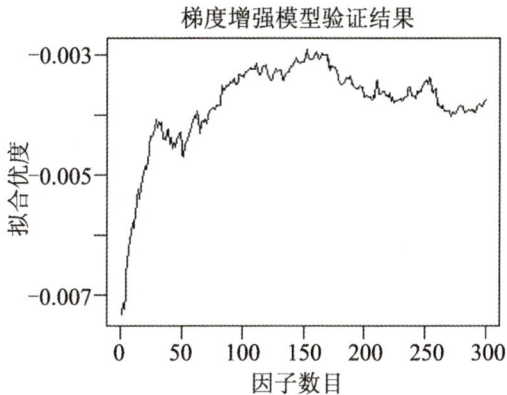

图 5-2　gbm 训练／验证结果

由图 5-2 可见在中间某个点取得最大值。我们找出这个点，然后看看在预测集上的效果：

```
> best <- which.max(r2) ## 找出最佳模型
> best ## 最佳模型
[1] 153
> test.pred <- predict.gbm(gbm.model,newdata=test.mat[,1:n.signals],n.
trees = best) ## 预测值
> R2(test.pred, test.mat$y, "traditional") ## 样本外R平方
[1] 0.0006139437
```

在预测集上的效果比较好。我们也可以考察一下在测试集上的最佳拟合效果是怎样的，然后看看我们选取的最优值跟实际最优值的对比，如图 5-3 所示。

```
> plot(test.r2, type="l", main="test set", xlab="n.tree") ## 测试集拟合
> which.max(test.r2) ## 测试集最佳结果
[1] 110
> max(test.r2) ## 最佳结果R平方
[1] 0.001164149
```

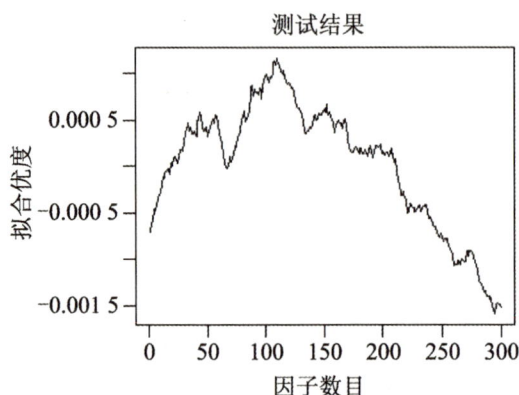

图 5-3　gbm 测试集表现

由图 5-3 可见，在 best=110 之后预测效果持续下降，选取的 153 其实并不是最好，但表现还算不错。一般来说，所选取的模型不一定是验证集最佳的，可能会选择一个次优模型，来换取在测试集上表现会更好一些。选取的规则多种多样，要根据实际应用场景来定。

除了 gbm 外，还有一种很常见的复杂预测模型，也是基于树型结构的，就是下一节介绍的随机森林模型。

5.1.2　随机森林

随机森林是一种拟合效果强大但使用起来十分简单的模型，它需要调整的参数不多。跟 gbm 不同的是，随机森林每棵树的深度并不是固定的。随机森林需要调整的参数也往往只有两个：树的数目和最大的节点数，其中最大的节点数决定了树的深度。随机森林的一个好处是一般不需要人工调整参数，模型自己选择的默认参数已经可以达到比较好的效果，所以被称为"best off-the-shelf model"。

与 gbm 类似，随机森林也是基于树型结构，因此对变量的取值并不敏感，无须进行标准化、去除极端值数据等预处理，而且针对分类和回归问题都适用。

与 gbm 不同的是，随机森林模型对树的数目这个参数并不敏感，因此调整这个参数的意义并不是很大，一般而言，验证集调整的是树的最大节点这个参数。由于也只需要调整一个参数,因此参数优化不需要网格搜索(grid search),同时可以避免过度拟合。

我们先来看一下不调整参数模型默认参数的情况:

```
> rf.model <- randomForest(y~., data=train.mat) ## 构建随机森林模型
> pred <- predict(rf.model, newdata=test.mat[,1:n.signals]) ## 计算预测值
> R2(pred, test.mat$y, "traditional") ## 样本外R平方
[1] -0.06474626
```

可见样本外的拟合优度只有 −0.064 7,并不是很高。我们再来看看参数优化的结果,如图 5-4 所示。

```
n.node <- 10 ## 节点数目
r2 <- rep(0,n.node) ## R平方
for (i in 1:10) { ## 遍历所有情况
  rf.model <- randomForest(y~., data=train.mat, maxnodes=i*20) ## 计算
随机森林模型
  pred <- predict(rf.model, newdata=valid.mat[,1:n.signals]) ## 计算预测值
  r2[i] <- R2(pred, valid.mat$y, "traditional") ## 计算R平方
  cat(i,r2[i],"\n")
}
> which.max(r2) ## 最优模型
[1] 4
plot(1:10*20, r2, type="l", main="random forest optimization",
xlab="maxnode", ylab="r2")
## 画出各个模型的表现
```

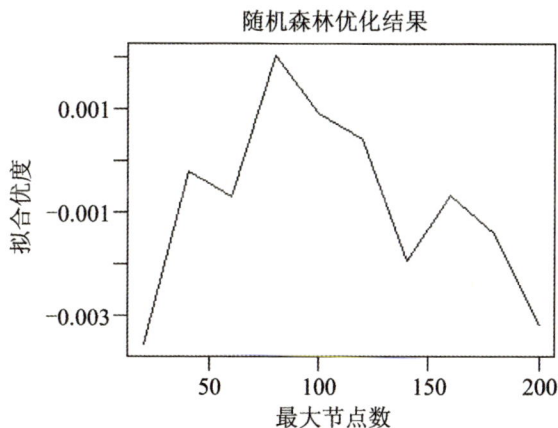

图 5-4　随机森林参数优化

这是在验证集上的结果,这里最大节点数从 20 到 200 进行网格优化,找出中间的最大值作为正则化的结果,这里最大是第 4 个,即 80 个节点,我们用它来作为最终模型预测样本外的情况:

```
> rf.model <- randomForest(y~., data=train.mat, maxnodes=80) ## 最佳模型
```

```
> pred <- predict(rf.model, newdata=test.mat[,1:n.signals]) ## 最佳模型
预测值
> R2(pred, test.mat$y, "traditional") ## 最佳模型R平方
[1] -0.01152484
```

最佳结果是 -0.01152，比之前模型默认的参数好很多，之前 gbm 模型在同样数据集的结果是 0.0006139437，因此 gbm 模型要好得多。另外，对比 gbm 和随机森林，gbm 的优点在于：

- 模型不必重复计算。由于gbm正则化优化的是树的数目，我们只需先一次性生成数目较大的树，然后对树的数目进行优化即可，不必重复计算。但对于随机森林，它对树的数目并不敏感，我们优化的是节点的样本数，这就需要重新生成模型了，计算量大大提高。

- 预测效果更好。在这个问题上，gbm的预测效果要远好于随机森林。一般来说，gbm是比随机森林更强大的模型，随机森林的优点是不怎么需要调参数，坏处是模型的能力并不是很强，适合更简单一些的数据集。

- 模型结构简单。gbm每棵树的深度都是固定的，这对于把模型结果转成 C++等其他语言来说会更加方便一些，因为参数都是固定格式的系数，可以用相同大小的矩阵表示，当然也可以全部放进一个矩阵里面。但随机森林每棵树的大小不一致，如果要重现模型的话结果就不大方便了。

综上所述，gbm 应该是更适合金融建模的复杂模型。而且它自带的 lasso 功能也可以很大程度上避免过度拟合。对于分笔数据，训练集的大小远超 5 分钟数据，我们有足够的数据量来训练模型。另外，对于金融交易这种高频策略，我们也需要更复杂的模型来捕捉更多微小的波动，从而才能在短短的持仓时间内超过覆盖交易成本。

5.2　跨品种因子

针对研究策略来说，模型固然重要，但很多时候信息比模型更重要。在同样的信息下，复杂的模型可以更充分地利用信息，但如果可以获得更多的信息，即便模型并不复杂，却往往可以有更好的效果。毕竟只是在行情数据的情况下，

从线性回归到梯度增强，其改进也并不会是飞跃性的。下面章节，我们将研究如何利用相关品种来构建预测因子的问题。

5.2.1　相关品种构建因子

我们可以研究一下利用相关性高的品种来构建预测因子，看看能否提高预测能力。比如螺纹钢与热压卷板 hc 的相关性非常高，我们可以尝试利用 hc 来构建因子。

首先来看 hc 的数据：

```
> strat.product <- "hc" ## 相关品种
> strat.contracts <- get.dates(strat.product) ## 相关品种合约
> strat.contracts ## 相关品种合约列表
[1] "hc1501.RData" "hc1505.RData" "hc1510.RData" "hc1601.RData"
"hc1605.RData" "hc1610.RData" "hc1701.RData"
[8] "hc1705.RData"
```

它只有 8 个合约，而且最开始的是 1501，比螺纹钢少很多。而且合约换月的时间未必一致。我们首先要把两个品种的数据对齐，然后才能进行处理。

```
> get.product.date.time <- function(contracts) { ## 获得品种合约的日期和时间
+   date <- c() ## 日期列表
+   time <- c() ## 时间列表
+   for (contract in contracts) { ## 遍历所有合约
+     load(contract) ## 调用合约
+     date <- c(date, data$date[data$continuous]) ## 合并日期
+     time <- c(time, data$time[data$continuous]) ## 合并时间
+   }
+   date.time <- get.date.time(date,time) ## 转换日期和时间
+   return(date.time)
+ }
```

这是提取日期和时间的辅助函数。

```
product.date.time <- get.product.date.time(product.contracts) ## 获得交易品种的日期时间
strat.date.time <- get.product.date.time(strat.contracts) ## 获得辅助品种的日期时间
> length(product.date.time) ## 交易品种时间长度
[1] 74565
> length(strat.date.time) ## 辅助品种时间长度
[1] 47250
```

由此可见两者长度不一样。我们以后上市的 hc 为准进行处理：

```
> if (length(product.date.time)>length(strat.date.time)) { ## 交易品种比辅助品种长
+   product.index <- match(strat.date.time, product.date.time) ## 交易时间匹配
```

```
+    bad <- which(is.na(product.index)) ## 处理一些特殊情况
+    product.index[bad] <- product.index[bad-1]+1
+    aa <- match(product.date.time, strat.date.time)
+    bad <- which(is.na(aa))
+    if (bad[1]==1) bad <- bad[-1]
+    aa[bad] <- aa[bad-1]+1
+    strat.index <- aa[!is.na(aa)]
+ } else { ## 交易品种比辅助品种短
+    strat.index <- match(product.date.time, strat.date.time) ## 交易时间
匹配
+    bad <- which(is.na(strat.index)) ## 处理一些特殊情况
+    strat.index[bad] <- strat.index[bad-1]+1
+    product.index <- 1:length(product.date.time)
+ }
>
> product.data <- prepare.data(signals, y.str, product,product.
contracts)[product.index,]
## 交易品种指标数据准备
> strat.data <- prepare.data(signals, y.str, strat.product, strat.
contracts)[strat.index,]
## 辅助品种指标数据准备
> dim(product.data) ## 交易品种数据规模
[1] 47250    20
> dim(strat.data) ## 辅助品种数据规模
[1] 47250    20
```

这样就得到了长度一样的数据。因为中间一些时间标记有点问题，所以专门写了程序进行处理，实际中的对齐并不这么复杂。事实上，如果是夜盘交易时间段，一般只需要用晚上市的品种的交易时间即可。但由于本人之前的数据存在一些小问题，所以才需要做专门的处理，只要数据是完备的，时间自然是对齐的，这里只是为保险起见。然后进行数据的合并：

```
n.signal <- ncol(product.data)-1 ## 因子的数目
colnames(strat.data) <- paste(strat.product,colnames(strat.
data),sep=".")
 ## 新品种因子名称重新命名
all.data <- cbind(product.data[,1:n.signal], strat.data[,1:n.signal])
## 合并两个品种的数据
all.data$y <- product.data$y ## 因变量用交易品种的因变量
all.data <- clean(all.data) ## 清洗数据
n.data <- nrow(all.data) ## 样本总数
dim(all.data) ## 数据规模
[1] 47250 39
```

原来每个品种有 19 个因子，现在合并起来有 38 个，另外一个是因变量。我们这里做的是螺纹钢，因此只需要螺纹钢的因变量。

```
> n.bar <-nrow(all.data) ## 样本总数
> train.range <- 1:10000 ## 训练范围
> valid.range <- 10001:20000 ## 验证范围
> test.range <- setdiff(1:n.bar, c(train.range, valid.range)) ## 测试范围
```

```
> train.mat <- all.data[train.range,] ## 训练样本
> valid.mat <- all.data[valid.range,] ## 验证样本
> test.mat <- all.data[test.range,] ## 测试样本
> grid=10^seq(-2,-6,length=n.coef) ## 参数矩阵
> x <- as.matrix(train.mat[,1:(ncol(train.mat)-1)]) ## 训练矩阵
> x.valid <- as.matrix(valid.mat[,1:(ncol(train.mat)-1)]) ## 验证矩阵
> x.test <- as.matrix(test.mat[,1:(ncol(train.mat)-1)]) ## 测试矩阵
> fit.lasso <- glmnet(x,train.mat$y,intercept=FALSE, lambda = grid) ##
lasso模型
> coef.mat <- coef(fit.lasso)[-1,] ## 模型系数矩阵
> oos.mat <- rep(0,n.coef) ## 样本外结果
> for (i in 1:n.coef) { ## 遍历全部模型
+   cur.coef <- coef.mat[,i] ## 模型系数
+   pred <- x.valid%*%cur.coef ## 预测值
+   oos.mat[i] <- R2(pred,valid.mat$y, "traditional") ## 样本外R平方
+ }
> plot(oos.mat, type="l") ## 画出样本外表现
> best <- which.max(oos.mat) ## 找出最好的模型
> best
[1] 41
```

这里选取 1：10 000 作为训练集，10 001：20 000 作为验证集，之后的作为测试集，一共有 39 个因子，训练出 100 个模型，最佳模型是第 41 个。其中各个模型在验证集的拟合优度，如图 5-5 所示。

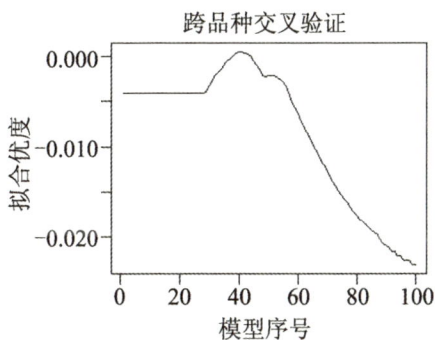

图 5-5　跨品种验证结果

然后把最优模型用在测试集上：

```
> pred.test <- x.test %*% coef.mat[,best] ## 样本外预测值
> R2(pred.test, test.mat$y, "traditional") ## 样本外R平方
[1] -0.002754658
```

样本外拟合优度是 −0.002 754，我们可以对比一下不加 hc 因子的情况：

```
> train.mat <- all.data[train.range,c(1:n.signal,39)] ## 不要hc的训练集
> valid.mat <- all.data[valid.range,c(1:n.signal,39)] ## 不要hc的验证集
> test.mat <- all.data[test.range,c(1:n.signal,39)] ## 不要hc的测试集
> grid=10^seq(-2,-6,length=n.coef) ## 参数网格
```

```
> x <- as.matrix(train.mat[,1:(ncol(train.mat)-1)]) ## 不要hc的训练矩阵
> x.valid <- as.matrix(valid.mat[,1:(ncol(train.mat)-1)]) ## 不要hc的验
证矩阵
> x.test <- as.matrix(test.mat[,1:(ncol(train.mat)-1)]) ## 不要hc的测试矩阵
> fit.lasso <- glmnet(x,train.mat$y,intercept=FALSE, lambda = grid) ##
拟合lasso模型
> coef.mat <- coef(fit.lasso)[-1,] ## 模型系数矩阵
> oos.mat <- rep(0,n.coef) ## 验证集表现
> for (i in 1:n.coef) { ## 遍历所有模型
+   cur.coef <- coef.mat[,i] ## 模型系数
+   pred <- x.valid%*%cur.coef ## 验证集预测值
+   oos.mat[i] <- R2(pred,valid.mat$y, "traditional") ## 验证集R平方
+ }
> plot(oos.mat, type="l") ## 画出验证集的R平方
> best <- which.max(oos.mat) ## 最优模型
> best
[1] 58
> pred.test <- x.test %*% coef.mat[,best] ## 样本外预测值
> R2(pred.test, test.mat$y, "traditional") ## 样本外表现
[1] -0.006316881
```

最优模型是 58，样本外拟合优度是 -0.006 32，由此可见结果比加了 hc 的因子要差许多。另外，验证集的结果如图 5-6 所示。

只有螺纹钢的验证结果

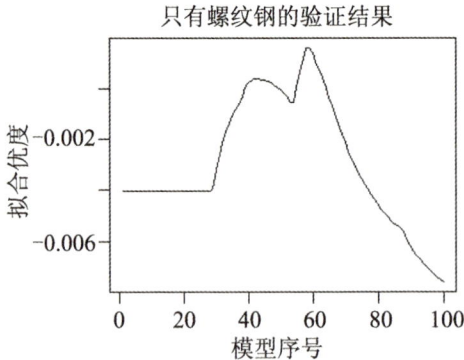

图 5-6　只有螺纹钢的验证结果

我们可以看出加了 hc 之后模型确实有所改进。其实这也不难理解，一般而言，螺纹钢和热卷本质上都是钢材，只不过形状一个是直的一个是卷的，但材料都一样，因此价格是高度相关，做跨品种套利的话手数配比也是 1∶1。实际交易过程中，每个品种都是独立交易的，各自都有各自的限价指令队列，因此没办法保证价格是完全同步变化的。如果是一个基本面的信息量丰富的消息导致价格变化，就很可能会使两者同步变化，这是属于价格变化的"信号"部分，模型应该尽量去捕捉。

相反，如果仅仅是个别操盘手无意或者蓄意依靠短时资金优势制造的小行情，往往只在一个品种上发生，另外一个品种缺乏类似的刺激，那么这类价格变化是很难持续下去的，很可能很快价格就会修复，这些属于"噪音"部分，需要避免。

如果仅有螺纹钢的数据，而不知道其他品种的价格变化，就没法很好地捕捉这类联动的行情；但如果加入热卷的数据，则可以通过热卷的技术指标，获得热卷的价格变化，从而更好地预测螺纹钢的价格变化，更好地区分信号和噪音。

5.2.2 建模的注意事项

很多人或许是从机器学习等其他领域转来研究金融的，要知道金融的数据跟其他领域的数据有很多不一样的地方。

比如人工智能应用最广的计算机视觉，如简单地对图像进行识别和分类。Google Brain著名的应用是看一幅图中有没有猫。当然，计算机并没有猫的概念，它需要从训练集中学习大量的图片，有的有猫，有的没有猫，需要人工标记好。然后再从验证集和测试集中进行检查。

人工智能问题有几大特征，如下所述。

■ 人类的误差很低。如果评价人类对于判断一幅图中有没有猫的能力，误差基本上可以认为约等于零，普通人都能轻松做到，毕竟视觉系统经历了数百万年进化，已经非常厉害了。但对计算机来说，或许这并不容易。比如猫有不同的颜色，用RGB三色系统来表示，对于128×128的图片，也需要$128 \times 128 \times 3$长度的向量才能表示。计算机在这方面的误差或许会高一些，但一般也只是1%或是0.5%。很多人工智能研究的问题都是不断提高计算机的能力，使之达到人类的水平。

■ 样本间分布很一致。如果都是相机拍的照片，那么照片的分布是非常一致的；如果都是互联网的照片，那么也很一致。如果训练集是互联网的照片，而验证集和测试集是相机拍的照片，或许会有一点问题。但一般来说只是在训练到验证之间会有比较大的下降表现，而验证集和测试集的误差是很小的。因此，这类模型调整参数的话可以有比较好的效果。如果训练集和人类水平相差很大，那么就增加模型复杂程度；如果训练集和验证集相差很大，那么就加大正则化减少过度拟合；如果验证集和测试集相差很大，那么就可能是数据取的不大好，须重新划分数据。

- 数据信噪比高。图像数据的噪音一般指的是图像边缘会有些模糊，或者照片拍摄的时候有雾影响。图像处理有各种各样的去噪方法，也称为滤波，包括各种高通滤波、低通滤波等，针对不同噪音有不同的滤波，并且还有小波去噪等高级方法。整体而言，图像数据的信噪比是非常高的，数据质量较高，建模就有保障。

以上就是人工智能问题的基本特点，它们一般适合用在比较复杂的模型，比如神经网络以及最近改头换面的深度学习。它们这些领域当然也有很多自己特定的研究问题，比如软件跟硬件结合，各类提高模型计算速度的技巧，以及计算机视觉特有的 dropout 等正则化方法等，这些在传统的统计学里面都不存在。但事实上很多其他领域的问题并不具备这些特征，它们或许更适合用在传统的统计学方法。

以生物统计在制药方面，或者医学领域看哪些因素对疾病有影响为例。由于病人的样本数量不是很多，一般只有几十人，但潜在的致病因素非常多，可能有几十个甚至上百个，这种参数数目 p 远超样本数目 n 的所谓 p>>n 的高维统计问题，就需要用到稀疏建模（sparsity）来解决。当然，人工智能问题虽然也可以用稀疏性这些方法，但并不会起到什么大的作用，对很多生物统计建模来说，稀疏性建模却能起到决定性作用。

还有就是人工智能问题的时间特征。比如制药需要针对一些细菌和病毒，而这些细菌和病毒是会进化的，那么数据样本的分布就会很不稳定，统计模型也要跟着改变。但人工智能问题在这方面不会这么敏感。比如人脸识别的门禁系统，人脸一般需要几万年才会有大的改变，因此机器在算法上的调整不需要太频繁。

另外就是数据的噪音方面。金融时间序列具有高噪音的特征，毕竟大家本质上都想通过预测价格低买高卖来赚钱，使价格变化非常快，很难利用过去的信息来预测未来的价格变化，因此过去的很多信息都沦为噪音，不具有预测性。而人工智能领域这方面的问题则少很多，比如人脸识别，虽然也有人会故意伪装自己来达到某种目的，但绝大多数正常情况下这是不大可能的，而金融数据绝大多数可能都是噪音，有效信息很少，期货数据甚至比股票更为有效，只有那种被少数人知道的信息或许才具有真正的预测力。

因此，金融时间序列数据跟其他人工智能领域是非常不一样的，它或许跟生物制药还有相似的地方，因此建模的套路也可以类比。比如稀疏性，几千个股票，它们价格互相影响，可以互相预测，即便每只股票的价格变化也已经有了几千个因子，如果加上其他技术指标则会更多，但日线数据的样本量非常有限，而且我们研究的或许只是一个短期的问题，这样一来样本数量更少，因此这是一个 p>>n 的高维统计问题，本书介绍的 lasso 方法可以很好的解决这个问题。随着 Lasso 业的发展有 group lasso，sparse group lasso 等方法，有兴趣的读者可以进一步去学习。

5.3　高频数据建模

我们在第三章简单介绍了用 lasso 模型研究分笔数据。事实上，分笔数据的数据量越大，越适合用复杂的模型，本节我们用 gbm 和随机森林来研究一下分笔数据，看看能不能取得更好的预测效果。

5.3.1　gbm 研究商品高频

现在我们运用 gbm 来研究商品高频策略。在使用 gbm 之前，我们先用普通的 lasso 模型拟合一下，作为对比的基准，然后再用 gbm，看看有没有提升。

```
train.range <- 1:40 ## 训练范围
valid.range <- 41:50 ## 验证范围
test.range <- 51:150 ## 测试范围
train.mat <- prepare.tick.data(signal.list, y.str, product, all.
dates[train.range]) ## 训练矩阵
valid.mat <- prepare.tick.data(signal.list, y.str, product, all.
dates[valid.range]) ## 验证矩阵
test.mat <- prepare.tick.data(signal.list, y.str, product, all.
dates[test.range]) ## 测试矩阵
```

首先准备数据，我们有 150 天的数据，可以 1～40 天作为训练集，41～50 天作为验证集，51～150 天作为测试集。我们看看样本的大小：

```
> dim(train.mat) ## 训练矩阵规模
[1] 1609232    12
> dim(valid.mat) ## 验证矩阵规模
[1] 407031     12
> dim(test.mat) ## 测试矩阵规模
[1] 4017980    12
```

测试集最大，训练集次之，验证集最小。这里我们只选取了 11 个因子，事实上真正做交易的时候，模型或许需要几十个甚至几百个因子，但这里只是为了阐明建模的思路，简化一下。然后是建模的过程：

```
> n.coef <-100 ## 100组参数
> grid=10^seq(-4,-7,length=n.coef) ## 参数网格
> x <- as.matrix(train.mat[1:(ncol(train.mat)-1)]) ## 训练矩阵
> x.valid <- as.matrix(valid.mat[1:(ncol(valid.mat)-1)]) ## 验证矩阵
> x.test <- as.matrix(test.mat[1:(ncol(test.mat)-1)]) ## 测试矩阵
> fit.lasso <- glmnet(x,train.mat$y,intercept=FALSE, lambda =
grid,alpha=1) ## 拟合lasso模型
> coef.mat <- coef(fit.lasso)[-1,] ## 模型系数矩阵
> if (dim(coef.mat)[2]<100) n.coef <- dim(coef.mat)[2]
> oos.mat <- rep(0,n.coef) ## 模型结果
> for (i in 1:n.coef) { ## 遍历全部模型
+   cur.coef <- coef.mat[,i] ## 当前模型系数
+   pred <- x.valid%*%cur.coef ## 模型预测值
+   oos.mat[i] <- R2(pred,valid.mat$y) ## 模型验证集R平方
+ }
> plot(oos.mat, type="l", main="high frequency lasso") ## 画出模型R平方图
> best <- which.max(oos.mat) ## 最佳模型
> best
[1] 62
```

最好的模型是第 62 个，如图 5-7 所示。

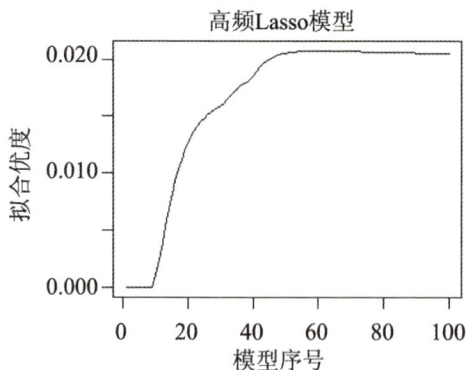

图 5-7　高频 lasso 模型

从图 5-7 可以看出，曲线在后期基本走平，并没有出现过度拟合的情况，

如果过度拟合的话曲线一般会往下走的，因此模型可能会欠拟合，这也不奇怪，毕竟我们只用了 11 个因子，拟合的空间还很大。

然后看看在预测集上的表现：

```
> pred.test <- x.test %*% coef.mat[,best] ## 样本外预测值
> R2(pred.test, test.mat$y) ## 样本外R平方
[1] 0.0108247
```

拟合优度是 0.010 824 7，比样本内低一些，但是也不错了。我们可以看出比之前的 5 分钟 K 线要好很多。

下面我们用 gbm 模型对同一个数据集重复一下实验。gbm 运行时间可能比较长：

```
> set.seed(100) ## 设置随机种子
> n.tree <- 600 ## 树的棵数
> depth <- 10 ## 树的深度
> system.time(gbm.model <- gbm(y~., data=train.mat, shrinkage = 0.01,
+                              interaction.depth = depth,
distribution="gaussian",n.trees=n.tree, verbose=FALSE)) ## 训练模型
用户系统流逝
5899.52   1.08 5928.26  ## 模型耗时
```

时间是 5 928.26 秒，大约 1.5 小时，可见这个模型训练起来还是挺耗时间的。我们这里用了 600 棵深度是 10 的树。

gbm 属于迭代型算法，需要一个一个生成因子，因此在生成因子的过程中无法并行化。一些并行化计算 gbm 的包，比如 h2o，其实是在计算每个因子的时候并行化了，毕竟涉及的样本比较多，可以对样本分别处理，这方面可以并行，但依然是一个一个因子的计算。

下面我们看看在验证集的情况，如图 5-8 所示。

```
gbm.r2 <- rep(0,100) ## gbm的R平方取值
for (i in 1:100) { ## 遍历所有模型
  pred <- predict.gbm(gbm.model,newdata=valid.mat[,1:(ncol(valid.mat)-
1)],n.trees = i*6) ## 验证集预测值
  gbm.r2[i] <- R2(pred, valid.mat$y) ## 验证集R平方
  cat(i, gbm.r2[i],"\n")
}
plot(1:100*6,gbm.r2, type="l", main="gbm high frequency", xlab="#tree",
ylab="r2") ## 画出验证集
## R平方图形
```

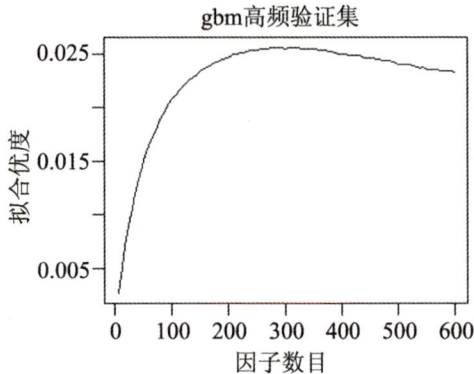

图 5-8   gbm 高频验证集

为了计算速度更快，我们只考虑 6、12、18、…、600 等树的数目情况。现在我们来看看样本外的结果：

```
> best <- which.max(gbm.r2)*6 ## 最佳模型树的数目
> best
[1] 282
> gbm.test.pred <- predict.gbm(gbm.model,newdata=test.
mat[,1:(ncol(valid.mat)-1)],n.trees = best) ## 在预测集上面的表现
> R2(gbm.test.pred, test.mat$y) ## 预测集的R平方
[1] 0.01765722
```

样本外拟合优度是 0.017 6 6，比之前 lasso 的 0.010 82 要高得多。

gbm 的优点是拟合效果不错，而且不会过度拟合，缺点是计算速度比较慢，特别是对于高频数据，每次研究都需要很长时间。熟悉之后可以运用 h2o 等更高效的并行计算方法来提高效率。

从本质上说，树型结构的模型里每个因子都是一棵树，而一棵树类似于一个规则型的策略——满足某些条件则预测做多，满足某些条件则预测做空。并且还有做多和做空的幅度，这其实本质上已经是一个小策略了，然后 gbm 模型把这些小策略线性组合在一起，相当于做了一个投资组合优化。用 gbm 迭代生成这些因子，可以让这些因子相关性变的较低，相当于很多个相关性较低的策略，这从投资组合的角度来说，有助于降低整体的方差，也就是整体的风险。因此，使用 gbm 模型，既能够运用到规则型策略直观的特点，又能用到线性模型拟合的威力，还结合了 lasso 来防止过度拟合，并且自动生成低相关性的因子，也降低了整体的风险，因此好处是非常多的。正因为如此，训练计算的时候多花一些时间也是值得的。

5.3.2 随机森林研究商品高频

通过上一节研究发现使用 gbm 效果不错，我们现在把目标转向随机森林。随机森林的运行时间一般会比 gbm 长得多，如果用 gbm 需要 1.5 小时，那么随机森林只会更长，因此，我们需要用一些新的方法。

R 新出了一个用于并行化机器学习的 package，名叫 h2o，从最普通的一般线性模型到最复杂的深度学习模型都有其覆盖，而且充分使用了 GPU 并行化计算，速度非常快。下面我们来看看。

```
> library(h2o) ## 调用h2o包
> h2o.init( ## h2o初始化
+    nthreads=-1,
+    max_mem_size = "8G")
 Connection successful!

R is connected to the H2O cluster:
    H2O cluster uptime:        4 hours 4 minutes
    H2O cluster version:       3.10.5.3
    H2O cluster version age:   1 month and 30 days
    H2O cluster name:          H2O_started_from_R_pc_igo044
    H2O cluster total nodes:   1
    H2O cluster total memory:  6.42 GB ##总内存
    H2O cluster total cores:   20 ##总的核数
    H2O cluster allowed cores: 20
    H2O cluster healthy:       TRUE
    H2O Connection ip:         localhost
    H2O Connection port:       54321
    H2O Connection proxy:      NA
    H2O Internal Security:     FALSE
    R Version:                 R version 3.3.3 (2017-03-06)

> h2o.removeAll() # Clean slate - just in case the cluster was already
running
[1] 0
```

启动 h2o 需要设置线程数目和内存等信息，nthreads=-1 表示默认使用最大的线程数。它会显示当前的配置情况，目前这台计算机有 20 个核，一共可以用 6.42GB 的内存。然后 h2o.removeAll() 的用途是清理当前运行的所有状态，防止它们占用内存资源，返回值 0 表示一切正常。然后，我们可以进行数据的准备工作。

```
> train.frame <- as.h2o(train.mat, destination_frame = "train.frame")
## 训练矩阵转成h2o格式
  |=============================================================
=======================================================| 100%
```

```
> valid.frame <- as.h2o(valid.mat, destination_frame = "valid.frame")
## 验证矩阵转成h2o格式
    |================================================================
=================================================================| 100%
> test.frame <- as.h2o(test.mat, destination_frame = "test.frame") ##
测试矩阵转成h2o格式
    |================================================================
=================================================================| 100%
> dim(train.frame)
[1] 1609232      12
```

h2o 的一个特点是数据必须保存成它内部的格式，我们使用 as.h2o() 命令，折现变量都变成了 R 里面的 S4 object，这是 R 面向对象（object-oriented）编程的一个特点。我们之前使用的变量可以看作 R 的 S3 对象，它的特点是可以随意改动，还可以使用通用的函数进行处理。但 R 的 S4 对象类似于 C++ 的 class，它的成员变量和成员函数可以被封装好，外部的命令一般无法直接访问，更无法修改变量的值，这一特点对这些对象起到了保护作用。我们可以看到，train.frame 依然是 1 609 232×12 的大小，并没有改变。然后我们可以计算随机森林这个模型：

```
> rf.r2 <- rep(0,10) ## 随机森林R平方
> for (i in 1:10) { ## 遍历所有模型
+   h2o.rf.model <- h2o.randomForest(x=1:11, ## 因子是前11列
+                            y=12, ## 因变量是第12列
+                            training_frame = train.frame, ## 训练数据
+                            seed=100, ## 随机种子
+                            ntrees=500,## 树的数目
+                            max_depth = i*2) ## 最大深度
+    h2o.valid.pred <- as.vector(h2o.predict(h2o.rf.model,
newdata=valid.frame)) ## 验证集预测值
+   rf.r2[i] <- R2(h2o.valid.pred, valid.mat$y) ## 验证集R平方
+   cat(i, rf.r2[i],"\n")
+ }
```

这里我们使用 500 棵树，树的深度作为优化的参数，然后看看这些模型在验证集的表现。另外，值得注意的是，在计算过程中可能会由于内存分配问题而出错，因此我们可以在计算完一个模型后把它删除再计算。计算完成后，我们可以看看结果：

```
> plot(1:10*2, rf.r2, type="l", main="random forest high frequency",
xlab="max depth", ylab="r2")
##画出随机森林的参数优化图
> best <- which.max(rf.r2)*2  ##  最优参数
> best
[1] 10
```

可见最优的模型是深度为 10 的情况，我们看看样本外的结果：

```
> h2o.rf.model <- h2o.randomForest(x=1:11,  ## 先用样本内数据建模
+                                   y=12,
+                                   training_frame = train.frame,
+                                   seed=100,
+                                   ntrees=500,
+                                   max_depth = best) ## 最优深度
  |==================================================================
================================================================| 100%
> h2o.test.pred <- as.vector(h2o.predict(h2o.rf.model, newdata=test.
frame)) ## 样本外预测值
  |==================================================================
================================================================| 100%
> R2(h2o.test.pred, test.mat$y) ## 样本外R平方
[1] 0.0133576
```

拟合优度 0.013 357 6，比 lasso 更高，但比 gbm 低一些，这也是随机森林的特点，它是 best off-the-shelf model，会比普通线性模型好，但比同类的 gbm，svm 等可能会差一些。

另外 h2o 的一个好处是会显示计算的进度条，从 1% 到 100%，这样可以预估计算的时间，而且它充分利用了 CPU 和 GPU，速度提高到了极致，比普通的 randomForest 和 gbm 包要快得多。

其实 gbm 也可以用 h2o 提速，但是没办法计算每棵树的情况，只能有最终的结果，这一点比较麻烦，因为我们想知道 R 平方随着棵树增加的变化情况。因此用传统的 gbm 比较好，如果想提高速度，可以几个 gbm 模型并行。

5.3.3　深度学习研究商品高频

我之前提到过深度学习（deep learning）的模型过于复杂，可能不大适合用于金融。为此，出于实验目的，本人也简单尝试使用传统的深度学习模型，看看实际效果如何。由于深度学习模型非常复杂，参数众多，因此需要更大量的数据才能训练，为此，我们只考虑高频数据的场景。

首先简单介绍一下深度学习模型。传统的神经网络在 20 世纪 80 年代就已经红红火火，流行了很长一段时间，但随着 90 年代的支持向量机（SVM）和 adaboost 等模型相继问世，神经网络逐渐没落，有长达 20 年的静默期。神经网络模型本质上是多层回归模型，每层之间通过非线性函数（比如 sigmoid 函数）来连接，这是一个非线性模型，如图 5-9 所示。

```
x <- seq(from=-10, to=10, by=0.1)
plot(x,1/(1+exp(-x)), type="l") ## sigmoid函数
```

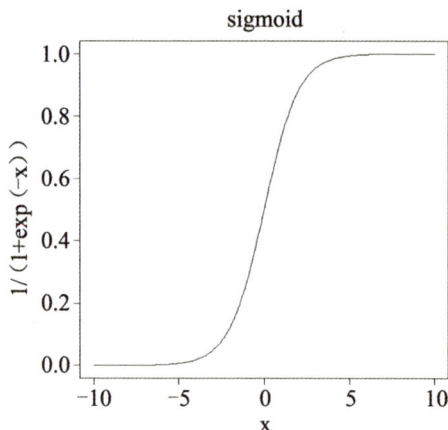

图 5-9　sigmoid 函数

　　这样，从最原始的因子，每一层都先通过一个线性变换，然后经过这类函数进行转换，直到把值传输到最后一层。在这期间，每层的线性变换都有独立的参数，比如权重是 W，系数是 b，这样如果层次较多，W 和 b 的参数就非常多，而且基本都是全局优化。这本质上是一把"双刃剑"：如果数据分布稳定，高信噪比，数据量巨大，那么参数估计就可以更加精准，而由于模型有强大的拟合能力，这种拟合能力就可以顺利转化成样本外的预测能力；但如果数据分布不稳定，低信噪比，数据量不是很大，那么参数估计就会不大准确，更容易拟合到局部最优值，这就是过度拟合，样本外的表现就会很差。

　　深度模型比起传统的神经网络，主要改进是使用 ReLu 函数代替 Sigmoid 函数，如图 5-10 所示。

```
> relu <- ifelse(x<0,0,x)
> plot(x,relu, type="l",main="relu") ## ReLu函数
```

　　这本质上也是一个非线性函数，但它的特点是导数值非常稳定，小于 0 是 0，大于 0 是 1，等于 0 不存在，但可以默认是 1。如果是 sigmoid 函数，在 x 值非常大的时候，导数接近于零，这样参数计算迭代速度会很慢，即收敛速度会很慢，但如果使用 relu，由于在 x 取值很大的时候导数仍然是 1，这时候参数迭代速度可以保持。

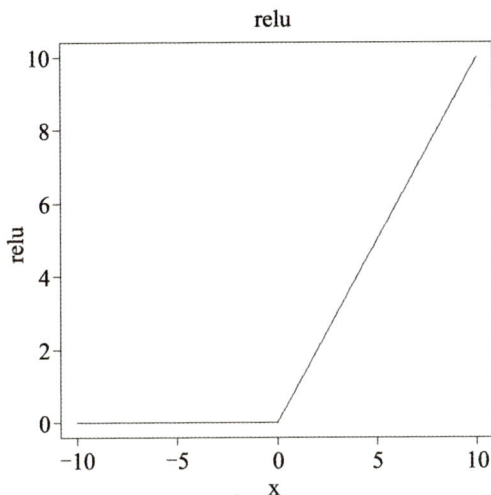

图 5-10　relu 函数

深度学习模型另一个改进是在正则化方面使用了 dropout 方法，即每次迭代，可能会删除部分节点，这样可以防止在节点上过度拟合，同时也增加了计算速度。这在图像出来上或许更为有效。

因此，深度学习模型的参数主要是它的层次结果，比如有多少层，每层多少个节点等。一般来说，深度更多、每层节点少一些的模型会优于深度更少但每层节点数很多的模型。另外，每层的 dropout 比例比较固定，一般不需要怎么调整。

下面进行参数的优化，假设都是 3 层，我们对每层的节点数进行优化：

```
n.level <- 13 ## 层数
dl.r2 <- rep(0,n.level) ## R平方的值
for (i in 2:n.level) { ## 遍历所有模型
  h2o.dl.model <- h2o.deeplearning(x=1:11,
                                   y=12,
                                   training_frame = train.frame,
                                   seed=100,
                                   input_dropout_ratio = 0.2, ## 丢弃比例
                                   activation="RectifierWithDropout",
                                   hidden = rep(i,3), ## 各层节点数
                                   hidden_dropout_ratios = rep(0.3,3), ##
各层丢弃比例

                                   distribution = "gaussian") ## 告诉分布
  h2o.valid.pred <- as.vector(h2o.predict(h2o.dl.model, newdata=valid.
frame)) ## 验证模型预测值
  dl.r2[i] <- R2(h2o.valid.pred, valid.mat$y) ## 验证模型R平方
  cat(i,dl.r2[i],"\n")
}
```

然后找出最佳的模型，如图 5-11 所示。

```
> plot(dl.r2, type="l", main="deep learning optimization",
xlab="#hidden nodes")
> best <- which.max(dl.r2)
> best
[1] 11
```

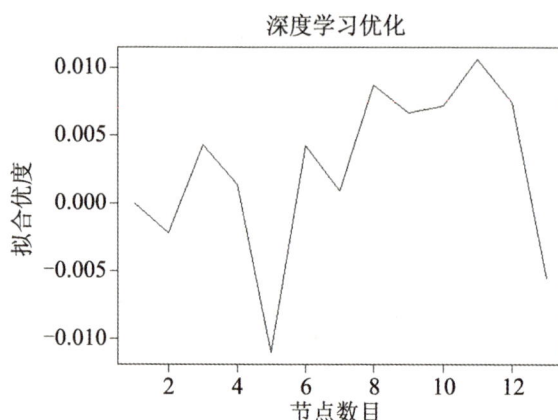

图 5-11　深度学习优化参数

从图 5-11 可以看出其随机性比较强，没有太明显的上升和下降规律，说明模型很一般，有可能对这个问题有点力不从心。之前 lasso、gbm、random forest 都有明显的上升和下降规律，欠拟合以及过度拟合也很明显，但深度学习的模型却没有。最佳是用 11 个节点，现在看看预测效果：

```
> h2o.dl.model <- h2o.deeplearning(x=1:11, ## 用最优参数建模
+                                  y=12,
+                                  training_frame = train.frame,
+                                  seed=100,
+                                  input_dropout_ratio = 0.2,
+                                  activation="RectifierWithDropout",
+                                   hidden = c(11,11,11), ## 11个节点是最
优参数
+                                            hidden_dropout_ratios =
c(0.3,0.3,0.3),
+                                  distribution = "gaussian")
  |================================================================
================================================| 100%
> h2o.test.pred <- as.vector(h2o.predict(h2o.dl.model, newdata=test.
frame)) ## 样本外预测值
  |================================================================
================================================| 100%
> R2(h2o.test.pred, test.mat$y) ## 样本外R平方
[1] 0.01183622
```

样本内的拟合优度为：

```
> dl.r2[11] ## 样本内R平方
[1] 0.0106234
```

可见样本外比样本内更好一些，也比普通的 lasso 更好，但是比 gbm 和随机森林差一些。考虑到模型优化过程的随机性，深度学习在这个问题上的效果显然是远远不如 gbm 和随机森林的；考虑到模型的复杂性，或许也比不上普通的 lasso 模型。

深度学习模型有一个不好的地方，就是每次计算的结果会不大一样，那么就限制了 seed 是 100，计算结果也会存在不大稳定的地方，需要注意一下。

深度学习模型就讨论到这里，有兴趣的读者可以自己进一步去了解。其实做金融统计分析，很多时候都需要做各种各样的统计实验，才能更了解参数的特性。例如哪些参数更敏感，哪些参数需要优化，哪些可以设成常数等。深度学习模型的参数非常多，计算量大，调整参数的工作量也大，因此要格外小心。目前来看结果虽然不理想，但也可能是参数没调好导致的，鉴于其参数较多，所以需要花更多时间调参。

很多时候看一些数据分析比赛，或者一些论文，说深度学习更好，其他较差。事实上或许 1 000 个队伍里面有 900 个深度学习，最好的是深度学习，最差的也是深度学习，这是需要注意的。有些作者在写论文的时候，为了证明深度学习更好，花在调参上面的时间是其他模型的 10 倍以上，这样效果肯定更好。至于这么做到底有什么意义，读者心里应该明白。

5.4　本章小结

本章深入分析了各种复杂的统计模型，比如 gbm、随机森林、深度学习等，并且讨论了它们在中低频数据和高频数据中的应用，对比了结果。对于一些计算量特别大特别复杂的模型，也引入了 h2o 包进行并行化加速分析。对于现在最时髦最前沿的深度学习模型，也进行了应用，结果并不是十分理想。当然，模型只是一个工具，有的人熟练掌握某种简单的模型，用起来得心应手，也可以取得很好的结果。如果是使用太复杂的模型，自己水平却不够，就像使用一把很锋利的武器，很可能会误伤自己。

第六章
↓
从预测到交易

　　前面讲的是如何运用统计模型进行建模，无论是简单的回归模型，还是复杂的深度学习模型，最终的评价标准都是样本外的R^2，并没有落实到最终的交易，也没有产生资金曲线，对绝大多数不了解统计学的人来说，或许这些研究结果过于抽象。这一章，我们将从预测过渡到交易信号，并给出一些评价策略的常用指标和方法，给读者一个更直观的印象。

6.1　落实到交易才有意义

很多公司会招一些初级员工做因子研究，或者称为特征工程，他们有一系列评价因子的指标，比如跟未来收益的相关性、跟已有因子的相关性等，使根本不需要落实到最终的资金曲线，却也能大致评价出因子的能力，本书前面提到的样本外 R^2 就是其中一种，下面详细介绍一下。

6.1.1　R^2 深入解读

前面我们得到的中低频的 R^2 只有千分之几左右，高频数据也只有 1% 出头，从统计拟合的角度来看并不是很高。在传统的工程、物理问题中，我们都期待有 80% 以上的 R^2，这样的模型才有解释能力。而 1% 的 R^2，对很多人而言似乎太低了。

然而，金融领域是不太一样的，而且样本外 R^2 跟样本内 R^2 也不一样。样本外 R^2 有可能是负数，但负数的 R^2 得出的模型却可能赚钱，所以 R^2 具体数值代表着什么，不画出资金曲线是不知道的。

对于同样的数据集，不同模型按照 R^2 来评价，其实也是靠谱的。比如我们对其中一个模型画出资金曲线，如果这时另一个模型比它的 R^2 更高，我们可以期待另一个模型的资金曲线更好看。由于画出资金曲线的计算量往往比算出 R^2 大得多，我们完全可以在模型层面进行细致研究，最后只选择少数模型画出资金曲线，这样可以极大地提高研究效率。

另外，不同的预测时间长度，R^2 的取值会很不一样。比如我们研究 32 个行情大约 16 秒之后的价格变化，R^2 可以达到 1%、2% 的水平，但随着时间的延长，R^2 的整体数值是会减少的。这里预测时间的长短并不是最终持仓时间的长短，一般持仓时间会比较长。

有时候在网上看到有人评论说"R^2 达到 4% 可以印钱了"，其实这是相当不准确的，因为并没有说明预测多长时间的 R^2，预测时间越短，波动越小，或许做出的交易还不能覆盖手续费和买卖价差，这是很难获利的。另外也有人说

"R^2 至少 1% 才能交易"，这也是很不准确的说法。

还有一点需要强调的，在样本内的 R^2，有一种是调整后的 R^2，即考虑了参数的个数。我们这里的样本外 R^2，并不需要考虑这种情况。样本外已经是属于预测的领域，当然是越准确越好，这并不存在过度拟合的问题，因此不必考虑调整后的 R^2，只需要考虑一般意义上的 R^2。

总之，只有把模型的预测值转成交易信号，画出资金曲线，然后跟 R^2 做对比，才能真实感受到 R^2 的意义。严格来说，是资金曲线决定研究进度，而不是 R^2。

6.1.2　仓位与交易动作

很多第三方的交易平台和分析系统其实并没有 R^2，也没有预测模型，而是直接根据几条规则进行交易。即使用了预测模型，最终要转成交易还是要制定一些规则，因此本质上也可以归为"复杂的规则型"策略。只是运用预测模型之后，可以把先进的统计模型用进来，比如有很多计算速度很快的软件包，可以节省研究时间和成本。另外规则型策略的设计会比较依赖交易逻辑和经验，一般人很难上手，而且要创造新一些的策略也比较困难，比较难以大规模生产，更适合自己私下交易，不适合公司化运作。

前面提到的 R^2 只是中间结果，不是最终结果，只有资金曲线才是最终的研究成果，代表了当前的研究进度。因此，研究者需要想办法把预测值转成资金曲线。

对于比较低频的策略，比如每个月一个预测值的策略，预测的是下一个月的收益，那么预测值可以近似为仓位。比如对股票量化策略，每只股票都有相应的收益率的预测值，可以给预测值高的股票更高仓位，预测值低的股票更低仓位。或者直接运用均值方差模型，把预测出来的收益作为均值代入，然后对方差进行估计，这样就可以计算出最优权重，放入下一个月中。这样其实是比较方便的。

但对于我们这种基于 5 分钟 K 线的策略，预测长度却不是 5 分钟，而是远远长于 5 分钟，交易的频率没有数据频率那么高，这时候就不能用上述的方法。为此，我们需要制定另外一些开平仓的规则。如果我们还是按照预测值来改变仓位，那么就会陷入频繁调仓的境地，交易费用会非常高。

6.2　开平仓阈值

一般对于期货趋势策略，我们不会对上涨下跌有先验的假设，我们一般认为未来价格变化的期望是零，因此，对于做多和做空，一般会用同一个阈值。但对于开仓和平仓，是否同一个阈值，则值得思考。

6.2.1　非多即空的策略

如果开平仓用同一组阈值，这本质上是非多即空永远持仓的策略，因为持有多仓的时候，只有触发到相反的开空信号才会平仓，持有空仓也是同样的道理。这类策略的好处是参数比较少，只有一个参数需要优化，因此没那么容易过度拟合。但这类策略的缺点是风险较大，因为持仓时间很长，而且对数值比较敏感，如果持有期间，即使价格下跌，并且模型也预测下跌，只是预测值不足以达到开空仓的情况，这时候模型就不会平仓，一直亏损，毕竟很多时候策略风险跟持仓时间是成正比的。

一般而言，预测值是对未来一段时间趋势的判断。比如我们预测值是 0.002，表示我们认为未来这段时间内价格会涨千分之二，但不代表时间到了之后我们会立马卖出。因为我们的预测是持续进行的，预测值也会持续更新。比如我们预测 200 分钟，但真的到了 200 分钟的时候，我们或许仍然预测价格继续上涨，因此仓位仍然持有；或许到了 100 分钟的时候，行情急剧变化，价格剧烈下跌，这时候我们的模型也有可能卖出平仓，对于非多即空的策略，它甚至会进行反手的操作。

下面我们来看看一个非多即空策略的例子。这是从 2012 年 2 月 27 日开始至 2016 年 12 月 30 日的螺纹钢连续合约，策略资金曲线如图 6-1 所示。

颜色最深一直震荡向上的是资金曲线，看的是左边的轴，这是固定 1 手交易，交易费用为单边各万分之 3，滑点为对手价加 1 个滑点，这些都已经高于实际的水平，总体盈利为 3 万元左右。右轴是螺纹钢连续合约的价格，在 2016 年年底创新高后大幅下跌，策略在经历回撤之后也能及时创出新高。

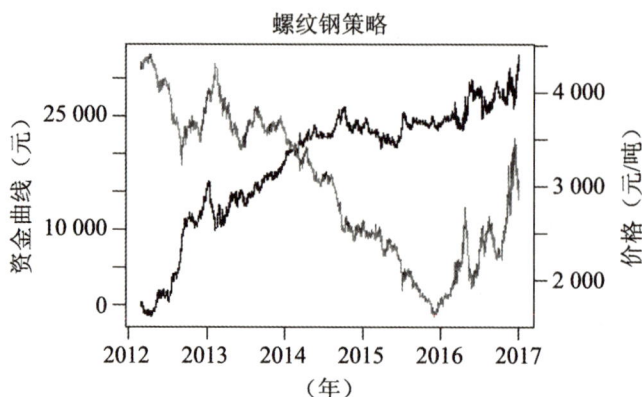

图 6-1　螺纹钢中低频策略

策略在 2016 年年中有较大的回撤跟震荡，但是在 2016 年年末还是能创出新高。2012—2013 年开始阶段是样本内的阶段，因此表现较好。策略在 2012—2013 年训练完之后就没有再继续调整了，因此后面阶段都可以看成是样本外的结果。对单个策略而言，还是比较令人满意的。螺纹钢策略的绩效指标，如表 6-1 所示。

表 6-1　螺纹钢策略绩效

夏普比	盈亏（元）	胜率	盈亏比	交易次数	最大回撤（元）	收益回撤比
2.11	32 273	39.8%	2.34	256	6 547	4.93

可见这个策略夏普比有两倍以上，这里更多是用具体盈亏金额来算，因为只是固定 1 手，没有默认假设初始资金，没有按收益率的方法算。另外这个策略的胜率是 40% 左右，对于趋势策略而言还是属于可以接受的水平，而且盈亏比达到 2.34 倍，比较高。交易次数 256 次，相当于每年四五十次的水平，大约每周 1 次，考虑到非多即空的特点，除换月平仓少数情况外，其余都在持仓，因此平均持仓时间有 1 周左右，即 5 个交易日。

收益回撤比是累计盈亏除以最大回撤金额，这么计算不依赖初始资金规模的选择，我一般不建议使用年化收益除以最大回撤，来计算收益回撤比，因为交易时间越长的策略最大回撤肯定也越大，但年化收益基本上每年会比较稳定，甚至随着竞争的增加会逐年降低，因此这对那种交易时间越长的策略越不利。但如果用累计收益除以最大回撤则没有这个问题。比如，世界上一家很著名的量化 CTA 基金，管理百亿美元级别规模，十几年来累计收益 260%，但最大回撤也有 20%，最大回撤是一种对极端值很敏感的指标，交易时间长了总会遇到不利的情况。

如果我们用年化收益除以最大回撤，那么这种世界顶级的基金年化收益只有 13%，除以最大回撤甚至还不到 1 倍。一些短线策略刚上 3 个月，如果行情好收益惊人却几乎没有回撤，这么对比对长期运作的策略很不公平，而且正常逻辑下肯定越长期运作的策略越可靠一些。因此，我这里只用累计收益除以最大回撤作为评价风险的指标。

此外，筛选策略不宜对单一指标使用过高的标准。比如有些人喜欢加一个条件胜率大于 40% 才能用，但如果用这个标准，那么这个策略也不能用了，但实际上它表现也挺好的。因此，我更倾向于对每个指标定一些宽松的标准。

事实上，策略选择是一个挺复杂的问题。如果单纯的用夏普比最高的，或者按夏普比排序，很可能选择了相关性很高的一些策略，因为这些策略都在过去的这段行情里表现不错。因此，选择策略还应该考虑策略之间的相关性。著名的马科维茨均值 - 方差模型则提供了类似的套路。然而，用过去的协方差来估计未来的协方差，也未必准确。因此，类似于回归模型的正则化，在协方差的估计中，也有一些收缩算法来避免过度拟合。

当然，更严谨的回测方法是滚动优化，即每次优化出来的策略只用于未来一小段时间，然后再重新优化，这样更接近实盘交易。实盘交易中，不可能三四年的时间里放着策略交易不管而自己去忙别的事情，一般来说，都是一边交易一边改进。特别是回撤大的时候，都会对策略进行更细致地检查，看看有没有改进的空间。

6.2.2　多策略筛选

我们可以再看看其他一些非多即空的策略，如表 6-2 所示。

表 6-2　各个策略的统计

编号	夏普比	盈亏	胜率（%）	盈亏比	次　数	最大回撤	收益 / 回撤
1	2.11	32 273	39.8	2.34	256	6 547	4.93
2	2.03	27 913	42.0	1.84	433	8 358	3.34
3	2.09	22 556	51.72	3.09	29	5 431	4.15

续表

编号	夏普比	盈亏	胜率（%）	盈亏比	次　数	最大回撤	收益 / 回撤
4	1.26	20 822	46.43	1.68	112	16 485	1.26
5	1.52	23 804	42.19	2.02	128	15 891	1.50
6	1.22	15 370	38.57	1.95	350	14 932	1.03
7	2.03	31 983	42.55	2.25	141	7 820	4.09
8	1.23	17 878	42.30	1.68	331	11 005	1.62
9	1.57	24 191	38.55	2.35	166	7 353	3.29
10	1.34	22 142	43.37	1.98	83	12 886	1.72
11	2.30	38 925	47.06	2.66	68	7 089	5.49
12	1.68	21 760	42.70	2.63	89	7 310	2.98

可见，不同的策略，表现还是非常不一样的，无论是交易次数还是胜率、夏普比等。而且简单来看也看不出什么规律。

策略挑选是一个比较复杂的过程，如果仅仅是挑选最大的夏普比，或者最大的盈利，难免会过度优化，毕竟有些参数是恰好某个点有比较好的效果，但稍微改变一下就差很多，如果选择了这样的策略，在样本外就非常容易亏钱。

例如，我们看见第三个策略，它的夏普比非常高，达到 2.09，盈亏比也很高，3.09，收益回撤比也有 4.15，这么看这个策略是不错的，但是它的交易次数只有 29 次，似乎比较少。我们可以看看它的曲线，如图 6-2 所示。

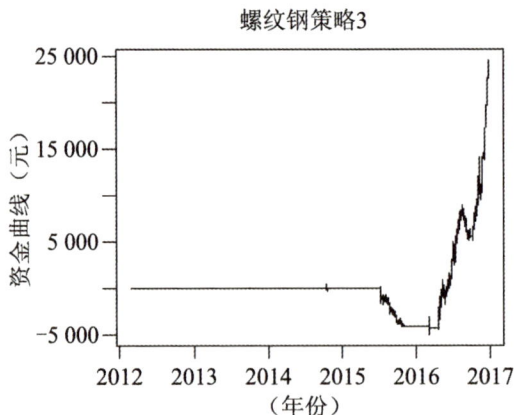

图 6-2　特殊策略资金曲线

我们可以看出，在 2016 年以前这个策略几乎就没有交易，绝大多数交易集中在 2016 年之后的行情里。2016 年之后是螺纹钢高波动的行情，可以看出这个策略主要是捕捉高波动来获利，因此过滤掉了之前的低波动行情。这样的策略，开仓阈值很高，如果非多即空，则意味着平仓阈值也很高。行情一直保持高波动还好，但万一行情变成低波动，缓慢逆转，则亏损会一直增加，却等不到平仓的机会，如果不加止损的话，则潜在亏损会非常严重。因此高的开仓阈值往往会选择稍微低一些的平仓阈值，避免这种情况的发生。

　　另外，第二个策略则与之前的策略刚好相反，交易次数达到 433 次，夏普比也挺高，有 2 倍以上，那么这样的策略是否好呢？我们可以看看它的曲线，如图 6-3 所示。

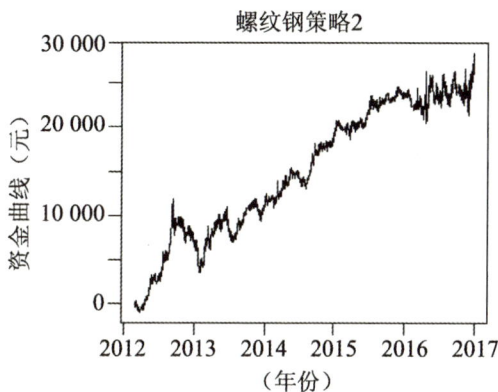

图 6-3　交易次数较多的资金曲线

　　可以看出它的曲线变化还是比较多的，毕竟交易次数比较多，最近高波动行情也能扛住。但这个策略的缺点是平均盈利只有 6.45 个买卖价差，这是扣除了一个滑点之后的情况。也就是说这个策略比较难扩大容量，比如买卖再加一个滑点，平均盈利就大幅下滑了。因此，它只能适合小资金运作。但如果是交易次数少、平均盈利大的策略，则不用担心滑点的影响，可以加大仓位。

6.2.3　顺势与逆势

　　不同策略适合不同的行情，哪怕是运用了相同的因子拟合出来的策略，由于训练样本不同，也可能得到偏趋势或者偏震荡的结果。为此，我们可以定义一个策略的震荡指数，比如我们是根据 16 根 K 线计算的，那么对比信号触发前 16 根 K 线跟信号方向本身是否同一个方向，以及累加出同方向的比例，就可以定义这个顺势交易的比例。方向不同的话当然就是逆势交易了。事实上，规则型的策略几乎 100% 都是顺势交易的，因为他们开仓的规则基本都限制了。

```
for (i in 1:nrow(thre.mat)) { ## 遍历所有策略
  contract <- thre.mat$contract[i] ## 读取策略的合约代买
  action <- c(pos.mat[1,contract],diff(pos.mat[,contract])) ## 读取相应
的买卖交易信号
  draw.points <- which(action!=0) ## 记录有交易动作的地方
  trend.following <- sum(sign(past.return[draw.points])==sign(action[draw.
points])) ## 顺势交易统 ## 计
  n.action <- length(draw.points) ## 总共交易点
  trend.index[i] <- trend.following/n.action ## 顺势交易的比例
}
thre.mat$trend.index <- trend.index ## 顺势交易指标
> thre.mat$trend.index[1]
[1] 0.8088235
```

可见，有 80% 的顺势交易，20% 是逆势交易。清楚策略的趋势特征对挑选策略也是非常有帮助的，在组合策略的时候可以适当平衡一下各类风格的策略。下面可以看看另一个非多即空的策略，它 70% 顺势，30% 逆势，如图 6-4 所示。

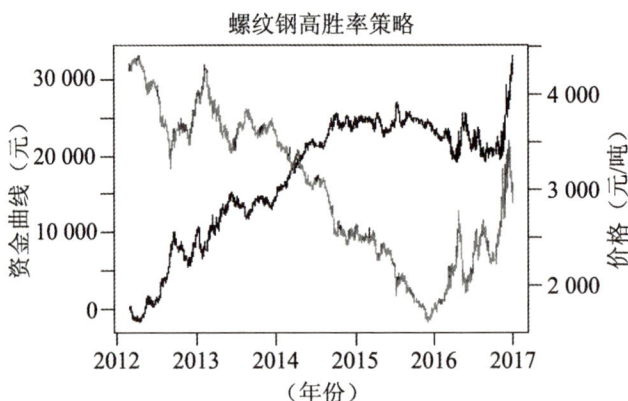

图 6-4   螺纹钢 70% 顺势策略

我们看看它的统计指标，如表 6-3 所示。

表 6-3   螺纹钢 70% 顺势策略统计

夏普比	盈亏（元）	胜率	盈亏比	交易次数	最大回撤（元）	收益回撤比
2.03	31 983	42.55%	2.25	141	15 386	2.08

事实上 70% 顺势与 80% 顺势的区别并不大，如果我们放宽到 32，重新运行一遍程序，可以得到：

```
period <- 32 ## 回看周期
```

```
past.return <- cum(all.data$wpr.log.ret, period) ## 过去的收益率
trend.index <- rep(0,nrow(thre.mat)) ## 顺势交易指标
for (i in 1:nrow(thre.mat)) { ## 遍历所有策略
  contract <- thre.mat$contract[i] ## 读取策略的编号
  action <- c(pos.mat[1,contract],diff(pos.mat[,contract])) ## 交易的动作
  draw.points <- which(action!=0) ## 有交易的地方
  trend.following <- sum(sign(past.return[draw.points])== sign(action[draw.
points])) ## 顺势交易
  n.action <- length(draw.points) ## 总共交易次数
  trend.index[i] <- trend.following/n.action ## 顺势交易比例
}
thre.mat$trend.index <- trend.index ## 顺势交易指标
> thre.mat$trend.index[c(1,7)]
[1] 0.9558824 0.9177215
```

第一个策略是96%顺势，第二个策略是92%顺势，综合来看其实差不多。因此，第二个策略更像是"顺大势、逆小势"的策略，本质上顺势性质还是很明显的。

可见，这种非多即空的策略也可以表现挺好，而且它需要调整的参数比较少，不大容易过度拟合。下面章节研究开平仓参数不同的策略。

6.2.4 开平仓不同参数的情况

如果开仓一个参数、平仓一个参数，那么参数优化的范围就会大大增加。比如说只有一个参数，它有10组数值，那么只有10个结果；但如果有两个参数，每个参数有10组数值，那么就会有100个结果。这种网格搜索（grid search）往往是过度拟合的根源。

平仓参数阈值可以有两重含义：从过度拟合的角度来看，似乎要求策略开仓要好平仓也要好，好像太过于理想化，容易过度拟合历史数据；但是从风险控制的角度来看，如果持仓一直到反手，似乎持仓时间太长了，只有在根据历史数据自己确信结果能赚钱的情况下才敢这么做，实盘中似乎不太可能，分步止盈更为常见，因此平仓阈值则有风险控制的成分，这也在一定程度上避免过度拟合。那么应该如何理解呢？平仓阈值是否还需要？

一般而言，对于比较低的开仓阈值，触发策略的频率往往比较高，如果持仓时间太短，价格波动往往无法覆盖交易成本，哪怕做对方向，也会被滑点和手续费蚕食利润，导致无法盈利。因此，为了增加持仓时间，使得价格波动足以覆盖交易成本，策略往往会呈现出非多即空的现象，如表6-4所示。

表 6-4　螺纹钢不同平仓阈值的表现

开仓	平　仓	夏普比	盈亏（元）	胜率（%）	盈亏比	交易次数	最大回撤（元）
0.002 2	−0.002 2	1.51	22 775	44.15	1.73	188	11 803
0.002 2	−0.001 8	1.03	12 773	40.43	1.79	230	10 648
0.002 2	−0.001 4	0.60	6 719	40.75	1.62	265	12 362
0.002 2	−0.001 0	0.03	291	38.83	1.58	291	13 404
0.002 2	−0.000 6	−0.13	−105 8	39.31	1.51	318	13 028
0.002 2	−0.000 2	−0.57	−414 3	39.40	1.40	335	13 043

可见，在开平仓阈值都是 0.002 2 的时候表现最好，此时策略非多即空，然后随着阈值的绝对值不断减小，收益也逐渐下降，等到了 0.000 6 的时候甚至亏损了。此外，可以看到交易次数是一直上升的，策略频率越来越高，到最后持仓时间过短无法覆盖交易成本。因此，对于开仓阈值比较低的情况，最好采取非多即空的方法。不必担心平仓阈值不被触发而未能及时止损，因为阈值并不高，触发机会还是挺多的。

当固定开仓阈值之后，通过改变平仓阈值，往往可以发现明显的规律，比如这个策略就是随着平仓阈值的条件越来越宽松，交易次数越来越多，盈亏比越来越低，盈利越来越少，夏普比越来越低（见图 6-5）。对于这么明显的单调性，我们会对优化出来的阈值更有信心，比如使用 −0.002 2 的阈值表现最好，这应该不是随机因素使然，而是背后有着一定的逻辑支撑，这样的策略在样本外就没那么容易失效。

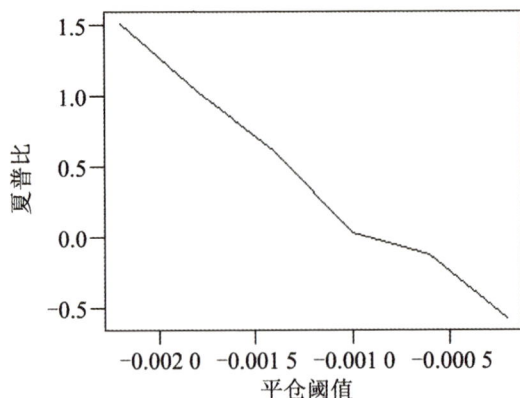

图 6-5　平仓阈值与夏普比

但如果在开仓阈值很高的时候，如果还是非多即空，那么很可能就会遇到极端情况，策略就一直无法平仓，浮亏越来越大。比如我们把开仓阈值提高到0.003 6，所得到的结果如表 6-5 所示。

表 6-5　不同阈值的策略表现

开仓	平仓	夏普比	盈亏（元）	胜率（%）	盈亏比	交易次数	最大回撤（元）
0.003 6	−0.003 6	0.92	11 499	48.00	1.55	50	7 596
0.003 6	−0.003 2	0.72	8 175	48.21	1.39	56	5 386
0.003 6	−0.002 8	1.29	12 755	50.00	1.60	60	5 498
0.003 6	−0.002 4	1.15	9 718	47.62	1.66	63	5 419
0.003 6	−0.002 0	1.94	13 283	47.14	2.23	70	3 249
0.003 6	−0.001 6	1.03	5 817	47.44	1.59	78	3 345
0.003 6	−0.001 2	1.09	5 376	46.34	1.61	82	2 876
0.003 6	−0.000 8	0.81	3 607	48.84	1.33	86	2 942
0.003 6	−0.000 4	0.48	2 007	46.59	1.32	88	3 032
0.003 6	0.000 0	0.06	241	50.54	1.00	93	3 518

可见，对于开仓阈值比较高的情况，比如 0.003 6，那么交易结果与平仓阈值的关系并不是线性的，而是非线性的，中间会有一个最优的平仓阈值，在这里就是 −0.002，此时策略表现最佳，无论平仓阈值比它高还是比它低，策略表现都更差一些。

因此，这也说明对于开仓阈值比较高的情况，策略表现并不会十分稳定。对于开仓阈值比较低的情况，一般平仓阈值的绝对值等于开仓阈值的时候，策略表现最好，并且绝对值越低，策略表现越差，这是线性单调的，此时调整参数会比较容易。

我们可以看看高开仓阈值的策略资金曲线形状，如图 6-6 所示。

可以看出，在高阈值情况下，开仓次数很少，可能几年时间里都没有交易，只有在 2016 年高波动的行情中才有交易。因此，这也表明了开平仓参数优化的另外一个难点：在研究策略的时候，波动并不是很高，如果用很高的阈值，交易次数很少，甚至还不能盈利，这时候很可能就会选择抛弃这个策略。但是当真正的高波动行情到来，它却往往能爆发出惊人的收益。高开仓阈值夏普比与平仓阈值的关系，如图 6-7 所示。

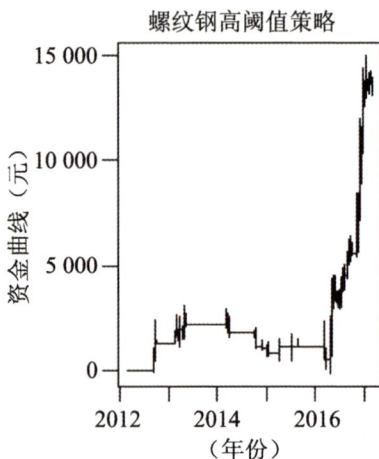

图 6-6　螺纹钢高阈值策略资金曲线

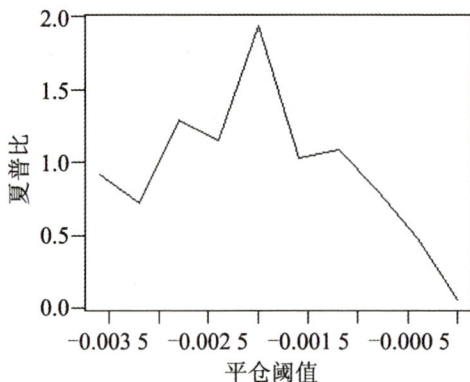

图 6-7　高开仓阈值的平仓阈值与夏普比

可见，这并不是线性的关系，中间会有一个最大值，虽然从规律性来说没有单调的这么明显，但还是呈现出一定的规律，不是那种随机的关系，也没那么容易过度优化。

因此，有了这些资金曲线之后，策略的筛选是一个很复杂的问题。马科维茨均值 - 方差模型有一定的策略筛选和配比，但它高度依赖历史数据，像上面这种高阈值策略，在历史上表现很差，但在高波动行情中可以爆发，或许马科维茨的模型在这种情况下就不大适用了。

另外还有风险评价模型，就是对波动高的策略配置更低的手数，波动低的策略配置更高的手数，使每个策略（或者说风险因子）的波动差不多。因为策略未来的收益是很难预测的，但策略的波动性之间的关系则会更稳定一些，因此这套理论也有一定的道理。我们下面的章节会详细介绍这些理论。

6.3　策略筛选

策略筛选是一个非常复杂的问题，因为过去表现好的策略不代表未来就能表现好。而且，如何定义"好"的标准，也是一个问题。在传统上有很多评价策略优劣的指标，或者给出一个资金曲线，凭着感性认识也大概能知道这是一个好策略还是坏策略。在这里，我先介绍一些常用的指标，然后再提出自己的看法。

6.3.1　夏普比等常用指标

前面的表格里面列出了夏普比、收益、盈亏比、胜率、最大回撤等传统的评价指标，如果说选择过去这段时间里最好的策略，比如说一些实盘大赛，用这些指标作为排序标准确实是可以的，也容易服众。但由于金融数据具有时间序列特征，我们希望找出未来表现好的策略，而不是历史表现好的策略，这就值得玩味了。

夏普比是年化的收益率减去无风险利率再除以标准差，这显然没有考虑时间的因素，我把序列随意调整，只要没有换年，其实是不影响最终结果的。但是如果取得好收益的都在前面，最近业绩表现很差，这种策略也不敢直接实盘的。

当然，有人会说有些策略表现差是因为行情差，比如 2016 年 11 月至 2017 年 6 月一直是震荡盘整行情，所以很多策略表现不好。不过，一个策略如果是靠谱的，即使在不利行情中也不应该屡创最大回撤，而应该有一定的过滤功能，比如曲线虽然没有创新高，但也基本走平，不会创最大回撤等。很难想象一个在震荡行情屡创最大回撤的策略在未来的趋势行情中能表现好。

因此，使用这些指标的时候，最好结合图形来看。这么做或许会耗费大量人力，如果是数十个品种，每个品种数十个策略，而且需要定期频繁调整，那么这么做显然效率不高。因此，有必要研究一些新的指标来评估策略。

6.3.2　其他一些指标

在这里，我们就策略的筛选提几点小建议。

- 单笔平均盈利决定策略的容量。如果单笔平均盈利是30个买卖价差，那么即使牺牲1个滑点，损失也就3.3%，影响不大；但如果单笔平均盈利只有5个买卖价差，那么损失一个滑点就是20%，影响就非常大了。因此，筛选策略的时候，这类中低频策略要选平均盈利大的策略。

- 要看最近回撤。很多人喜欢看最大回撤，但更重要的是最近回撤，也就是从最高点到当前最新净值的回撤幅度。行情波动具有聚类特征，未来的行情一般与近期行情相似。因此，如果最近一直在用回撤的策略，很难寄希望于未来行情突然好转；而最近使用创新高的策略，则相对安全。前面也分析过，这类策略80%左右都是做趋势，最近创新高，说明他能抓住最近的趋势；最近回撤，则说明他不能抓住最近的趋势。

- 参考历史相似价格的情况。比如2017年螺纹钢到了4 000点，或许要追溯到2012年才有这种行情，所以会发现用2012年的数据拟合出来的策略在2017年表现很不错，而用2015年、2016年的数据拟合出来的策略表现则很差。在价格相当的时候，波动其实也差不多，行情具有相似性。

如果落实到程序上，其实也不难写。以最初的非多即空的策略绩效为例，对于平均利润可以写成：

```
thre.mat$avg.profit <- thre.mat$pnl/thre.mat$num  ## 总利润除以交易次数
```

对于最近回撤，可以这么写：

```
recent.drawback <- apply(mm.pnl.mat,2, function(x) 1-tail(x,1)/max(x))
thre.mat$recent.drawback <- recent.drawback[thre.mat$contract]
```

加入后的结果如表 6-6 所示。

表 6-6　最近回撤与平均利润

编号	夏普比	盈亏（元）	胜率（%）	均利润	次数	最近回撤（%）	收益/回撤
1	2.11	32 273	39.8	126	256	2.81	4.93
2	2.03	27 913	42.0	64	433	1.84	3.34
3	2.09	22 556	51.72	777	29	8.05	4.15
4	1.26	20 822	46.43	186	112	22.98	1.26

续表

编号	夏普比	盈亏（元）	胜率（%）	均利润	次数	最近回撤（%）	收益/回撤
5	1.52	23 804	42.19	186	128	12.09	1.50
6	1.22	15 370	38.57	44	350	36.19	1.03
7	2.03	31 983	42.55	227	141	3.48	4.09
8	1.23	17 878	42.30	54	331	23.67	1.62
9	1.57	24 191	38.55	146	166	13.06	3.29
10	1.34	22 142	43.37	267	83	27.33	1.72
11	2.30	38 925	47.06	572	68	0.15	5.49
12	1.68	21 760	42.70	244	89	23.10	2.98

可以看出，对于均利润比较低的策略，如小于 100 元的策略，可以首先剔除，因为它们对滑点过于敏感；对于最近回撤较大的策略，比如超过 10% 的策略，失效的可能性较大，也可以先排除，这样的话，最后筛选出来的策略如表 6-7 所示。

表 6-7　筛选后的策略绩效

编号	夏普比	盈亏（元）	胜率（%）	均利润	次数	最近回撤（%）	收益/回撤
1	2.11	32 273	39.8	126	256	2.81	4.93
3	2.09	22 556	51.72	777	29	8.05	4.15
7	2.03	31 983	42.55	227	141	3.48	4.09
11	2.30	38 925	47.06	572	68	0.15	5.49

可见，我们虽然并没有使用夏普比、收益回撤比等显性指标，但按我们设计的均利润和最近回撤筛选出来的策略来看，其夏普比都在两倍以上，收益回撤比也在 4 倍以上，都是比较好的策略。另外，虽然部分策略交易次数不多，但他们并没有造成较大回撤，在实盘中触发机会也不多，不会增加资金的占用。其实把它们放入投资组合中是不错的选择，等到大波动来临它们就可以发挥作用。

很多用传统规则方法使用第三方平台交易的人，有时候会取得比使用机器学习模型交易的人有更好的结果，很大程度上就是因为这些人可以频繁调整策略，交易一个星期发现不对了可以立即重新优化，紧跟最新的行情。而使用机器学习模型交易的人，由于从底层系统开始都是自己写，有时候未必能及时进行处理。

越是复杂的模型，往往越需要团队协作。但是对传统第三方平台的策略而言，其实团队协作的意义不大，因为大家的策略很多是同质化的，并且又很难切割工作给不同的人做。但是机器学习建模就不一样，有人做统计分析，有人写底层系统，有人收集清洗数据，这些都是比较明确的分工，也不会有重复性。

6.3.3　横向对比

有时候自己的策略好不代表水平高，要跟市场同类策略对比才知道。比如市场上有很多 CTA 策略的产品，有一些还是量化 CTA 的，这样就具备了可比性。

国内比国外好的地方在于这些第三方网站平台往往只需要简单注册就可以查看各个产品的表现了。很多公司是每周一更新上周五下午收盘的净值。其实国内的量化 CTA 规模大、业绩不错、历史长的并不多，而且有些公司做大之后喜欢弄混合产品，把股票加进来。比如 2017 年 3 月至 6 月，很多纯 CTA 的产品损失惨重，但某一个基于基本面的产品却表现很好。由于那家公司期货基本面出名，很多人以为他们只做期货，但实际上他们的产品里加入了股票多头。那段时间股票大盘猛涨，拉高了净值。

另外，最好跟一些第三方代销机构保持良好的关系。很多私募会去第三方机构路演，并且会召开电话会议，这时候只须拨打电话输入密码即可收听。这样也可以及时了解业内同行的情况。那些大的私募，由于并不愁资金来源，所以不会积极路演，拿到的 ppt 一般都是几年前他们规模还不大的时候的内容，学习的意义并不大。

如果是大的基金，往往不单纯是趋势策略，更多是趋势与套利相结合。跨期套利往往有容量限制，因为远月合约流动性很差，因此跨品种套利在大型资管中更为常见，这也容易放大规模。不过，对于 CTA，我还是倾向于用趋势策略，保持低仓位，留下足够的资金用来买固定收益的产品，比如逆回购或债券，这样产品曲线或许会更稳健。

此外，一些 CTA 基金的品种配置跟市场成交量关系不大，比如我知道某些业绩不错的 CTA 基金，其实螺纹钢、焦炭等活跃品种配置很少，但黄金、白糖配置很多，所以很多时候资产配置对收益的影响也非常大，我们接下来会主要讨论这个问题。

有必要提一点，很多人无法分辨其他人的水平孰高孰低，其实在量化这个领域，有很多人经常发一些逆天的曲线，很多都是做股票日内回转的。事实上，越是小盘股，可预测性就越强，但容量往往越小。因此，发一些几百万的小曲线最多只能忽悠外行。一些业内做 CTA 的大佬级人物反而被黑的厉害，不是因为他们水平差，而是 CTA 这个市场也就只能做成这样了。元盛、AHL 在中国期货市场量化交易的资金曲线虽然也不会太好看，但他们的量化研究水平足以秒杀任何一个国内的量化团队。

最后，需要强调的是，只有样本外的测试结果才是有意义的。拿样本内的结果跟别人的实盘业绩对比并不公平，毕竟别人只有一次机会，而自己可以反复调整。因此，做策略必须客观严谨，不能自欺欺人。

6.4　本章小结

本章详细介绍了从预测结果到交易信号的各种细节，比如讨论了如开平仓阈值一样的非多即空策略，以及开平仓阈值不一样的策略。另外讨论了评价策略的各类指标，既有传统的指标，也有笔者提出的一些指标，可以结合起来使用。最后，对策略的评估，要与别人的进行对比，找一些业绩悠久、规模庞大的基金产品进行对比，这样才能看到自己和别人的差距。当然，如果自己做得比这些基金好，就更难得了。

这章更多是理念层面的问题，R 的程序比较少，因为涉及的代码都比较简单，读者自己也能写出来，并且也用不到高级的机器学习等统计模型。但本章其实是十分重要的。机器学习模型往往可以产生几十个甚至几百个策略，如何选择最优的实盘是非常重要的。有时候，策略研究水平差不多，但就是因为选择错了策略，最后交易结果可能相去甚远。

第七章

↓

策略模型深化

前面几章介绍了建立统计模型以及把预测结果转成交易信号等内容。这些更多是数学、统计层面的分析。量化交易的工作类似于工业生产，前面的工作相当于研究工作，但并不代表研究出来了成果就能大规模生产。研究成果转化成可以大规模生产的产品还需要很多的工作，比如提高生产效率、降低生产成本、拓宽产品线等。这就是本章所要讲的主要内容。

7.1　优化提速

计算速度是研究策略的一个重要环节，但经常被人忽视。国内不少量化初创团队，为了能尽快交易，会选择一些第三方平台。这么做的好处是上手很快，但越往后"瓶颈"越多，逐渐地制约了发展。而另外一些团队会使用 R、Python、MATLAB 等解释性语言进行研究，虽然速度比第三方平台快一些，但还是会遇到速度的问题。如果直接使用 C++ 这种编译语言，虽然计算速度快，但研究效率比较低，而且门槛较高。如何平衡，确实是一个很大的问题。

7.1.1　计算速度比较

不同程序设计语言的计算速度是非常不一样的。我们首先来看看第三方的平台。它计算速度慢的主要原因在于以下几点。

- 解释性语言。一般第三方平台都是基于 easy language 的，策略写起来挺容易，100 多行代码就会有不错的策略，而且指标都有现成的函数。但问题是它每次运行程序都需要重新理解这个程序，识别出需要用哪个指标，这就非常慢了。

- 无法保存中间结果。有人说 R、Python、MATLAB 这类语言也是解释性的，但 R 那类语言可以很容易保存中间结果。比如这次用了 MA（5）这个均线，就可以把结果保存下来，下次再调用就方便了。但很多第三方平台是不支持这种功能的。

- 逐 K 线计算。很多第三方平台是逐 K 线计算的，这么做的优点是可以保证回测、优化、实盘用同一个程序，甚至是图表程序。但缺点也很明显，逐 K 线计算速度是非常慢的，相当于用了 for 循环，这在解释性语言里一般是很慢的。R 等语言可以用很多向量化的处理来提高速度，但很多第三方平台却不能。

- 图表卡壳。很多时候第三方平台由于使用了大量图表，占用内存十分厉害，很多运算时间用在了图表上，真正分配到用来计算的资源太少，导致优化速度很慢。而且如果内存占用过多，程序很容易死机，却又不知道它是真的死机还是假的死机，心里容易烦躁。我见过有的用第三方平台优化程序运行一个星期的，如果中间出了什么差错，就白白浪费了一个星期的时间，研究成本异常高。

因此，第三方平台的问题挺多的，更何况这还没说到编程灵活性等其他方面的问题，仅仅提到了一些最基础的问题。

还有一些需要指出的问题是这类第三方平台的 K 线数据并没有给出买卖盘口，比如买一价、卖一价、买一量、卖一量，这么样的话对回测而言非常不方便。最新价可能是在买价上面，也可能是在卖价上面，平均下来的中间结果就是中间价，每次用这个成交就默认赚了半跳，加 1 个滑点相当于是对手价加半个滑点，其实也是不够的，一般中低频策略的话第三方平台都需要加两个滑点或更多。

如果是做挂单策略的，比如挂买单，需要默认买一价低于挂单价才能成交，那么最高价、最低价等，也需要 bid 的最低价和 ask 的最高价，这样才能回测 K 线内挂单成交的情况。当然，如果是趋势类策略，则不大需要这个。

可见，第三方平台的问题是非常多的。如果是有志于长期从事量化交易的读者应该尽早摒弃第三方平台，从零开始自己开发交易和研究系统。

说完第三方平台，那么讲讲用 R 这类解释性研究型语言的特点。它们的缺点是需要自己维护数据库，但其实并不困难，按照本书前面章节说的方法，自己可以生成任意频率的数据，然后保存成二进制的 .RData 格式，方便调用。

而且对于常用的技术指标，也可以一次性算好，保存起来，有数据更新再算最新的，动态增加。这样每次调用指标就不需要重复计算。

对于一些涉及分笔数据操作的，可以采取 R 与 C++ 结合的方式。比如有人提到，使用 5 分钟的 K 线效果不好，因为按时间划分不是一个好的方法，每个样本的因变量取值不是平稳的，虽然均值是零左右，但方差变化比较大，很不稳定。因此，可以考虑其他的划分 K 线的方法，比如等成交量的方法，每当成交 10 万手划分一下 K 线，这样会稳定得多。

我们简单看一下基于分笔数据的结果，如固定 32 个行情和固定成交 4 000 手的情况。其中固定 32 个行情如图 7-1 所示。

固定32行情收益率

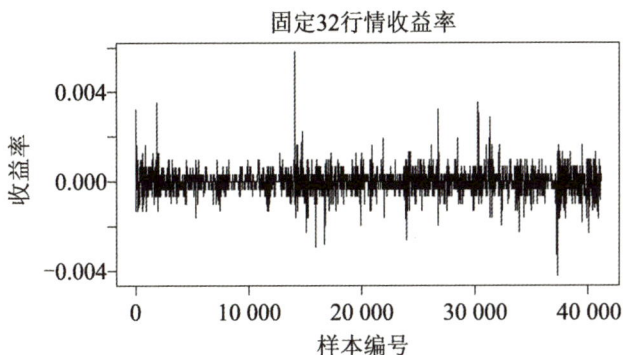

图 7-1　固定 32 个行情的 y 值

可见，y 的变化范围很大，高的时候可以超过 0.004，低的时候可以低于 -0.004，但绝大多数取值都很低。如果用最小二乘拟合，会更倾向于那些极端值。如果这些极端值并非常态，那么模型就容易过度拟合到训练样本，在测试样本中就会表现不好。

另外，我们看看固定 4 000 手的情况，如图 7-2 所示。

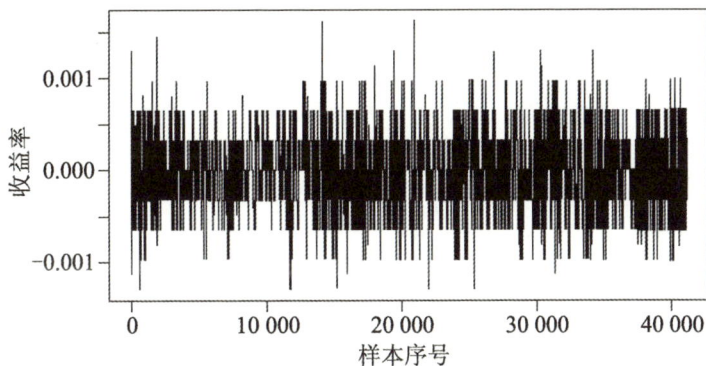

图 7-2　固定 4 000 手的 y 值

可见，这个 y 值就平稳得多，最大取值 0.001 左右，最小也是 -0.001 左右，绝大多数都在这个区间。可见交易量是比时间更敏感的指标，用交易量来划分得到的因变量会更平稳一些。这样的话机器学习模型表现也可以更为稳定。

无论是划分 5 分钟 K 线还是按等成交量来划分，都需要遍历所有行情。其中，按等成交量划分还需要两重循环才能完成。程序如下：

```
get.y.end <- function(ret, qty, qty.chunk) { ## 按等成交量划分K线
  len <- length(qty) // 收益数据的长度
```

```
    y.end <- rep(0,len) // 分割点的位置初始化
    y.equal.volume <- rep(0,len) // 等成交量数据
    for (tick in 1:(len-1)) { // 遍历全部行情
      total <- 0 // 成交量累加
      i <- tick
      while (i<len & total<qty.chunk) { // 找到划分点
        i <- i+1
        total <- total+qty[i]
      }
      y.end[tick] <- I // 赋值
      y.equal.volume[tick] <- sum(ret[(tick+1):i])
    }
    y.end[len] <- len
    return (y.end) // 返回分割点
}
```

其中 y.end 是对应的成交量超过 qty.chunk 的位置，而 y.equal.volume 则是到那个位置时候的价格变化。从程序中可以看出，由于这个位置无法事先确定，需要一个 while 循环去找，然后遍历整个行情又需要一个循环，因此需要两重循环。这在 R 里面就会非常慢。为此，我们可以把这部分代码用 Rcpp 写一下，保存在 getVolumeSplit.cpp 里面：

```
#include <Rcpp.h> // 调用Rcpp头文件
using namespace Rcpp; // 使用命名空间

#include <vector>
#include <algorithm>

// [[Rcpp::export]]

NumericVector getVolumeSplit(NumericVector qty, int chunk) { // 程序参数
列表
  int len=qty.size();
  Rcpp::NumericVector yEnd(len);
  for (int tick=0; tick!=len; ++tick) { // 遍历全部行情
    int total=0; // 总成交量
    int i=tick; // 当且行情
    while (i<len-1 && total<chunk) { // 查找分割点
      i++;
      total+=qty[i];
    }
    yEnd[tick]=i+1;
  }
  return yEnd;
}
```

如果在 R 里面需要使用 getVolumeSplit 这个函数，只需要 sourceRcpp（"getVolumeSplit.cpp"）就可以了，然后这个函数就可以当成普通的 R 函数来使用。一般来说，Rcpp 可以比纯粹的 R 在循环上提高数百倍速度。

```
> system.time(for (date in all.dates[1:100]) {
+   data <- get.data(product, date)
+   y.slow <- get.y.end(data$ret, data$qty, 4000)
+ })
用户系统流逝
1097.89    0.08 1100.39
```

可以看出，100 天用 1 100 秒。如果用 Rcpp，则有

```
> library(Rcpp) ## 调用Rcpp
> sourceCpp("d:/liwei/rcode/getVolumeSplit.cpp") ## 编译C++程序
> system.time(for (date in all.dates[1:100]) { ## 处理前100天
+   data <- get.data(product, date) ## 读取数据
+   y.fast <- getVolumeSplit(data$qty, 4000) ## 等成交量划分K线
+ })
用户系统流逝
14.88   0.05 14.98
```

只需要约 15 秒，除去共同的时间导入数据：

```
> system.time(for (date in all.dates[1:100])
+   data <- get.data(product, date))
用户系统流逝
11.86   0.03 11.89
```

我们知道，14.98-11.89=3.09 秒。可见用 Rcpp 的时间只有 3 秒左右，而用 R，1 100-11.89 用时约 1 088 秒，1 088/3=363，由此可见用 Rcpp 提高速度的效率是惊人的。

因此，对于涉及循环的操作，我们一般用 Rcpp 来解决。其实如果这么大量结合 R 和 Rcpp 的操作，R 的运算速度可以大幅提高，Python 等本质上也是解释性语言，如果没有使用这些结合 C++ 的编程方式，其实速度上并没有优势。因此，在语言层面，提高计算处理速度的空间也是十分巨大的。

如果有太多的 .cpp 程序，可以使用建立 package 的方式，把它们打包成自己专用的 package 来使用，这样每次只需要 library() 来调用即可。关于这方面的内容，自己可以上网搜索相关的资料，如果是在 RStudio 里面，处理会方便很多。

此外，在计算各种指标的时候，也要注意充分利用并行化和向量化来计算。R 里面有自带的 roll 开头的命令，比如 rollmax、rollmin 等，可以方便计算滚动的最大值和最小值，另外 filter() 命令可以计算滚动迭代的指标，如指数平均线等，充分利用这些自带的滚动函数，可以更快地计算指标的数值。而且，从实盘角度考虑，尽量用这些滚动计算的指标，而不是那些需要回看固定周期的指标，这样一来速度可以快很多，也不需要占用大量内存。

指标计算的处理就讲到这里。提高速度存在于整个研究体系的方方面面，

接下来分别进行介绍。

7.1.2　简化搜索空间

无论是规则型的策略，还是预测型的策略，很多时候会有一个网格优化的过程。有时候，一个很简单的规则型策略也需要很多参数。比如最原始的双均线模型：长均线数、短均线数、开仓阈值、平仓阈值、止损值等，已经有 5 个参数，如果每个参数有 10 个值，那么就有 10 万种组合。一般来说，一个商品期货 5 分钟数据要六七年才会有 10 万个数据，因此，在这么庞大的参数空间里搜索一些表现好的策略其实并不困难，这也是常说的过度优化。

一般而言，简化搜索空间的意思，就是只在一个子空间上搜索，一般最优解就在这里面。比如求解线性规划的单纯型法，就是类似的特点。在目标函数和约束条件都是线性的情况下，最优解只能在自变量取值空间的顶点处取得，因此只需要计算少数几个顶点的值，就能求出函数的最优值。

然而，对于策略优化这种离散优化（也称组合优化）问题，英文是 discrete optimization 或 combinatorial optimization，往往缺乏连续优化（continuous optimization）优美的数学基础作为支撑，加上我们需要计算的目标函数也比较复杂，因此直观上似乎很难求解。

很多时候，量化金融研究的预测值并不是跟仓位（position）挂钩，而是跟动作（action）挂钩。如果跟仓位挂钩，比如预测值越大仓位越大，那盈亏其实还是挺容易计算的。现在的持仓市值可以直接用仓位乘以价格算出来，然后再定义一个仓位变化的矩阵，由于仓位只与对应的预测值有关，所以也容易算出来。最后持仓盈亏加上交易盈亏即可，这是非常方便的。

但如果跟交易动作挂钩结果则不一样了。现在达到做多的阈值，则开了多单，之后的预测值哪怕有小幅变动也不会影响仓位。这种情况下，持仓与否不仅跟当前预测值有关，而且跟过去预测值也有关。如果开平仓阈值不一样的话则更为复杂。因此，这一般需要用 for 循环走一遍所有行情才能得到仓位。当然，得到仓位之后的处理就方便多了，可以用向量化的方式。

不过，如果买卖用不同价格的话，似乎就比较难用向量化处理。比如一些比较精确的回测，用对手价加滑点成交，而不是机械地用最新价计算然后减去一定比例的成本。这种方式也难以用向量化的方法，只能用 for 循环的方法。所幸这一般只在仓位改变的时候需要计算，比如 10 万笔 5 分钟的行情，可能只交易 200 次，因此只需在行情改变时计算即可。如果还需要计算每日收盘净值，则每天结束时再计算一次即可，一般 10 万笔行情需要 1 000 个交易日左右，这么看的话计算量也不会很大，唯一的缺点是无法计算所有行情的实时净值了。因此，从逐根 K 线计算到逐笔交易过渡，可以节省 99% 的计算时间，从而大大提高计算效率。

　　另外，从参数优化的角度来看，也有很多加快速度的技巧。比如之前我们看到，对于低阈值的情况，平仓阈值往往跟开仓阈值一样，并且随着平仓条件的放宽，结果是越来越差的。因此，我们在实际优化过程中，哪怕一开始无法确定当前阈值是高还是低，但只要发现平仓阈值放宽之后结果连续变差两次，则可以停止搜索了。对于高阈值情况，则有个先变好再变差的过程，同样地，如果连续变差两次，也可以停止搜索。这么一个剪枝优化的方法，可以大大缩小搜索参数的空间。

　　总之，在算法层面提高速度的方法有很多，这里不再一一列举。在研究过程中读者可以自己多总结，结合自身策略的特点，研究出专门的优化算法。

7.1.3　多核并行处理

　　提高计算处理速度的常见方法是多核并行计算。比如有 24 个期货品种，而计算机恰好有 24 个核，那么处理起来速度确实可以提高 20 多倍，这样可以节省大量的研究时间。

　　R 里面的 parallel 包可以很好地支持多核并行计算。R 的并行计算通过多线程来实现，这比 Python 要好很多，Python 并不能很好地支持多线程，只能用多进程处理，当然在目前多核 CPU 比较常用的情况下，多核处理多进程也是可以的。

　　一般普通的计算机一个核有两个线程，所以 10 核的话有 20 线程，R 每次调用就可以 20 个集群并行处理，比如：

```
cl <- makeCluster(20) // 使用20个核
system.time(result<-parSapply(cl,all.dates,get.daily.tick.stat,product,
thre=thre,scratch=-1,spread=product.info[[product]]$spread,
```

```
                                    slippage=0,strat.symbol=".add"))
    stopCluster(cl)
```

其中，makeCluster() 命令是申请使用多个集群进行并行处理，在这里我们使用 20 个核，然后 parSapply() 是并行处理的命令，par 开头的都是 parallel 包里面的命令，后面可以接 apply、sapply、lapply 等命令。一般来说，使用这些命令先指定集群，比如这里的 cl，首先第一个参数是需要并行处理的，然后是函数名，这里是 get.daily.tick.stat，最后就是其他参数。使用完之后，用 stopCluster() 把集群停掉就可以了，所以使用起来还是很方便的。

然而，放入并行化的函数跟普通函数不大一样。并行环境是一个独立的环境，所有的变量都要存在于这个环境中，不能使用全局变量，而且需要调用的包也必须在并行环境中调用，比如所有的 library() 和 source() 等命令都要使用。

使用并行化的函数的另外一个潜在好处在于函数不容易出错。由于 R 语言的函数默认可以使用全局变量，因此在函数编写过程中难免误用一些全局变量，这样的话如果那个变量被意外改变了函数结果就会出错。如果是并行化的函数，内部环境是跟外部是隔离的，只要并行的函数可以正常运行，那么就可以杜绝误用全局变量的情况了。

如果是自己写了 Rcpp 的函数想使用并行化。早期的版本 sourceCpp 之前似乎不能在并行环境中运行，现在可以了。但即使能运行，每次编译的速度也是很慢的，因此最好的办法是把自己的函数打包成一个 package，然后每次用 library() 调用，就像其他 R 的函数一样，这样可以大大提高速度。

关于编译含有 Rcpp 包的 library，在 RStudio 内部会比较方便，直接有 Rcpp 的选项，只需要把相关的 .cpp 文件放进去即可。当然，还需要配置一下 Java 等环境变量的相关内容，如果没有处理好，很容易出错。

并行 CPU 的另外一个优点是无论处理的任务多么复杂都可以进行，但缺点是核的数目很有限，往往需要大规模的集群才可以更好地提高速度。这些服务器一般没有显示器，当然也没有显卡，无法使用 GPU 加速，只能使用 CPU。

7.1.4 GPU 的好处

对于一些只涉及矩阵运算，不涉及回测资金曲线之类复杂处理的操作，其实可以考虑 GPU（Graphic Processing Unit）而不是 CPU。GPU 主要是利用显卡进行计算，一个计算机的显卡可以多达数千个，远比 CPU 的数量多，处理速度也快，但是一般只能处理矩阵运算之类基础的操作。

比如，我们想计算 R^2，则可以考虑使用 GPU。R 里面跟 GPU 有关的包可以使用 gpuR，这个包的安装也比较复杂。

```
> library(gpuR) // 调用gpu
> gpu.coef<- gpuMatrix(matrix(coef, ncol=1),type="double") // 生成gpu系
数矩阵
> gpu.data<-gpuMatrix(as.matrix(data[,1:(ncol(data)-1)]),
type="double") // 生成gpu数据矩阵
> pred <- (gpu.data %*% gpu.coef)[] // 用gpu计算预测值
```

使用 GPU 进行计算，必须先把矩阵变成相应的 GPU 格式，这是用 gpuMatrix() 来完成，对于这种系数 p×1 的，则需要标注 ncol=1，另外变量类型是 double 型。然后就是可以使用普通的乘法对 GPU 矩阵进行操作了，看上面的 pred 计算，在结尾处还有一个 []，这是 GPU 计算特有的，表示把结果转成普通的向量。

可见 GPU 的操作并不复杂。为了检验 gpuR 的速度，我们可以用一个大一些的矩阵来处理：

```
library(gpuR) // 调用gpuR的库
ORDER = 1024 // 规模大小
A = matrix(rnorm(ORDER^2), nrow=ORDER) // 构建矩阵A
B = matrix(rnorm(ORDER^2), nrow=ORDER) // 构建矩阵B
gpuA = gpuMatrix(A, type="double") // 矩阵A转成gpu矩阵
gpuB = gpuMatrix(B, type="double") // 矩阵B转成gpu矩阵
> system.time(for(i in 1:100) C <- A %*% B) // 计算矩阵相乘
用户系统流逝
40.09  0.08 40.26
> system.time(for(i in 1:100) gpuC = gpuA %*% gpuB) // 重复100次计算矩阵乘法
用户系统流逝
 4.45  5.66 10.36
> all.equal(C,gpuC[])
[1] TRUE
```

可见，计算结果一样，但时间只有之前的 25%，速度提高还是比较大的。可见，使用 GPU 进行大型的矩阵运算速度可以比普通的矩阵提高好几倍，大大节省了时间，提高了效率。使用 R 语言的好处是不必懂得真正调用 GPU 的具体细节，那些都是比较复杂的 C++ 代码，只需要以上几句简单的矩阵转换就可以使用了，方便快捷。

以上就是在模型优化速度方面进行策略研究的改进，下面谈谈策略在实盘运行过程中的动态调整问题。

7.2　策略更新

　　策略在运行过程中一般都是不断更新的，比如加入了新的因子，更新了策略选择的方法，改变了投资组合优化的模型等，这些都是持续进行的，或者交易所调整手续费导致的改变策略交易频率等。总之，即使回测是一次性画出几年的资金曲线，实盘中不大可能放着策略一直运行而不做任何调整。既然如此，策略的不断更新和调整就显得有必要了。

7.2.1　更新策略的部分

　　一个策略有统计预测模型和交易模型两部分，统计预测模型也有因子、训练样本、预测样本等。最底层的当然是 K 线的划分。试想一下，如果改变了 K 线的划分方法，比如 5 分钟 K 线变成 10 分钟 K 线，或者说等时间 K 线变成等成交量 K 线，那么之后的因子、模型等全部都要改变，之前保存下来的所有结果都要被推翻，这是一件工作量非常大的事情。因此，即使有人认为等成交量比等时间更靠谱，但也未必有足够的动力去重新生成这些数据集去做，如果改进不大的话就更没有必要了。

　　因此，一般来说，更新的部分要越少越好。比如说 5 分钟 K 线和因子这些历史数据已经计算好了，虽然之后会增加新的因子，但也应该针对新的模型。对于已有的模型，训练集、验证集已经都是过去的数据，即使有新的数据进来也不会改变的，因此模型的因子和系数完全确定，这是不会改变的也不需要重复计算。所以即使有新的数据进来，只需要用新的数据拟合出新的策略，旧的策略不必改变。

　　对于进出场阈值的情况，可能有人觉得使用预测值的分位数会更好一些。但随着数据的增加，预测值的分位数一直在改变，每次改变对交易信号都有影响，这就不满足"无后向性"，实际工作中，比如每个月更新一次，那么把最新的这个月的数据加进去之后，之前的结果都要改变，这样一来工作量就会非常巨大。因此，如果固定了一些数值，那么新加入一个月的数据后，一般只需要对最新的这个月进行回测，再把资金曲线拼接就可以了。如果说旧的数据还有仓位没有平，那么，把最新的一个合约回测一遍，也是挺方便的。期货的一个好处是每个合约之间的交易关系都是独立的，合约换月时旧的仓位都清零，这个特点对于并行计算和类似于动态规划的这种处理方式来说都非常方便。

当然，关于进出场阈值，一个可以改进的地方在于它可以结合买卖价差。比如螺纹钢，低位的时候2 000元/吨，高位的时候是4 000元/吨，但是每跳都是1，这么算的话，在2 000元低位时候每跳相当于1/2 000=5e-4，在4 000元的时候每跳相当于1/4 000=2.5e-4。一般来说，低位的时候比较难做趋势，行情会窄幅震荡，而且买卖价差损耗很大，这时候可以最好过滤掉。如果进出场阈值是随着买卖价差动态调整，则可以很好地实现这一点，比如是当时买卖价差的两倍就开仓，反方向一倍就平仓等，逻辑也比较清晰。如果不用买卖价差，原来那种固定数值的，比如同样是2e-3，在2 000元的时候就只有4个价位，在4 000元的时候有8个价位，如果加入滑点，效果就会差很多。当然，当价格是2 000的时候，波动比较小，要波动0.2%还是比较困难的；当价格是4 000元的时候，波动比较大，要波动0.2%会比较容易，因此，原来的方法也是可行的，只是考虑买卖价差后，调整参数可以更直观一些。

有了每个品种每个策略的资金曲线之后，要进行策略筛选和投资组合优化。这部分的工作很多时候主观成分会比较多。虽然学术界提出了均值方差、Black-Litterman、风险平价等模型，但实际上这方面量化模型并没有预测模型那种立竿见影的效果。如果把每个策略的每日净值保存好，要测试各种策略组合优化的方法其实并不困难，关键在于策略更新的频率。

对于日内策略，完全可以做到每天更新。比如一个品种有100套策略，完全可以每天跟踪这些策略的表现，然后自定义一些规则选择第二天要交易的策略。这些产生的规则，也可以通过历史数据滚动优化的方法来测试。

对于持仓隔夜的策略，很多人会存在疑惑，到底策略调整的频率是多少才合适呢？其实我一直偏向于用较小的训练集（包含交叉验证）来生成策略，这么做的话虽然说这个策略的适用性受到了限制，比如训练集是高波动的，现在行情低波动，表现就会不好，但是正因为这样，我们也非常清楚这些策略的限制，所以可以及时地剔除这些策略。如果训练集是比较大的集合，理论上覆盖了高波动、低波动、高价位、低价位。这种情况下，很可能在训练样本中就过滤了不利的行情，让我们无法清晰认识到策略的弊端，在实盘中遇到回撤就会不知所措。很多人是在数万组参数中选择了一个样本内非常好的模型，样本也有几年时间，不过实盘一旦出现问题就会手忙脚乱，无法判断是模型失效还是短暂回撤。如果自己非常清楚策略的特点，比如训练集都是 1 800～2 500 元低价位，现在价格都是 3 500～4 000 元高价位，当然果断抛弃。

事实上，选择策略可以有比较清晰的逻辑，但预测行情涨跌则更多是模糊的，需要黑箱模型来处理。但很多人却是相反的，写单个策略要求逻辑清晰，然而筛选策略又靠一套不怎么靠谱的量化指标，没有把好最后一道关。

另外，如果是自己从零开始写的程序，还应该写每日跟踪运行的程序，并对比实盘与回测的结果。经常出现不一致的地方，比如夜盘 11：00 结束，回测发了一张单子默认成交，但实盘没有，这类错误要避免。

7.2.2 控制策略数量

经常在网上看到有人提问说我这个策略的回测曲线是否靠谱。一般能发上来的，都是走势挺好看的。比如网上有人发了这么个帖子问以下这个策略是否靠谱，如图 7-3 所示。

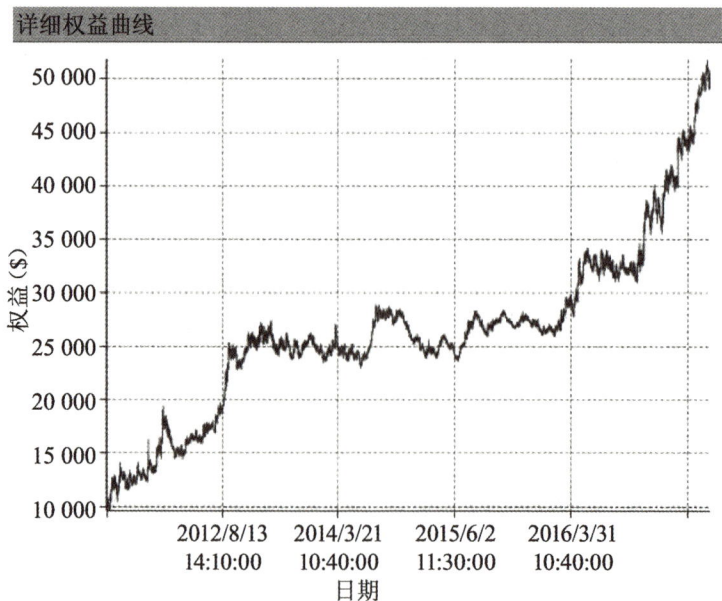

图 7-3 螺纹钢回测曲线

对这个问题我也给出了回答：

这个策略总共交易次数：93+185+192+93+94+95+97=849，平均单次盈利：39 290/849=46.28，螺纹钢一跳是 10，这相当于 4.6 跳，如果没有设置滑点，默认最新价，比对手价还好的，每次赚半跳，即 5 元，来回 10 元，849 次赚了 8 490 元。但我看了有一个滑价成本，13 000 多，因此应该也考虑了。

其实最关键的倒不是曲线最终的形状，而是曲线形成的过程。曲线总体上是靠谱的，即使有不靠谱的，也不是曲线能看出来的。比如同样的一个策略，是从 1 万组策略里面挑的，还是从 10 组策略里面挑的，结果会很不一样。

如果是从 10 组里面挑选的，而且参数只有一个，并且是非常单调的，比如数值越大曲线越好看，每年也差不多，那么当然是比较靠谱的，因为任何一年优化好了放在那里到后面几年都是表现不错的。但如果是 10 万组里面挑一个，参数互相影响，非线性关系比较多，过去表现好的参数未来未必表现好，那么就很不靠谱了，因为现在优化好的参数未来也未必继续表现好。

7.3　计算因子的技巧

在 R 里面计算因子，比如 200 个因子，用 40 天的分笔数据，每天四五万笔行情，那么整个矩阵的大小就是 2 000 000×200，有 4 亿个数据，因子一般都是实数型，每个可能需要 32 字节，一共 128 亿字节，大约 10G 的大小，加上计算机操作系统和其他应用，很多计算机恐怕难以分配这么大的空间。这时候就需要一些计算上的技巧了。

7.3.1　稀疏矩阵

有一种方法是使用 R 里面的稀疏矩阵。稀疏矩阵指的是零值非常多的矩阵，为此，只需要保存非零的数值和位置即可。要保存数值和位置需要 3 个数字，表面上用了 3 倍的空间，但如果非零值总数很少，比如只有 1%，那么总的空间只有 3%，比之前小很多。另外，由于零值在计算中比较简单，所以一般只需考虑非零值的计算，而且在 lasso 求解中并不存在矩阵求逆等复杂运算，因此，使用稀疏矩阵来保存数据，然后用来做计算，减少内存，其实也是挺方便的。

在 R 里面使用稀疏矩阵的包是 **Matrix**，要构建一个稀疏矩阵是很容易的：

```
> library(Matrix) // 调用矩阵包
> m1 <- matrix(0, nrow = 1000, ncol = 1000) // 构建普通矩阵
> m2 <- Matrix(0, nrow = 1000, ncol = 1000, sparse = TRUE) // 构建稀疏矩阵
> object.size(m1) // 普通矩阵的大小
8000200 bytes
> object.size(m2) // 稀疏矩阵的大小
5632 bytes
```

可见，对于同样一个矩阵，使用稀疏矩阵后占用内存小了很多。5 632/8 000 200 = 0.000 703 982 4，只有原来的万分之七左右，可见占用空间非常小。

另外，我们关心的是统计模型能否直接在稀疏矩阵上应用，对于 R 里面的 glmnet 模型，结果是肯定的，而且不需要改动任何代码，非常方便。但是对于 Python 则未必有这么好的支持。比如我们可以看看用 glmnet 在稀疏矩阵上建模的例子：

```
> library(Matrix) // 调用矩阵包
> library(glmnet) // 调用glmnet
> n <- 100000 // 样本数
> p <- 300 // 因子数
> x <- matrix(rnorm(n * p), n, p) // 构建矩阵
> iz <- sample(1:(n * p),
+               size = n * p * 0.85,
+               replace = FALSE) // 随机抽取样本
> x[iz] <- 0
> object.size(x) // 原矩阵大小
240000200 bytes
> sx <- Matrix(x, sparse = TRUE) // 构建稀疏矩阵
> object.size(sx) // 稀疏矩阵大小
54002624 bytes
> beta <- rnorm(p)
> y <- x %*% beta + rnorm(n) // 计算y值
> glmnet.fit <- glmnet(x, y) // 原矩阵拟合
> glmnet.sparse <- glmnet(sx, y) // 稀疏矩阵拟合
> all.equal(glmnet.fit$beta, glmnet.sparse$beta) // 对比两个结果
[1] TRUE
```

这里有 10 万个样本，300 个因子，然后在随机生成的样本数据里把其中 85% 的数据变成零，使之成为稀疏矩阵，从结果上看，原来矩阵大小 240 000 200 字节，新矩阵大小是 54 002 624 字节，只有原来的 22.5%。然后构造因变量 y，用线性模型，加入随机的正态分布噪音，最后用 glmnet 模型建模，结果显示原矩阵和新矩阵拟合的结果是一致的。可见，使用稀疏矩阵建模可以节省内存空间，但不会影响结果。对于高频交易的高维统计问题会很有帮助。

这一节从矩阵存储的角度谈节省内存空间,方法是使用稀疏矩阵。其实也不必知道稀疏矩阵计算的具体原理,只需要会使用就可以了。

7.3.2 逐步回归与逐渐回归

学过线性回归的人一开始接触的一般是逐步回归(forward stepwise regression),即每次把一个新变量加入模型中,选择标准可以是 AIC、BIC 之类的。比如有 10 个因子,每次把一个因子放入模型后,要把已入选的因子全部重新再做一次回归,而且在筛选因子的时候,要求每一个备选因子都对已选因子做回归,本质上是因变量的残差与备选变量的残差之间进行对比和筛选。这么做的目的,是担心备选变量跟已选变量有较高的相关性,加入新的变量后对原有模型没太大的改进。这么做的缺点是单次计算量比较大,而且比较容易过度拟合,因为因子加入模型后,它的系数是最小二乘计算出来的值,会高度拟合训练样本。

逐渐回归(forward stagewise regression)则不太一样,虽然它也是把变量一个一个放进去,但是每次放入只给新变量很小的系数,并不会像最小二乘拟合出来的值这么大,而且优点是不需要对因变量、自变量进行调整,每次的计算量比较小,但往往需要迭代比较多的次数才能算出想要的值。这种 slow learning(慢速学习)的特征使此类模型可以避免过度拟合。毕竟对很多模型而言,在迭代的初始阶段拟合的信号部分会大于噪音部分,但一定时间之后拟合的噪音部分就会超过信号部分,开始过度拟合了。

因此,一般的 lasso 和 gbm 等模型都是采取逐渐回归的方式。在前面的因子确定后,新加入的因子并不会影响前面因子的系数。因此,如果我们备选因子有 200 个,而内存只能保存 100 个因子,可以先用 100 个因子进行建模,得到每个因子的系数,当然也可能删除了一些因子,然后获得残差,再用 100 个因子对残差进行预测。这种方法,与用 200 个因子同时建模比起来,效果差不多,但是却可以控制住内存上限。在使用 R 的时候,因为需要把全部数据放入内存,经常会遇到内存不足的情况,因此,如果能对内存有很好的控制,那么对研究是很有帮助的。

7.4　本章小结

　　本章介绍了模型加速和节省内存的各种方法。总而言之，要充分利用 Rcpp、parallel、GPU、sparse matrix 等工具，尽量提高研究的效率。另外，在编程语言选择上，本人还是最为推荐 R，毕竟量化金融的研究还是比较偏统计，而不像人工智能那类复杂的模型，很多时候 R 更合适。最后简单介绍了逐步回归和逐渐回归，解释了为什么逐渐回归能够很好地避免过度拟合。

　　本章也讨论了不同划分 K 线的方法。按成交量划分 K 线确实比按时间划分更为平稳，但这样其实也抹杀了很多交易机会。因为趋势择时交易更多是肥尾交易，过于平稳的因变量会失去交易的机会。很多时候，只要在极端行情中能预测对方向就能赚钱，普通行情即使预测失准也无所谓。当然，对于那种配置型长期持仓的策略，或许平稳的时间序列更为合适，因为它是直接根据预测值调整仓位，需要保持长期的预测准确性。在极端行情中，行情也会被切成很多份，保持因变量的平稳性。这或许适合更低频的策略，而且 K 线周期与预测周期一样，比如月线数据，每次也预测一个月，每个月调整一下仓位即可。

第八章

↓

投资组合优化

前面几章主要介绍单个品种单个策略，并且默认1手交易。现实中单个策略往往并不稳定，很可能需要多个策略来组合。这时候，每个策略如何配置权重、选择哪些策略进行交易，则是比较重要的问题。有时候，某些品种或某些策略表现不好，也应该从备选"池子"里面剔除。关于投资组合优化有很多种模型，比如最经典的马科维茨均值-方差模型，改进版的Black-Litterman模型，以及最近比较热门的风险平价模型。它们都有各自的优缺点，这里我们简单做一下介绍。

8.1 马科维茨均值－方差模型

投资组合优化中最著名的同时也是最经典的是马科维茨均值－方差模型，他是由哈里·马科维茨（Harry M. Markowitz）于 1952 年首先提出，在《金融杂志》上发表题为《资产组合选择——投资的有效分散化》一文，该文堪称现代金融理论史上的里程碑，标志着现代组合投资理论的开端。该论文最早采用风险资产的期望收益率（均值）和用方差（或标准差）代表的风险来研究资产组合和选择问题。

8.1.1 线性模型的特征

学过神经网络的人大概知道，中间的隐层一般用非线性函数进行映射，为什么不能用线性函数呢？因为如果用线性函数的话，每次映射相当于给系数矩阵乘以一个新的矩阵，本质上还是线性模型。那么如果是多个线性模型，用的都是类似的因子，只是权重不同，它们加总起来，本质上还是线性模型，还是这些因子，那么这么做还有什么意义呢？

事实上，虽然预测模型是线性的，但是从模型到交易的时候用到了非线性的函数。比如我们要求预测值大于 0.002 是做多，小于 -0.002 是做空，其余时间是维持仓位。这本质上就是非线性的函数，而且对历史取值存在依赖性。比如现在的预测值是 0.001，那么仓位应该是多少呢？如果它之前遇到的值是 0.002，那么现在的仓位是 1；如果它之前遇到的是 -0.002，那么现在的仓位是 -1；如果它之前没有持仓，那么现在也没有持仓。因此，这本质上是非线性的关系，类似于神经网络在隐层运用了非线性的映射。而且，不同模型之间的组合并不是预测值的线性组合，而是仓位的线性组合，这样的投资组合就是有意义的，不会出现组合起来跟用一个模型差不多那种情况。

另外，金融数据有着非平稳的特征，如果好几年的数据放在一起拟合，估计也很难有好的效果。毕竟最小二乘拟合是偏向高波动行情，因此，这么多年的数据，有时候高波动，有时候低波动，最终拟合的效果是偏向于高波动，低波动行情可能就没法触发交易，更多是呈现出资金曲线走平的形态。如果是分段分别拟合，那么还是有可能得到一些分别适应不同行情的策略，然后把它们的曲线组合起来，效果会不错。

下面就来详细介绍均值–方差投资组合优化模型。

8.1.2　模型简介

均值–方差模型原来是针对股票市场的，当时计算机也不是很发达，提出模型的时候也没有进行太多的数据验证，但一般来说都是针对股票日线数据，而且投资组合优化一般指单期的投资组合优化，也就是这段时间内的最优资产配置。一般而言，过去的最优配置并不代表在未来也是最优的。因此，人们后来也研究了多期的投资组合优化，比如使用各种动态规划的解决方法来解决。然而，由于未来是随机的，这并不是确定性的动态规划，而是具有随机性质的动态规划。因此，也有一些人用近似动态规划（Approximate Dynamic Programming）或增强学习（Reinforcement Learning）等方法解决，这在以后的章节会讲到，这里先不做展开。

一般优化（Optimization）问题分为两种：不带约束的优化问题和带约束的优化问题。不带约束的优化问题比较简单，一般通过求导数即可找出极值点，然后对比极值点和边界点的结果就可以找到最优解。而对于带约束的优化问题，一般可以通过拉格朗日乘子法的方式把它转化成不带约束的情况来求解，也很方便。

假设我们有一些策略，每个策略都有自己的资金曲线，我们计算了每个策略每天的收益。假设有 p 个策略，每个策略的日收益是随机变量 R_i，每个策略的权重是 w_i，那么，投资组合的总收益 R 可以表示为：

$$R = \sum_{i=1}^{p} R_i w_i,$$

另外，这个投资组合均值 $\mu = E(R)$，可以写为：

$$\mu = \sum_{i=1}^{p} w_i E(R_i),$$

以及对于 R 的标准差 σ，则有：

$$\sigma^2 = \sum_{1 \leqslant i,j \leqslant p} w_i w_j \mathrm{Cov}(R_i R_j)。$$

另外，对于权重有：

$$0 \leqslant w_i \leqslant 1$$

$$\sum_{i=1}^{p} w_i = 1$$

也就是说所有策略的权重总和是 1。另外，因为这些是投资策略，不是单个的股票或期货，不存在做空一说，因此，我们要求每个权重都是非负的。

一般来说，均值 - 方差模型用投资组合的总体标准差来衡量风险。对单个资产来说，平均收益高的风险也高，因此要平衡好风险与收益的关系。另外，多个资产之间存在相关性，如果是负相关的话，那么组合起来也可以降低整体风险。

习惯上，我们会把横轴当成 σ，把纵轴当成 μ，然后每个投资组合代表一个点，绘制在图形中。比如，我们有螺纹钢 7 个策略，想用均值 - 方差模型，则有：

```
data <- daily.ret[,chosen] // 相关策略的每日收益数据
  colnames(data) <- strat.name[chosen] // 给策略的列命名
  all.thre.mat[chosen,] // 相关策略的绩效统计
  s_m = colMeans(data) // 策略的收益率均值
  s_cov = cov(data) // 策略的收益率方差
  m_grid = seq(min(s_m), max(s_m), length = 30) // 目标均值网格
  cov_grid=c() // 方差取值
  for (i in 1:length(m_grid)) { // 遍历所有均值
    w=get.weight(s_m, s_cov, m_grid[i]) // 计算投资组合权重
    cov_grid[i]=sqrt(t(w) %*% s_cov %*% w) // 计算协方差矩阵
  }
  plot(cov_grid, m_grid, type = "l") // 画出有效前沿
```

其中 s_m 计算的是各个策略的平均日收益，s_cov 计算的是策略之间的协方差矩阵，然后我们给均值划分成 30 等份，对不同的目标均值，给出相应的策略权重。因为均值的取值是在最低均值和最高均值之间，理论上各个取值的投资组合都是存在的，而且很可能不是唯一的。画出来的图形如图 8-1 所示。

大家可以看到这是一个曲线，而这个曲线又被称为有效前沿。事实上，有效前沿右侧的点都是可以构建出投资组合的，但是没有必要，因为在水平线上，它们跟有效前沿对应的点有着一样的期望收益，但是风险却更大，所以肯定不是最优解。因此，我们可以断定，最优解一定在有效前沿上。

可以看出，这是一条二次曲线。因此投资组合优化问题也经常与二次优化紧密联系在一起。这个模型是 1950 年提出来的，当时还不被人们所接受，而且由于计算机技术的限制，数据收集也困难，无论是建模还是求解都比较麻烦，

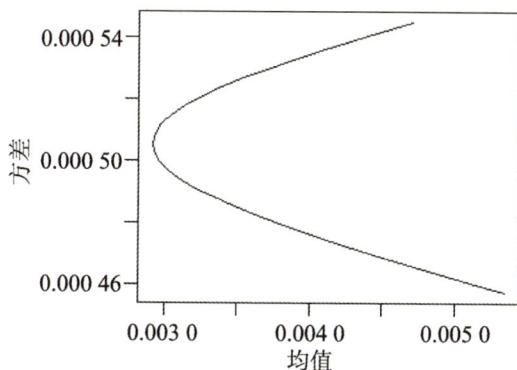

图 8-1 螺纹钢有效前沿

因此，很长一段时间都不受人们重视。但后来随着计算机技术的发展，求解这类问题不再复杂，目前普通的计算机不到一秒钟就能解决较大规模的优化问题。

事实上，投资组合优化模型自提出以来就一直受到批评。比如它对历史数据过于敏感，选择出来的组合仓位过于集中，甚至说几百只股票只有两只股票有持仓等。另外，均值－方差模型需要预测均值，这其实就是预测股票（或策略）的未来收益情况，从本质上来看是最困难的。比如我们前面几章用各类模型预测期货未来的价格变化，本质上也是预测期货未来的价格收益，R^2 都很低，可见它是非常难预测的，如果用过去的平均收益来估计，也可能是非常不准确的。因此，这些都是均值－方差模型的弊端，很多人使用了各种方法来克服这些问题，比如 Black-Litterman 模型等，加入了更多主观的因素。

事实上，各策略之间的相关性或许会更稳定一些。毕竟有的策略频率高一些，有的策略频率低一些，但策略的特点是稳定的，因此同类策略的表现相关性更高。对于 CTA 策略而言，对策略进行投资组合优化，相对于对股票进行投资组合优化，或许可以更有效一些。

下面回到计算问题上面，其实计算这个的程序也并不复杂。

```
get.weight<- function(m, s, m_star){## 计算权重的程序
  s_inv = solve(s) ## 矩阵求逆
  ones = rep(1, length(m)) ## 全部是1的向量
  s_inv_ones = s_inv %*% ones ## 这些公式根据投资组合优化的教科书得出
  s_inv_m = s_inv %*% m
  A = (m %*% s_inv_ones)[1, 1]
  B = (m %*% s_inv_m)[1, 1]
  C = (ones %*% s_inv_ones)[1, 1]
```

```
    D = B * C - A^2
    ((B - m_star * A) * s_inv_ones + (m_star * C - A) * s_inv_m) / D
}
```

对于不带约束的投资组合优化问题，是存在解析解的，因此我们只需要把解析的公式写成 R 程序，即可得到解。

当然，R 里面也有专门解决二次规划问题的 package，比如 quadprog，我们也可以用它得到相同的结果。

比如目标收益是 m_grid[15]=0.000 499 716 6，则有：

```
w=get.weight(s_m, s_cov, m_grid[15]) ## 得到
as.numeric(w)
[1] 0.24536809 0.07249090 0.10905217 0.11876216 0.05838216 0.37670299
0.01924154
```

如果使用 quadprog 里面的 solve.QP 命令求解，则可以这样：

```
sol <- solve.QP(Dmat=as.matrix(s_cov), ## 使用solve.QP求解
        dvec=rep(0,n),
        Amat=t(as.matrix(rbind(as.numeric(s_m),rep(1,n)))),
        bvec=c(m_grid[15],1),
        meq=2)
    sol$solution
[1] 0.24536809 0.07249090 0.10905217 0.11876216 0.05838216 0.37670299
0.01924154
```

可见，跟我们自己套公式计算的结果是一样的。

然而，如果是加入非负约束的限制，则不能使用解析解的方法。比如原来画出的有效前沿，实际上包含了很多权重为负数的情况，比如我们加入权重非负的条件后，画出的曲线如图 8-2 所示。

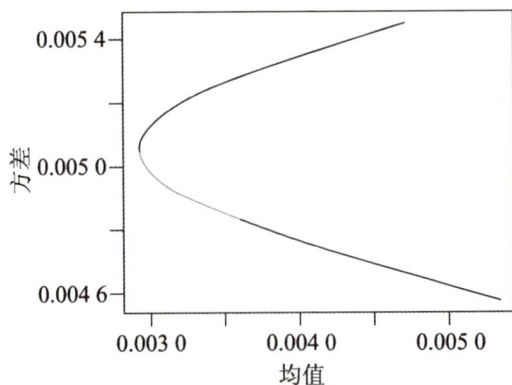

图 8-2　螺纹钢投资组合（含非负）

其中红色部分为权重全部非负的情况。可见绝大多数投资组合包含了负数

的权重。这在股票投资组合中，表示做空股票，还是容易理解的；但是在策略的投资组合中，表示做空一个策略，就比较难理解了。因为我们的策略基本都是盈利而且收益回撤比还是不错的，实在没有理由去做空一个策略，因此，我们有必要在投资组合优化的过程中就要求非负，这只能通过 solve.QP 来完成了。

8.1.3 非负约束

为了处理非负约束，可以在模型求解中直接加入相关的条件。下面我们来使用 solve.QP 来处理非负约束的情况。

```
cov_grid=c() ## 方差网格
    good <- rep(TRUE, length(m_grid))
    for (i in 2:(length(m_grid)-1)) { ## 遍历所有目标收益
    w=get.weight(s_m, s_cov, m_grid[i])
    sol <- solve.QP(Dmat=as.matrix(s_cov),
                    dvec=rep(0,n),
                    Amat=t(rbind(as.numeric(s_m),rep(1,n),diag(n))),
                    bvec=c(m_grid[i],1,rep(0,n)),  ## 加入非负约束
                    meq=2)
    w <- sol$solution
    cov_grid[i]=sqrt(t(w) %*% s_cov %*% w) ## 计算方差
    if (sum(w<0.001)>0) good[i] <- FALSE
    }
    plot(cov_grid[2:(length(m_grid)-1)], m_grid[2:(length(m_grid)-1)],
type="l",
        xlab="covariance", ylab="mean") ## 画出有效前沿
```

在这里补充了一个约束条件即所有的权重大于零，得到的均值 – 方差有效前沿如图 8-3 所示。

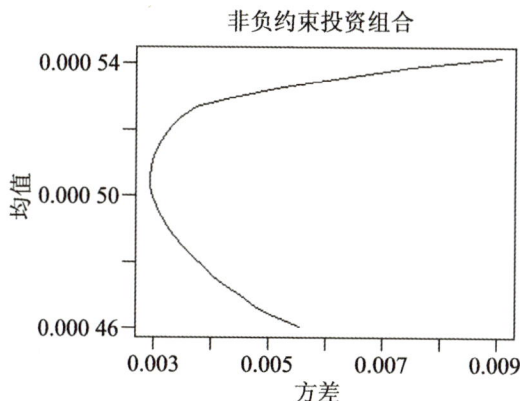

图 8-3 非负约束有效前沿

　　可见跟原来相比有一些不一样。另外，在数值优化过程中，边界点可能会出错，得不到数值解，因此，头尾两个最大最小值要进行剔除。

　　在这类数值优化问题中，我们加入的约束条件越多，得出的曲线就越不平滑。但这类限制条件可以避免过度拟合。比如对于股票阿尔法对冲策略而言，长期以来国内团队普遍采用买中小盘卖空大盘的策略，因为以前只有沪深 300指数期货，这是市场上市值最大的 300 值股票，指数计算也是按市值加权的，因此卖空沪深 300 股指期货本质上就是卖空大盘。而在 2012—2014 年，大盘持续震荡下行，维持熊市格局，但中小盘股票却上涨凶猛。因此只要简单的买入中小盘股票组合并卖空股指期货，就能获得不错的收益。但到了 2014 年 12 月，大盘股猛涨，这类策略就遭遇了较大的回撤。

　　为了避免回撤，一个方法是在投资组合优化中加入行业中性和市值中性等限制，比如大盘股和中小盘股的比例要相当，这样在 2012—2014 年或许会失去一些收益，但也可以在 2014 年年底避免较大的回撤。因此，对投资组合优化加入更多约束条件，本质上也类似于线性回归加入 lasso 等正则化条件，牺牲样本内的收益，来获取样本外更好的结果。事实上，所有预测问题最终都是优化问题，而这类带正则化条件的回归模型本质上就是约束优化模型。

　　下面回到均值 - 方案模型中。我们可以发现，对于同一个方差，会存在两个点，对应不同的均值，一般来说当然会选择取值更大的，因此，有效前沿只有上半部分是需要的。另外，有效前沿最左侧的点是最优的投资组合，均值和方差平衡得最好。

```
best <- which.min(cov_grid) ## 找出方差最小的解
   sol <- solve.QP(Dmat=as.matrix(s_cov),
                   dvec=rep(0,n),
                   Amat=t(rbind(as.numeric(s_m),rep(1,n),diag(n))),
                   bvec=c(m_grid[best],1,rep(0,n)),
                   meq=2) ## 求出最佳权重
   w.best <- sol$solution ## 最佳权重
   w.best
   total.qty <- 100 ## 默认100手
   weight <- floor(w.best*total.qty) ## 向下取整
   weight
[1] 19  6  8 15  7 42  0
   pnl <- as.matrix(data) %*% weight/sum(weight) ## 计算资金曲线
     plot(cumsum(pnl), type="l", ylab="pnl", main="optimal portfolio")
## 画出资金曲线
```

　　可以看出，预留 100 手，最大的分配了 42 手，最小的只有 0 手，可见差异还是非常大的。这也是前面说的，均值-方差模型会有极端化的倾向，给历史表现好的策略非常高的权重，而给历史表现不太好的策略权重很低甚至是零。

最优的投资组合曲线如图 8-4 所示。

最优投资组合

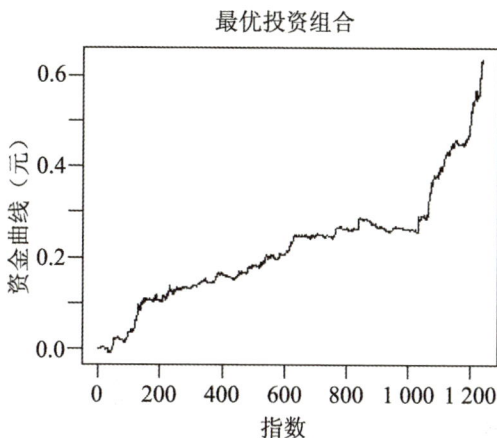

图 8-4　最优投资组合曲线

可以看出，这个资金曲线还是挺好的，特别是在后期屡创新高。中间有一部分平台期，那主要是由于螺纹钢价格低位震荡，趋势交易信号触发较少导致的。而且这 7 个策略也有部分是阈值很高不容易触发的，因此在低位窄幅震荡行情不会有交易。对于后面的时间段，行情波动加剧，交易次数变多，盈利也更为丰厚。

很多人会说，从资金管理的角度来看，是不是应该高波动的时候仓位低一些，低波动的时候仓位高一些，这样资金曲线更加平滑？这对股票配置型策略或许有一定道理，但是对期货趋势策略而言，却往往不是这样的。很多趋势追踪系统，一年下来只有两三个月有明显盈利，其余时间曲线都是呈现震荡态势，甚至持续亏钱。

这种情况下，往往更希望有高的盈亏比而不是胜率，因为策略性质决定了胜率不会很高。因此，在震荡低波动亏钱的时候，如果投入更多资金，则会使亏损更为严重；在高波动盈利行情，如果投入更少资金，则赚的也更少，这显然是不利于利润的积累。因此，商品趋势策略有着完全相反的逻辑，一般而言，在低波动时低仓位，在高波动时高仓位。多策略的配置可以自然而然地实现这个功能，比如高波动时期触发交易的策略数目更多，自然交易的仓位就更重。

8.1.4 一些主观调整

另外，我们有时也会进行一些约束，毕竟样本内容易过度拟合或过度优化。这类似于正则化的思想，不希望样本内表现太好。比如我们现在的 7 个策略，可能不希望单个策略的权重太大，不妨限制最大的权重不超过 25%，则有：

```
cov_grid=rep(NA,30) ## 投资组合的方差
    good <- rep(TRUE, length(m_grid)) ## 满足条件的模型
    for (i in 2:(length(m_grid)-1)) { ## 遍历所有期望收益
      w=get.weight(s_m, s_cov, m_grid[i]) ## 计算当前期望收益下的投资组合权重
      sol <- NULL
      try(sol <- solve.QP(Dmat=as.matrix(s_cov),
                      dvec=rep(0,n),
                        Amat=t(rbind(as.numeric(s_m),rep(1,n),diag(n),
-diag(n))),
                        bvec=c(m_grid[i],1,rep(0,n), rep(-0.25,n)), ##
加入不超过25%的限制
                      meq=2), silent=TRUE)
      if (is.null(sol)) next
      w <- sol$solution
      cov_grid[i]=sqrt(t(w) %*% s_cov %*% w) ## 计算单个投资组合的方差

}
    best <- which.min(cov_grid) ## 找到最优解
    sol <- solve.QP(Dmat=as.matrix(s_cov),
                    dvec=rep(0,n),
                      Amat=t(rbind(as.numeric(s_m),rep(1,n),diag(n),
-diag(n))),
                      bvec=c(m_grid[best],1,rep(0,n), rep(-0.25,n)), ##
加入不超过25%的限制
                      meq=2)

    w.best <- sol$solution ## 找到最优解
    w.best
    total.qty <- 100 ## 交易100手
    weight <- floor(w.best*total.qty) ## 最佳手数配比
    weight
[1] 24  8 12 16 10 25  2
    pnl <- as.matrix(data) %*% weight/sum(weight) ## 计算资金曲线
      plot(cumsum(pnl), type="l", ylab="pnl", main="optimal portfolio")
## 画出资金曲线
```

可见，加入约束后，最大权重的策略仓位有所下降，而之前是零的现在也变成了两手。另外，加入这个约束后，可能部分情况无解，因此加入了 try（…，silent=TRUE）的条件，因为即使无解也不至于出错。投资组合曲线如图 8-5 所示。

均值 - 方差模型就讨论到这里，这是单期的投资组合优化模型，是全局样

本内优化的结果，并不是动态调整的结果，因此曲线会比较好看，但现实交易中往往不会有这么好的效果。

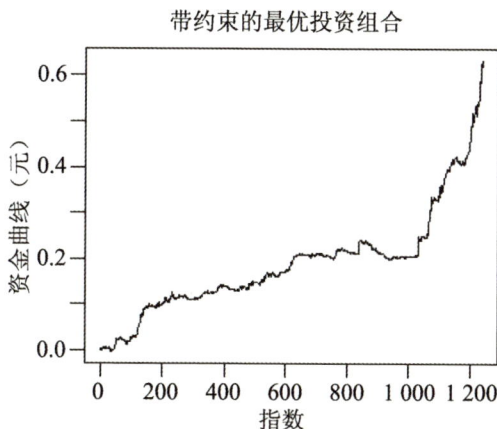

图 8-5　带约束的最佳投资组合

事实上，有很多自称为量化交易的公司或团队，他们在设计基础因子或模型的时候或许采用了比较量化的方法，比如收集数据回测策略等，但是在后期的投资组合优化和资产配置方面，往往会采取比较主观的方法。这时由于公司有不同的岗位划分，一般基层的岗位专业性都比较强，比如量化研究、量化开发，可能还会股票阿尔法量化、商品 CTA 量化等；但是到了较高的管理级岗位，往往专业性就没那么强。而决定资金分配的往往是管理岗位的人，他们很多并没有量化方面的背景，即使他们是量化出身，很多时候也由于杂事太多而无法认真用量化建模的方法去分析投资组合优化。

部分公司或许会把投资组合优化与风险管理放在一个部门，这么做的好处一方面是投资组合优化也使用了科学量化的方法，不是那种主观分配的方法，比较有章可循。但另一方面，一般风险控制部门的权限会小一些，奖金也往往不跟业绩挂钩，这或许会抑制相关人员的研究热情。事实上，optimization 的各类算法在数学上会比较复杂，如果涉及动态投资组合优化或许还会用到随机优化的知识，如果只拿普通的基本工资和较少的奖金，很多人并没有太大的动力去深入研究，特别是在部门领导对这些并不重视的情况下，也不能指望风险管理部门会在投资组合优化上有多大的建树。

一些美国的更量化一些的大基金机构，或许会采取一种更开放的态度，类似研究院的管理模式。比如公司已经有很多策略在运作，每个量化研究员并没有太具体的工作领域，从因子构造、预测模型，到投资组合优化、减少交易费用、风险管理等都可以研究，每个人每段时间找到自己最感兴趣的点进行研究，有了研究成果再跟其他人共享，如果觉得没问题的话，再想办法加入整个赚钱机器中，也为整个体系做出了一点小贡献。如果研究人员比较多，时间比较长，这些小贡献积少成多，也逐渐推动了整个体系的发展。就像学术界每个人都独立地发表论文，大家也阅读评审论文，如果可以产品化就会有公司寻求合作，逐渐推动学术和实业的共同发展。

但说实话无论是国内的私募也好，还是带有公家性质的资产管理部门也好，很多都是在夹缝中求生存，领导心里虽然也比较着急，但专业素养却非常一般，不可能有太长远的规划，很多时候日子一天一天的过去，但取得的进步并不大，很多工作也无法积累。这或许是中国量化跟美国量化的最大区别。

总之，投资组合优化是一门可以做得比较数学化的工作，但很多时候被人们忽视了。下面我们讨论一下其他一些投资组合的方法。

8.2　简单分配的情况

除了按照投资组合优化的模型，我们还可以使用其他一些简单的方法，毕竟投资组合优化也可能过度优化，研究表明，均值 - 方差模型经常会得出一些很奇怪的结果，比如给部分股票非常高的权重，以及绝大多数股票都是零仓位等。另外均值和协方差矩阵都是很难预测的，过去的结果并不代表未来，这些都限制了模型的威力。因此，我们可以简单考虑其他一些情况。

8.2.1　等手数

最简单的自然是等手数的情况。其实效果也是不错的：

```
weight <- rep(1,n)
    pnl <- as.matrix(data) %*% weight/sum(weight) ## 等手数的资金曲线
    plot(cumsum(pnl), type="l", ylab="pnl", main="equal weight")  ## 画
出等权重的资金曲线
```

只需要每个策略分配 1 手，然后就可以画出平均的等权重收益曲线，如图 8-6 所示。

等权重收益曲线

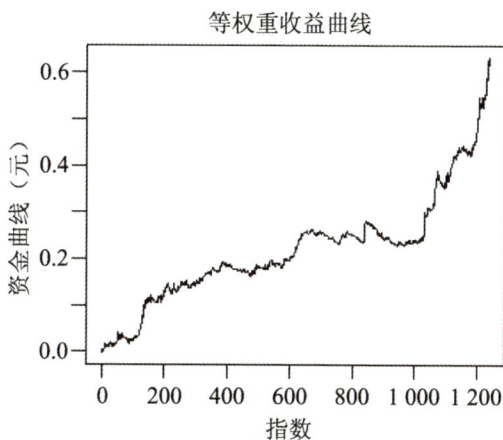

图 8-6　等权重收益曲线

从曲线的形状看，其实跟之前最优曲线的性状差不多，如图 8-7 所示。

投资组合对比

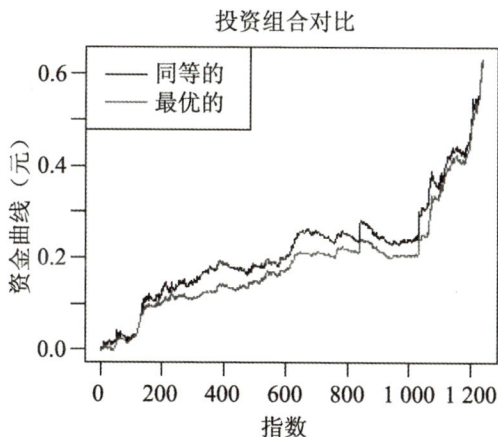

图 8-7　投资组合对比

因此，很多时候投资组合优化的结果跟普通的平均分配的结果差不多，而投资组合优化模型如果使用不当，很容易把权重集中到少数策略，如果这些策略样本外表现不好，那么对投资组合整体的损害会非常大。因此，除非在这方面自己已经炉火纯青，很多时候还不如直接等手数分配到各个策略管用。

均值－方差模型可以看作是全局优化最好的一个结果，实际中可以运用其他的更简单的、不需要调整参数的优化方法，然后跟均值－方差模型进行对比，如果差别不是很大，则可以放心使用；如果有很大的差别，则可能需要进一步调整。

等手数对于同一个品种是有意义的。虽然说各个策略交易频率不同、持仓时间不同、盈利能力不同，但这些更多是针对过去的行情而言，没有人知道未来的行情会是什么样子。或许过去的行情高波动占了大多数，低波动的时候不多，也可能波动一直增加等；但未来的情况可能会非常不一样，有可能行情连续很长时间都是处于低波动状态，比如 2016 年 11 月至 2017 年 7 月，这 8 个月时间行情都是低波动的。因此，等手数的意义在于忽略策略过去的表现，默认未来是随机的无法预测的，这样给每个策略都做同样的手数，可以避免过度拟合。

很多时候，在挑选策略时也不能仅仅看历史的资金曲线，还要考虑一下各个策略之间的相关性，毕竟策略的盈利能力未来跟过去可能会很不一样，但相关性却比较稳定，交易频率的相对关系也比较稳定。比如现在有一堆策略，有的是抓高波动的，有的是在低位震荡时期类似于做市商的；有的交易更频繁，有的交易次数较少；有的持仓时间长，有的持仓时间短等。另外，每个策略赚钱的时间段可能都不一样。因此，在挑选策略的时候未必需要完全自动化的方法，也不需要定很多死板的规则去挑选。一个好的方法是先给出一些宽泛的条件，筛选出一批策略，然后在各个类似的策略中各挑 1 个，最后每个策略给出一样的手数，这么做出来的效果，也未必会比复杂的投资组合优化模型做出来的差，而且人工的参与还可以避免选出一些极端的策略。

比如，著名的一篇 ppt "The 7 Reasons Most Machine Learning Funds Fail" 里面也提到，很多时候需要主观与客观相结合的方法来研究，先用一些较宽松的规则挑选出部分策略，保证好的策略基本没有遗漏，然后通过人工主观判断剔除表现差的策略。这里对于等手数的策略我们也是这么做的。

但对于不同品种来说，等手数的意义就比较小了，毕竟每个品种的设计都很不一样，这个 1 手与那个 1 手是完全不一样的概念。等资金至少还有一定的道理，比如很容易看出哪个品种的收益更高，为未来调整做准备。从动态资金管理的角度来看，每隔一段时间重新分配资金，可以把盈利更多的品种补充给盈利较少的品种，各品种爆发大趋势的时间点都不一样，可以在某个品种大趋势赚钱后把钱给其他品种，这样其他品种爆发大趋势的时候也有更多资金用来交易，整体而言长期效果会更好一些。

8.2.2　等资金

如果是单一品种多个策略，其实等资金和等手数是一样的。但如果是多个品种的投资组合二者就不一样了。一种投资组合的方法是不同品种分配相同的资金，然后品种内部再进行分配。

当然，有些读者可能会有疑问，毕竟不同品种的波动不同，活跃程度不同，合约价值不同，简单的等资金到底有没有意义？事实上也确实如此。如果等资金的话，那么策略整体的容量由组合里面容量最小的品种所决定，因此这样的策略组合很难扩大交易的容量。比如一些农产品之类的品种，市场持仓量和成交量都很低，每个人能交易的手数就会很少，量太大的话可能会带来比较大的市场冲击，这种情况下，该品种的交易资金就被限制。而由于策略分配资金是按照品种等资金分配的，所以整个策略组合的总容量就会受到限制。

然而，如果是对于少量资金，不涉及容量问题的，等资金还是有一定道理的。因为总体而言，资金分散到的品种越多风险越低，这比把资金集中在一个品种但使用不同的策略好。这时候，如果活跃品种使用了过多资金，那么其他品种就没有多少资金了，此时等资金配比则基本可以保证每个品种都有资金。

另外，对于部分品种合约价值大的问题，比如黄金和铜的合约价值都很大，有时候资金太少甚至不足以交易1手。因此，如果资金总量不是很大的话，可以放弃交易合约价值太大的品种，集中交易合约价值小的品种。

我们可以考察一下。例如，我们参考前文所讲的8个品种，并先计算出它们的合约价值：

```
chosen.product <- c("rb", "hc", "ru", "cu", "zn", "bu", "ag", "au") ##
备选品种
price.list <- c(3695, 3978, 13495, 31580, 26070, 2428, 3874, 278.90) ##
各品种价格
n.product <- length(chosen.product) ## 品种数量
contract.value <- rep(0,n.product) ## 合约值
for (i in 1:n.product)  ## 遍历所有品种
    contract.value[i] <- price.list[i]*product.info[[chosen.
product[i]]]$multiplier ## 计算合约值
```

权重就是按照合约价值来确定，比如固定每个品种1百万元，然后看每个品种分别能做几手。

```
capital <- 1e6 ## 各品种资金100万
weight <- round(capital/contract.value) ## 计算各品种手数
weight
[1] 27 25  7  6  8 41 17  4
```

不同的期货品种上市时间不同，但一经上市，就不会有停牌一说，都是每个交易日进行交易的，因此，我们只需要考虑最晚上市的品种，然后从那时候开始到现在，就是交易的全部日期。

```
total.days <- 2000 ## 总的日子
for (product in chosen.product) { ## 遍历所有品种
  load(file=paste("d:/liwei/filtered opt/",product,".new.RData",sep=""))
  end.day <- which(data.time=="15:00:00")
  if (length(end.day)<total.days) total.days <- length(end.day)
}
total.days ##总的日子
[1] 574
```

另外，由于每个品种的策略数目较多，我们在这里只从中挑选一个表现最好的。至于表现最好的标准是什么，这里使用“最近回撤”这个指标，即最近表现最好的策略。因为行情都有一定的聚类特征，如果是使用夏普比等传统指标，很可能找到一些历史表现好但最近不好的策略，这种策略拿来实盘的话可能不会有好的表现。

我们把每个品种的资金曲线保存到一个统一的矩阵 all.pnl 中，然后再计算加权的资金曲线。

```
all.pnl <- matrix(0, nrow=total.days, ncol=n.product)  ## 全部的资金曲线
colnames(all.pnl) <- chosen.product ## 给矩阵命名
all.pnl <- as.data.frame(all.pnl)
for (product in chosen.product) { ## 遍历全部品种
  load(file=paste("d:/liwei/filtered opt/",product,".new.RData",sep=""))
## 调出品种回测数据
  recent.drawdown <- apply(mm.pnl.mat,2,function(x)1-clean(tail(x,1)/
max(x))) ## 计算最近回撤
  thre.mat$recent.drawdown <- recent.drawdown[thre.mat$contract]
  chosen <- thre.mat$contract[which.min(thre.mat$recent.drawdown)]
  end.day <- which(data.time=="15:00:00")
  pnl <- mm.pnl.mat[end.day,chosen]
  pnl <- tail(pnl, total.days)
  pnl <- pnl-pnl[1]
  all.pnl[,product] <- pnl*product.info[[product]]$multiplier ## 乘以合
约乘数
}
portfolio <- as.matrix(all.pnl) %*% weight ## 资金曲线乘以手数
plot(portfolio, type="l") ## 画出投资组合曲线
```

得到的投资组合资金曲线如图 8-8 所示。

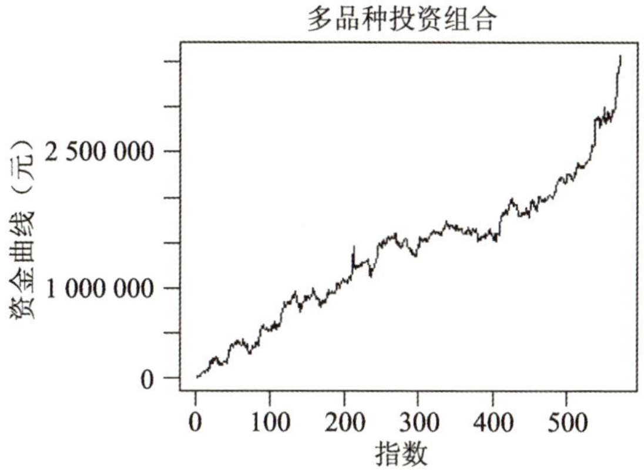

多品种投资组合

图 8-8 各品种等资金加权曲线

可以看到，即使是等资金的曲线，也可以非常好看。因此，很多时候投资组合优化并不需要太复杂的模型。我们可以对比用投资组合优化模型的结果。下面是这个策略的一些绩效统计，如表 8-1 所示。

表 8-1 等资金投资组合统计结果

总长度	夏普比	总盈利（元）	胜率	盈亏比	最大回撤（元）	累计收益／最大回撤
574	3.87	3 579 993	56.72%	1.24	341 275	10.49

可见总体绩效是不错的，夏普比有 3.87 倍，而且累计收益／最大回撤超过了 10 倍，胜率也高到 56.72%，但由于这是单期投资组合优化，相当于样本内的结果，因此会比较好一些，也难免有过度优化的可能。

为了避免过度优化，我们对每个品种仓位的上限和下限做了限制，比如下限为 2%，上限为 15%，然后再使用均值－方差模型进行求解。

```
data <- rbind(all.pnl[1,], diffM(all.pnl)) ## 每天的收益
s_m = colMeans(data) ## 收益的均值
s_cov = cov(data) ## 收益的方差
m_grid = seq(min(s_m), max(s_m), length = 30) ## 目标收益取值网格
cov_grid=rep(NA,30) ## 协方差数据网格
good <- rep(TRUE, length(m_grid))
n <- ncol(data)
upper.bound <- 0.15 ## 比例上限
lower.bound <- 0.02 ## 比例下限
for (i in 2:(length(m_grid)-1)) {
  sol <- NULL
  try(sol <- solve.QP(Dmat=as.matrix(s_cov),
                 dvec=rep(0,n),
                      Amat=t(rbind(as.numeric(s_m),rep(1,n),diag(n),
diag(n), -diag(n))),
```

```
                        bvec=c(m_grid[i],1,rep(0,n), rep(lower.bound,n),
rep(-upper.bound,n)),
                        meq=2),silent = TRUE)
  if (is.null(sol)) next
  w <- sol$solution
  cov_grid[i]=sqrt(t(w) %*% s_cov %*% w)
}
plot(cov_grid[2:(length(m_grid)-1)], m_grid[2:(length(m_grid)-1)],
type="l",
      xlab="covariance", ylab="mean") ## 画出有效前沿
points(cov_grid[good], m_grid[good], col=2, type="l")
best <- which.min(cov_grid)
best
[1] 5
```

这种带约束的投资组合优化有效前沿如图 8-9 所示。

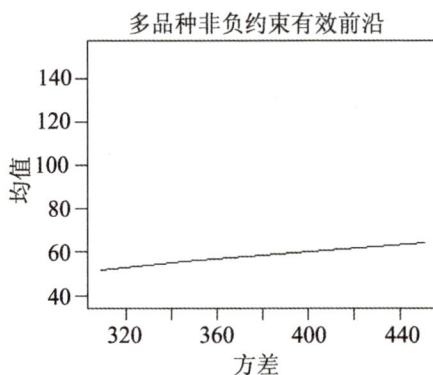

图 8-9　多品种有效前沿

可见，加入了诸多限制后，有效前沿的形状被大幅限制，只剩下一边，并且类似于直线而不是曲线。最优解是第 5 个，我们来看看各个品种的权重：

```
sol <- solve.QP(Dmat=as.matrix(s_cov),
                    dvec=rep(0,n),
                        Amat=t(rbind(as.numeric(s_m),rep(1,n),diag(n),
diag(n), -diag(n))),
                    bvec=c(m_grid[best],1,rep(0,n), rep(lower.bound,n),
rep(-upper.bound,n)),
                    meq=2)

w.best <- sol$solution
w.best
[1] 0.15000000 0.15000000 0.15000000 0.05222534 0.15000000 0.15000000
0.13613205 0.06164261
```

多个品种用到了上限的仓位，可见这个约束条件很大程度上限制了策略的发挥。会使之更接近于等资金的策略。我们看看它计算出来的手数：

```
multiplier <- rep(0,n.product)
for (i in 1:n.product)
  multiplier[i] <- product.info[[chosen.product[i]]]$multiplier
mv.weight <-round(w.best*capital/contract.value*n.product)
mv.weight
[1] 32 30  9  3  9 49 19  2
```

然后我们对比一下等金额和投资组合优化的结果：

```
portfolio.mv <- as.matrix(all.pnl) %*% mv.weight ##  最佳投资组合
plot(portfolio.mv, type="l")  ## 画出最佳投资组合曲线
points(portfolio, type="l", col=2)
legend("topleft", legend=c("mean-variacne","equal capital"), lty=1,
col=1:2)
```

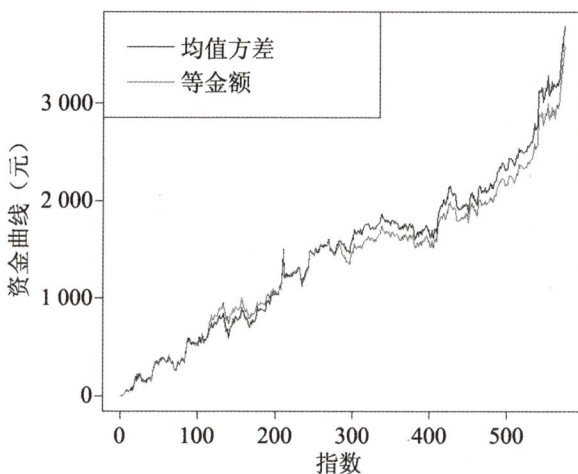

图 8-10　均值方差与等金额对比

可见，加了很多约束条件之后的均值‐方差模型，结果与等金额对比是差不多的。它的绩效统计结果如表 8-2 所示。

表 8-2　约束条件下的投资绩效统计

总长度	夏普比	总盈利（元）	胜率	盈亏比	最大回撤（元）	收益／最大回撤
574	3.79	3 783 769	57.94%	1.19	364 553	10.38

可见，结果跟之前等资金是差不多的。在现实中，如果直接用均值‐方差模型，样本内可以得到很好的结果，但未必能泛化到样本外。如果用带了很多约束条件的均值‐方差模型，减小了对样本内的拟合，其结果跟等资金差不多。因此，很多时候，为了避免复杂化，会直接使用等资金的策略。

8.2.3　其他的一些扩展

这里简单介绍一些均值 - 方差模型的扩展，不做详细展开，有兴趣的读者可以参考相关书籍。

对于均值 - 方差模型来说，均值和协方差矩阵，如果直接用历史数据拟合，很可能会过度拟合，因此人们会用一些新的方法来解决这个问题。比如一种方法是贝叶斯统计，给均值和方差一个先验概率分布，这样就缩小了估计的范围，使估计值更加准确。另一种方法是使用一些收缩算法，或者 plug-in 算法，来对协方差矩阵进行估计，比如结合主成分分析，用最大的几个主成分来构造协方差矩阵，来避免过度拟合。

对于主成分分析（principal component analysis），最大的几个特征值和特征向量体现了矩阵的最主要性质，一般比较稳定；而较小的特征值和特征向量只是体现了一些细枝末节，往往会没那么稳定，因此，用最大的特征值和特征向量重构协方差矩阵一定程度上可以避免过度拟合。详细的介绍可以参考"Statistical Models and Methods for Financial Markets"一书的第三、四章，作者是斯坦福统计系教授，原斯坦福金融数学硕士项目主任，美国统计学总统奖 COPPS 得主黎子良。

另外，还有一种是 Black-Litterman 模型，它是 Fisher Black 和 Bob Litterman 在高盛工作时研究出来的。高盛资产管理公司旗下的 Quantitative Investment Strategies 部门出了一本量化投资方面的书，堪称这个领域的经典，叫作"Modern Investment Management： An Equilibrium Approach"，里面从第 78 页开始有详细的介绍。这本书可能对数学和计量经济学都要求有一定的基础，属于传统的数理模型，没有使用复杂的机器学习模型。

另外，R 里面也有一个 robust 包，里面的 covRov 命令可以得到更好一些的协方差矩阵的估计，因此不必自己开发。

8.3　本章小结

本章讨论了一些基础的投资组合优化模型，比如马科维茨均值 - 方差模型，并且加入了一些约束项，然后对优化模型与普通等手数、等资金进行了对比，其实差别也不是很大。因此在实际交易中，很多公司并不采用投资组合优化模型，而是更多凭借主观经验来进行调整。当然，越是高频的策略调整，调整会越频繁，一般高频和日内趋势策略每天都会进行参数的优化和策略的筛选，这就是所谓的动态投资组合或滚动优化。下一章我们将介绍更复杂的投资组合优化模型，会包含这部分内容。

第九章

↓

投资组合优化深入研究

　　上一章介绍了一些基础的投资组合优化模型，而且都是单期的投资组合优化模型。也就是没有划分样本内和样本外，也没有滚动优化。本章介绍一些新的投资组合优化模型，如风险平价模型，另外还有基于增强学习的动态投资组合优化模型等。此外，也可以定期按月、按合约到期来调整仓位。

9.1　风险平价策略

传统的均值－方差模型需要对未来收益的均值进行估计，事实上这是比较困难的。一般人们会用历史的收益来估计未来的收益，但这么做一般不会很准确，因为很多金融理论认为未来收益跟过去的收益是独立的。虽然一些更新的理论会认为收益具有长时间记忆性，但是即便如此，估计收益也是困难的。因此有必要提出新的模型。

9.1.1　风险平价简介

风险平价（Risk Parity）模型认为风险类似的品种或策略有着相似的收益，因此不必预测各个成分的未来收益，只需要估计它们的协方差矩阵即可。风险平价模型的本质在于衡量各个资产对整体风险的贡献，包括自身的风险以及跟其他资产交叉作用带来的风险，然后优化的目标是最小化各类资产的风险差异，比如风险小的债券赋予更高的权重，风险高的股票赋予更低的权重，从而使投资组合内部各个风险资产的风险度差不多。

风险平价理论的假设是认为市场已经比较有效了，风险度差不多的资产收益也差不多，因此很难说出哪个资产的收益风险比更高，也很难给这类资产更高的权重。但是，风险平价理论认为，各类资产之间的协方差是比较固定的，估计出来的协方差值在未来也会比较一致，因此更多的是对风险进行配置，风险高的资产给予低一些的权重，风险低的资产给予高一些的权重。

比如股票和债券这两类资产，传统的方法是给股票 60% 的权重，给债券40% 的权重。一般而言，股票收益更高风险更大，且整体收益风险比更高，因此会给股票更高的权重。但这样的策略在股市大跌的时候表现会很差，因为给了股票过高的权重，债券的收益无法弥补股市的亏损。因此，虽然股票在牛市的时候表现不错，但熊市的时候表现太差，投资组合整体波动比较高。

如果是按照风险平价模型，股票给 25% 的权重，债券给 75% 的权重，这样波动更高的股票权重低，波动更低的债券反而权重高。在牛市的时候，股票获得的总收益也不会很高；在熊市的时候，股票带来的亏损也不会很多，因此整体上是比较平衡的。这类策略又称为"全天候策略"，即在不同行情下都能保持比较稳定的收益。

假设 $x=(x_1, x_2 \cdots, x_n)'$ 为 n 个资产的权重，σ_i 为各个资产的标准差，σ_{ij} 为资产 i 和资产 j 之间的协方差，S 是协方差矩阵，则资产的总体标准差可以表示为：

$$\sigma(x)=\sqrt{x'Sx}=\sqrt{\sum_i x_i^2 \sigma_i^2 + \sum_i \sum_{j\neq 1} x_j \sigma_{ij}} \, ,$$

另外我们可以定义各个资产对总资产的边际风险贡献 MRC（Marginal Risk Contributions），其中第 i 个资产的 MRC 可以记为 MRC_i，不妨定义为 $\partial_{x_i} \sigma(x)$，则有：

$$MRC_i = \partial_{x_i} \sigma(x) = \frac{\partial \sigma(x)}{\partial_{x_i}} = \frac{x_i \sigma_i^2 + \sum_{j\neq i} x_j \sigma_{ij}}{\sigma(x)},$$

这表示单位资产的变化对组合整体协方差的影响。

如果资产的权重从零增加到 x_i，那么第 i 个资产的总体风险贡献 TRC（Total Risk Contributions）可以定义成该权重与边际风险贡献的乘积，即

$$TRC_i = \sigma_i(x) = x_i MRC_i = \frac{x_i^2 \sigma_i^2 + \sum_{j\neq i} x_j \sigma_{ij}}{\sigma(x)} \, ,$$

事实上，经过推导，我们可以得出：整个投资组合的风险，实际上是各个资产的风险总和，即可以得到：

$$\sum_i TRC_i = \sum_i \frac{x_i^2 \sigma_i^2 + \sum_{j\neq i} x_j \sigma_{ij}}{\sigma(x)} = \sigma(x),$$

因此，之前对边际风险贡献和总体风险贡献的定义是有意义的。这样的线性分解，方便我们处理各风险资产之间的协方差，毕竟我们已经把相关关系加了进来，最后的线性相加不涉及乘积的关系，方便处理。

另外，我们希望把风险平价模型整理成一个优化模型，就像均值 - 方差模型那样。在这里，需要优化的是各个资产之间的风险度，我们希望各个资产的总体风险贡献差异最小化，因此我们可以定义目标函数为：

$$f(x) = \sum_i \sum_{j\neq 1} = (TRC_i - TRC_j)^2 .$$

约束条件为：

$$\begin{cases} 0 \leqslant x \leqslant 1 \\ \sum_i x_i = 1 \end{cases}$$

其实在 R 语言中也不难求解。在知乎专栏中有风险平价模型的 R 代码，但是其对非负约束的处理存在一定问题，因此我重新用优化函数里面自带的选项进行了处理：

```
RiskParity <- function(Sub, short=FALSE) { ## 风险平价模型
  m = ncol(Sub) ## 策略数目
  Cov = matrix(cov(Sub, use = "na.or.complete"), m, m) ## 协方差矩阵
  TotalTRC = function(x, use.short=short) { ## 计算各品种对协方差的贡献
    if (!use.short) { ## 不允许做空的处理
      if (sum(x)>1 || sum(x<0)>0) return (10^12)
    })
    x = matrix(c(x, 1-sum(x))) ## 各品种权重
    TRC = as.vector((Cov %*% x) * x) ## 各品种贡献度
    sum(outer(TRC, TRC, "-")^2) ## 各品种贡献度差异之和
  }
  sol = optim(par = rep(1/m,m-1), TotalTRC) ## 求解优化模型
  w = c(sol$par, 1-sum(sol$par)) ## 各品种权重。
  return(w)
}
```

这里使用的是 optim 这个优化函数，在优化过程中，需要给出初始值，这里的初始值默认各个品种等比例，另外给一个品种一定的自由度，这是为了优化计算，如果一开始就设置全部权重等比例，优化函数似乎就得不到靠谱的解。

这类数值优化问题有时候是比较神奇的，毕竟这些函数都已经封装好了，只能直接调用。而且风险平价问题的目标函数比较复杂，不是普通的二次规划问题，如果想用一些厉害的数值优化解法，需要给出目标函数对各个变量的导数，这是比较难计算的。另外，优化的条件包括了等式（权重之和为 1）和不等式（各个权重大于 0），因此是属于比较复杂的优化问题，只能较为近似地求解。当然，严格来说权重之和是小于等于 1 的，因此，约束条件都是不等式，但这丝毫没有减少求解的难度。

一般来说，过于通用的优化算法并不存在，特别是对这种目标函数比较奇特和复杂的问题来说，目前这种解法基本算比较靠谱。

9.1.2　风险平价举例

现在就用第八章的 8 个品种的数据来测试一下风险平价策略，直接使用不允许负数的情况：

```
w.parity <- RiskParity(Sub,FALSE)
```

```
w.parity
[1] 0.18426632 0.16338415 0.14353022 0.04498637 0.16620539 0.16364004
0.09674564 0.03724188
```

可以看到没有负数的权重了。

我们可以看看它的各个品种的风险贡献度：

```
> Cov <- cov(data)  ## 各个品种协方差矩阵
> Cov%*% w.parity^2 ## 各个品种风险贡献
        [,1]
rb  8892.737
hc  9116.452
ru  9201.539
cu  9117.859
zn  9453.542
bu  8004.097
ag 11101.847
au 14643.231
```

可以看出，各个品种的风险贡献值都是差不多的，只是黄金、白银稍微高一些。我们可以看看如果一共 800 万元，那么每个品种应该配多少手：

```
> parity.weight <-round(w.parity*capital/contract.value*n.product)
> parity.weight
[1] 40 33  9  2 10 54 13  1
```

可见，黄金只能配 1 手，毕竟合约价值巨大，其余都可以配比较多的手数。下面看看它的投资组合资金曲线，以及跟之前模型的对比：

```
parity.mv <- as.matrix(all.pnl) %*% parity.weight ## 风险平价策略投资组合
plot(parity.mv, type="l", col=3)
points(portfolio.mv, type="l")
points(portfolio, type="l", col=2)
legend("topleft", legend=c("mean-variance","equal capital","risk
parity"), lty=1, col=1:3)
```

得到的对比图如图 9-1 所示。

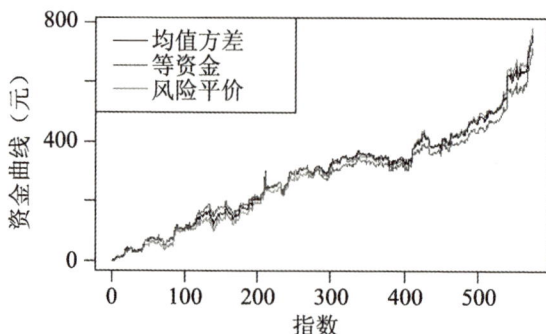

图 9-1   各个模型投资组合曲线对比

可以看出，各个模型得出的投资组合曲线是差不多的，其中风险平价模型和均值－方差模型得出的曲线更为接近。

另外，其实 R 里面也有相关的包来计算风险平价模型，比如 FinCovRegularization 这个包，我们可以来看看它的计算结果：

```
library(FinCovRegularization)
FinCovRegularization::RiskParity(Cov)
   rb     hc     ru     cu     zn     bu     ag     au
0.1877 0.1588 0.1343 0.0427 0.1645 0.1842 0.0910 0.0367
```

事实上跟我们自己计算的也差不多。我们可以看看它的具体代码：

```
> FinCovRegularization::RiskParity
function (cov.mat)
{
    RiskParity_Min <- function(w, cov.mat) {
        w <- c(w, 1 - sum(w))
        len <- length(w)
        w.mat <- matrix(rep(w,time=len), nrow=len, byrow = TRUE)
        diag.mat <- diag(w)
        res <- 2 * len * as.vector(t(diag(w.mat %*% cov.mat %*%
            diag.mat)) %*% diag(w.mat %*% cov.mat %*% diag.mat)) -
            2 * (sum(diag(w.mat %*% cov.mat %*% diag.mat)))^2
        return(res)
    }
    ncol <- ncol(cov.mat)
    weights <- optim(par = rep(0, ncol-1), fn = RiskParity_Min,
        cov.mat = cov.mat)$par
    weights <- c(weights, 1 - sum(weights))
    names(weights) <- colnames(cov.mat)
    return(round(weights, 4))
}
<environment: namespace:FinCovRegularization>
```

它们也是用 optim 这个函数，也是预留一个权重不给初始值，但它们的目标函数跟我们的不太一样，并且它们的初始值全部为 0，而我们是从均值开始。总之，优化算法可以有很多种选择，大家觉得方便的话可以直接用这个包。

对于这类单期优化的模型，我们讨论了均值－方差、等手数、等资金、风险平价，其实得到的曲线大同小异。下面我们来看看动态投资组合优化的问题。

9.2　动态投资组合优化

在实际交易过程中，不大可能说选好一些策略之后三五年都放着它在一直交易而不去调整，一般情况都会不断地改进和调整策略。因此，之前的方法，无论是划分样本内和样本外的预测模型，还是整体优化的投资组合优化模型，在实际交易中，都不大可能这么做。实际交易基本上都是不断滚动向前的。这里就来探讨动态投资组合优化的问题。

9.2.1　固定策略动态调参

最简单的是先固定好策略然后动态调整参数。我们可以以螺纹钢为例，选取我们最常用的模型，来进行动态调整。以下是模型准备部分：

```
product <- "rb" ## 品种是螺纹钢
load(file=paste("d:/liwei/filtered opt/",product,".new.RData",sep=""))
## 调出优化结果
load(file=paste("d:/liwei/rolling lasso/",product,".final.rolling.
model.RData",sep="")) ## 调出模型
all.contracts <- get.dates(product) ## 所有合约
n.contracts <- length(all.contracts) ## 合约数目
chosen <- 4 ## 模型编号
final.model <- list() ## 模型内容
final.model$final.signal <- final.rolling.model[[chosen]]$signals ## 模
型因子
final.model$coef <- final.rolling.model[[chosen]]$coef ## 模型系数
y.str <- final.rolling.model[[chosen]]$y.str ## 模型因变量
regression.list <- list() ## 各个合约使用的模型
for (k in 1:n.contracts) regression.list[[k]] <- final.model ## 统一用一种
```

我们可以定义一些买卖阈值，然后进行全局的优化，结果如表 9-1 所示。

表 9-1　单策略各阈值统计

阈　　值	夏普比	盈　亏(元)	胜　率	盈亏比	次　　数	最大回撤(元)	收益 / 回撤
0.001	-0.38	-550.68	0.37	1.68	863	1 823.59	-0.30
0.001 2	0.29	439.44	0.38	1.69	656	1 657.58	0.27
0.001 4	0.66	993.37	0.40	1.64	510	1 372.77	0.72
0.001 6	0.13	201.55	0.37	1.71	401	1 610.44	0.13
0.001 8	0.50	732.33	0.41	1.56	305	1 252.67	0.58
0.002	1.26	1 918.75	0.44	1.63	236	1 267.51	1.51
0.002 2	1.51	2 277.50	0.44	1.73	188	1 180.29	1.93
0.002 4	0.99	1 481.95	0.41	1.76	164	854.16	1.73
0.002 6	0.66	1 010.80	0.40	1.80	129	1 111.36	0.91
0.002 8	0.47	686.67	0.41	1.63	110	1 242.58	0.55
0.003	0.78	1 124.39	0.45	1.54	89	852.85	1.32

续表

阈　值	夏普比	盈　亏(元)	胜　率	盈亏比	次　数	最大回撤(元)	收益/回撤
0.003 2	1.19	1 640.03	0.48	1.64	67	835.66	1.96
0.003 4	0.70	886.91	0.48	1.37	58	839.45	1.06
0.003 6	0.92	1 149.89	0.48	1.55	50	759.63	1.51
0.003 8	0.20	269.04	0.43	1.44	44	1 007.66	0.27
0.004	-0.50	-691.14	0.45	0.96	42	1 270.77	-0.54

可以看出策略表现千差万别，但这只是全局优化的结果，我们可以看看滚动优化的效果如何。比如按每个合约进行滚动，我们预留前 3 个合约不参与滚动，从第 4 个合约开始，一直到第 15 个合约，结果有：

```
all.pnl <- c() ## 所有盈亏
all.date <- c() ## 所有日期
all.time <- c() ## 所有时间
for (cur in 4:n.contracts) { ## 从第4个合约开始处理
  train <- get.linear.5m.test(product, all.contracts[1:(cur-1)],regression.
list,y.str,thre.matrix,real=FALSE) ## 训练集是1-(cur-1)的合约
  train$thre$recent.drawdown <- apply(train$mm.pnl.mat, 2, function(x)
(max(x)-tail(x,1))/max(x))
## 计算最近回撤
  train$thre$avg.num <- train$thre$num/(cur-1)  ## 平均交易数
  rule.chosen <- which(with(train$thre, sharp>1&avg.num>6&avg.
profit>8)) ## 选择规则
  if (length(rule.chosen)==0) { ## 如果一个策略都没有选到
    test <- get.linear.5m.test(product, all.contracts[cur],regression.
list,y.str,thre.matrix[1,],real=FALSE)
    test.pnl <- rep(0, length(test$mm.pnl.mat))
  } else { ## 如果有策略选到
    test <- get.linear.5m.test(product,all.contracts[cur],regression.
list,y.str,thre.matrix[rule.chosen,],real=FALSE)
    if (length(rule.chosen)>1) { ## 如果多于一个策略
      test.pnl <- rowSums(test$mm.pnl.mat)/length(rule.chosen) ## 平均每
个策略盈亏
    } else {
      test.pnl <- test$mm.pnl.mat ## 只有一个策略
    }
  }
  all.pnl <- c(all.pnl, test.pnl[1], diff(test.pnl)) ## 加入最新的盈亏
  all.date <- c(all.date, test$date) ## 加入最新的日期
  all.time <- c(all.time, test$time) ## 加入最新的时间
  cat(cur, rule.chosen,"\n")
}
plot(get.date.time(all.date,all.time),cumsum(all.pnl),type="l",
ylab="pnl", main="rolling",
    xlab="date") ## 画出资金曲线
```

这就是滚动的全部过程。本质上是按合约来滚动，每次用前面的所有合约来做训练，挑出可以交易的策略进行交易，也有可能没有策略可以满足条件，

则不交易，我们来看看滚动的效果，如图 9-2 所示。

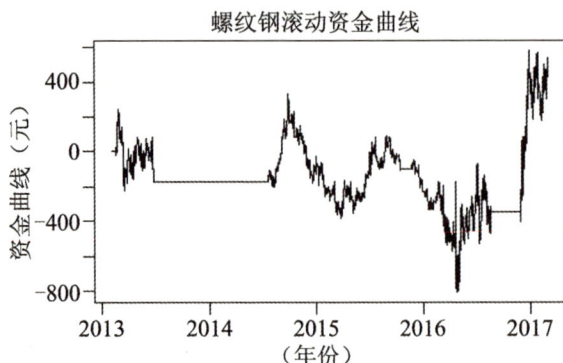

图 9-2　滚动优化资金曲线

我们知道最优的模型是第 7 个，现在可以对比一下最优模型跟滚动优化资金曲线，看看滚动优化的结果与全部优化的结果对比如何，如图 9-3 所示。

图 9-3　对比滚动资金与全局最优

可以看到，上面那条浅色线是最优模型长期以来的曲线，深色线则是滚动的效果曲线，从 2014 年下半年开始两条线基本一致，但是在深色线有一些横线的地方浅色线都获得了一定的收益，因此整体而言浅色线在深色线之上。

理论上说，全局最优的单个策略，未必就会比滚动最优厉害，如最极端的情况，每次滚动恰好选择了那时候最优的策略，这样所有局部最优加总起来，可能比单个全局最优的策略好。但事实上还是挺难做到的。

我们在选择策略的时候，一般都是考察策略的历史表现。如果一个策略历史表现很好，但未来表现很差，或者历史表现很差，但未来表现很好，这样的策略我们都很难选择到。另外，调整策略的频率也很重要，到底是按月份调整好，还是按季度调整好，这些所造成的影响都会很大。如果调仓过于频繁，那么交易费用会很高；如果调仓过于缓慢，很可能已经回撤很大了才去调整，这样或许就来不及了。我们现在是按合约来调仓，相当于 4 个月调整一次，算是比较低频率的了。

因此，为了得到更好的结果，我们有必要进行更频繁地调整。下面，我们不再考虑一次性得出一个宽泛的挑选规则，而是一步一步地跟随着时间的发展，逐步研究出挑选策略的方法，模拟实际运行来得出一个完全样本外的结果。

9.2.2　更频繁地调整

我们来看前 3 个合约训练出来的结果，如表 9-2 所示。

表 9-2　前 3 个合约训练结果

阈　值	夏普比	盈　亏(元)	胜　率	盈亏比	次　数	最大回撤(元)	收益 / 回撤
0.001	−0.547 0	−707.41	0.365 94	1.636 58	787	1 789.7	−0.395 26
0.001 2	−0.053 9	−72.535	0.377 55	1.637 74	588	1 621.7	−0.044 73
0.001 4	0.033 12	45.039 9	0.395 19	1.537 48	458	1 220.0	0.036 916
0.001 6	−0.352 5	−482.33	0.356 94	1.705 42	353	1 610.4	−0.299 5
0.001 8	0.063 38	85.484 6	0.403 04	1.497 57	263	1 252.6	0.068 242
0.002	0.787 62	1070.20	0.443 35	1.466 68	203	1 267.5	0.844 338
0.002 2	1.020 90	1394.28	0.427 67	1.686 05	159	1 180.2	1.181 303
0.002 4	0.888 88	1204.03	0.419 11	1.726 26	136	854.16	1.409 604
0.002 6	0.749 16	1 040.86	0.405 94	1.803 92	101	1 111.3	0.936 573
0.002 8	1.071 16	1 396.11	0.445 78	1.714 21	83	1 242.5	1.123 562
0.003	1.457 89	1 854.91	0.485 29	1.759 19	68	730.85	2.538 001
0.003 2	1.553 99	1 822.02	0.5	1.852 85	50	588.03	3.098 519
0.003 4	0.692 83	770.965	0.489 36	1.369 99	47	839.44	0.918 422
0.003 6	1.050 48	1 179.92	0.487 17	1.695 82	39	759.63	1.553 29
0.003 8	0.254 15	317.088	0.454 54	1.374 92	33	1 007.6	0.314 679
0.004	−0.202 6	−259.03	0.451 61	1.082 50	31	1 015.9	−0.254 97

  从夏普比的角度来看，最优的模型是阈值为 0.003、0.0032、0.0036 等模型，这些模型阈值比较高，但实际上这些模型很多在后面的行情中表现并不好；对于阈值为 0.002、0.0022 等模型，现在看起来表现并不十分好，但未来表现却不错，这正是滚动筛选与回看筛选一个很大的区别。回看筛选肯定优先选择 0.002、0.0022 的模型，自动剔除了后面高阈值的模型，但滚动筛选却有可能选择后面高阈值的模型。因此，把握好筛选的规则是非常重要的。

  首先，我们不妨按日来滚动，先统计好每天的 K 线数目，以及每天结束的划分点：

```
contract.len <- rep(0, n.contracts) ## 每个合约的K线数目
contract.day <- rep(0, n.contracts) ## 每个合约的天数
for (i in 1:n.contracts) { ## 遍历所有合约
  load(all.contracts[i]) ## 调用合约
  contract.len[i] <- sum(data$continuous) ## 合约K线数目
  contract.day[i] <- sum(data$continuous & data$time=="15:00:00") ## 合
约天数
}
contract.cum <- cumsum(contract.len) ## 累加K线数目
contract.day.count <- cumsum(contract.day) ## 累加天数
end.day <- which(pp$time=="15:00:00") ## 每天的结束位置
n.days <- length(end.day) ## 总天数
n.bar <- nrow(pp$mm.pnl.mat) ## 总K线束
n.strat <- ncol(pp$mm.pnl.mat) ## 总策略数
```

  然后就可以对滚动做准备了，我们是按日滚动，统计好从开始到查询日的各种指标，包括夏普比、总盈亏、平均盈亏、最大回撤、最近回撤等。

```
rolling.recent.drawdown <- matrix(0, nrow=n.days, ncol=n.strat) ## 滚动
最近回撤
rolling.sharp <- rolling.recent.drawdown ## 滚动夏普比
rolling.drawdown <- rolling.recent.drawdown ## 滚动最大回撤
rolling.num <- rolling.recent.drawdown ## 滚动交易次数
rolling.avg.profit <- rolling.recent.drawdown ## 滚动平均盈利
rolling.pnl <- rolling.recent.drawdown ## 滚动盈利
```

  所有变量的名称都以 rolling 开头，表明这些是滚动的指标。然后我们就可以对各种指标进行滚动计算了，我们把计算的结果保存下来，最后再进行滚动挑选策略。

```
for (cur.day in (contract.day.count[3]+1):n.days) { ## 遍历前3个合约之后的
所有日子
  cur.len <- end.day[cur.day] ## 当前结束位置
  sub.pnl <- pp$mm.pnl.mat[1:cur.len,] ## 到目前为止的策略盈亏矩阵
  sub.pos <- pp$position.mat[1:cur.len,] ## 到目前为止的策略持仓矩阵
  sub.daily <- pp$mm.pnl.mat[1:n.bar<cur.len & pp$time=="15:00:00",] ##
按日的策略盈亏矩阵
  sub.daily.pnl <- rbind(sub.daily[1,], diffM(sub.daily)) ## 每日的盈亏矩阵
  recent.drawdown <- apply(sub.pnl, 2, function(x) (max(x)-tail(x,1))/
max(x)) ## 最近回撤
```

```
drawdown <- apply(sub.pnl, 2, function(x) max(cummax(x)-x)/tail(x,1))
## 最大回撤 ( 相对于当前盈利 )
 num <- colSums(diffM(sub.pos)!=0) ## 交易次数
 pnl <- sub.pnl[cur.len,] ## 最新的盈亏
 avg.profit <- pnl/num ## 最新的平均盈利
  sharp <- apply(sub.daily.pnl,2,function(x) mean(x)/sd(x)*sqrt(246))
## 最新的夏普比
rolling.recent.drawdown[cur.day,] <- recent.drawdown ## 代入最近回撤
rolling.sharp[cur.day,] <- sharp ## 代入夏普比
rolling.num[cur.day,] <- num ## 代入交易次数
rolling.avg.profit[cur.day,] <- avg.profit ##代入平均盈利
rolling.pnl[cur.day,] <- pnl ## 代入最新盈亏
rolling.drawdown[cur.day,] <- drawdown ## 代入最大回撤
}
```

表面上看滚动计算的计算量可能会很大，但事实上却并不是很耗时，只需要几秒钟即可。这类分析研究计算量最大的还是资金曲线。但很多人做完资金曲线都没有做滚动这块的操作，且很多第三方平台也并不支持。下面我们来看看各个指标的滚动计算结果，以最优的第 7 个策略为例。

比如我们先看平均盈利这个指标，随着时间的变化，滚动效果是怎么样的呢？如图 9-4 所示。

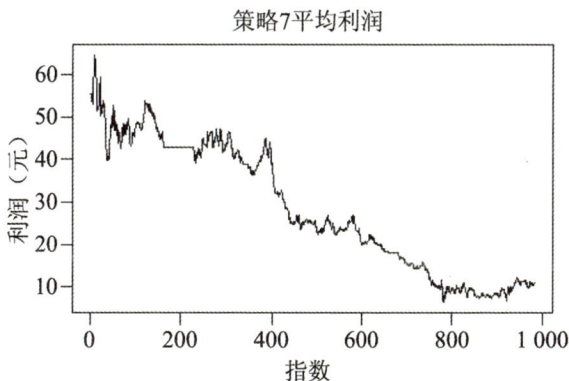

策略7平均利润

图 9-4　策略 7 滚动的平均盈利

可以看到，随着时间的推移，这个指标可以说是逐渐下降的，可见行情对它并不十分有利，只有最近才有所回升。对于我们知道的前面表现好而后面表现差的第 11 个策略，我们可以看看它的结果如何，如图 9-5 所示。

可以看出，虽然中间有短暂的回升，也就是我们知道的前面表现好的阶段，但总体上还是下降的。因此，这类策略有一定的噪音特性，前面表现好但后面表现不好。

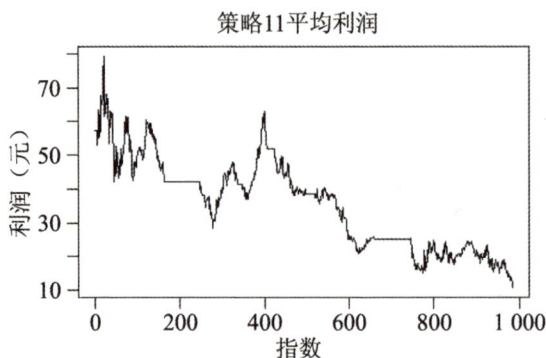

图 9-5　策略 11 的滚动平均盈利

无论如何，我们都知道平均盈利这个指标是极不平稳的，也就是说它的均值并不是恒定的，而是会逐渐变化。毕竟策略是用前 3 个合约拟合的，理论上来说越往后的数据跟前 3 个合约越不相同，只不过最近变成了高波动行情，或许跟前 3 个合约有一定相似性而已。但无论如何，策略表现出随着时间变化平均盈利下降的趋势是很难扭转的。

因此，如果要使用平均盈利这个指标，应该用它的排序指标而不是具体数值来作为依据。我们可以看看排序指标结果如何，如图 9-6 所示。

```
rank.avg.profit <- t(apply(rolling.avg.profit, 1, function(x) sort.int(x,
index.return = TRUE, decreasing=TRUE)$ix)) ## 计算平均盈利的排序
plot(rank.avg.profit[start:n.days,7], type="l") ## 画图
```

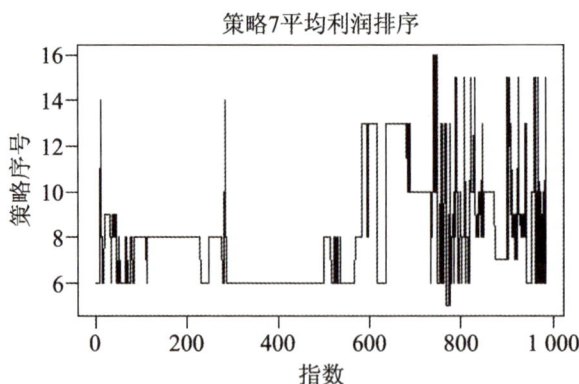

图 9-6　策略 7 平均盈利排序

可以看出，基本上是比较稳定的。因此，对于平均利润我们可以用排序代

替具体数值。下面我们看看夏普比这个指标，如图 9-7 所示。

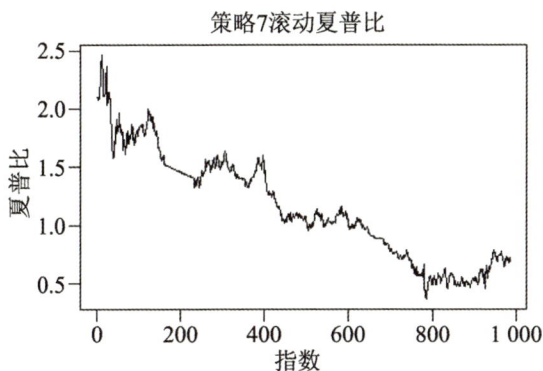

图 9-7　策略 7 滚动夏普比

可以看出，夏普比这个指标也极不稳定，也应该采用排序指标代替。否则的话，会出现前面时间有交易，而后面时间没交易的情况。我们再来看看夏普比的排序指标，如图 9-8 所示。

```
rank.sharp <- t(apply(rolling.sharp,1,function(x)sort.int(x,index.
return = TRUE,decreasing=TRUE)$ix)) ## 夏普比排序
plot(rank.sharp[start:n.days,7], type="l", main="sharp 7") ## 画图
```

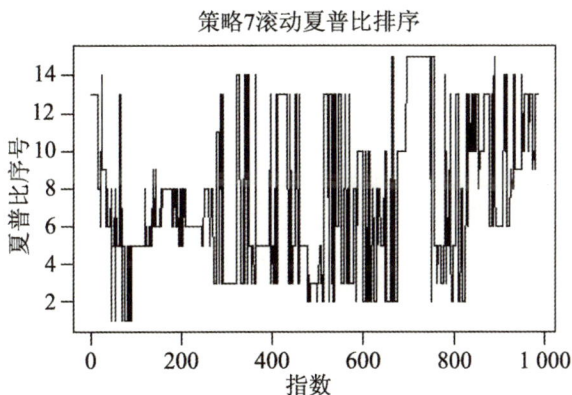

图 9-8　策略 7 夏普比排序

可见夏普比的排序指标要平稳得多，无论取什么阈值，前面后面基本上都有可能取到。

下面再来看看最近回撤这个指标的表现，如图 9-9 所示。

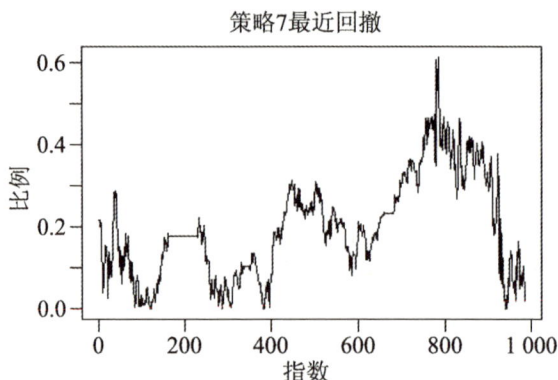

图 9-9　策略 7 最近回撤

可以看出，虽然它不是严格意义上的平稳，但总体而言也没有明显的趋势。当然，取它的排序指标可以更为平稳，但也不是必须的。

下面我们看看滚动的效果，对于最近回撤，我们可以取 10%，而对于夏普比和平均利润，由于是排序指标，我们可以用一个参数来优化，优化范围是 1 到策略的数目。

```
all.rolling.pnl <- matrix(0, nrow=n.days, ncol=n.strat) ## 总体滚动结果
for (i.rank in 1:n.strat) { ## 遍历所有排序指标阈值
  rolling.pnl <- rep(0,n.days)  ## 当前滚动的资金曲线
  available <- matrix(FALSE, nrow=n.days, ncol=n.strat) ## 可以使用的策略
  for (cur.day in (contract.day.count[3]+1):(n.days-1)) {
    available[cur.day,] <-rolling.recent.drawdown[cur.day,]<0.1 & rank.
avg.profit[cur.day,]<=i.rank & rank.sharp[cur.day,]<=i.rank ##选择策略的条件
    each.pnl <- each.day.pnl[cur.day+1,available[cur.day,]]  ## 用于下一
天交易
    if(length(each.pnl)>0)rolling.pnl[cur.day+1] <- sum(each.pnl)/
length(each.pnl) ## 取策略盈利的平均值，即默认一手交易
  }
  all.rolling.pnl[,i.rank] <- rolling.pnl ## 代入当前策略
}
```

有几点是需要注意的。比如当前日子是 cur.day，此时选择出来的策略要用于下一天 cur.day+1，如果用于当天，则会严重过度拟合，甚至使用了未来数据，因为我们已经知道了今天的回撤（最近回撤会反映这点）。

接下来我们可以看看策略的总盈亏，并以此选择最优的策略，如图 9-10 所示。

最近回撤序号参数优化

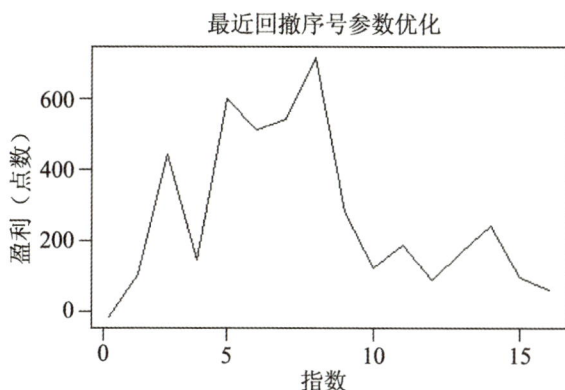

图 9-10　各个滚动策略的总盈亏

可见，中间某个阈值取到最大值，而两边依次下降，还是有一定的规律，不是完全随机的。因此选择标准基本还算靠谱。

```
pnl.sum <- apply(all.rolling.pnl, 2, sum)
plot(pnl.sum, type="l")
best <- which.max(pnl.sum)
best
```

当前最优是第 8 个策略，也就是说排序阈值为 8，我们可以看看滚动的效果，并且跟最优的策略 7 进行对比，如图 9-11 所示。

```
rolling.best <- cumsum(all.rolling.pnl[(contract.day.count[3]+1):n.
days,best]) ## 最佳滚动策略
backtest.best <- daily.pnl[(contract.day.count[3]+1):n.days,7]-daily.
pnl[contract.day.count[3],7]
## 最佳回测策略
best.len <- length(rolling.best) ## 测试长度
plot(rep(1:best.len,2), c(rolling.best, backtest.best), type="n",
ylab="pnl") ## 画图
points(rolling.best, type="l",col=1) ## 画出滚动策略
points(backtest.best, type="l", col=2) ## 画出回测策略
legend("topleft", legend=c("rolling","best"), col=1:2, lty=1) ## 标注
```

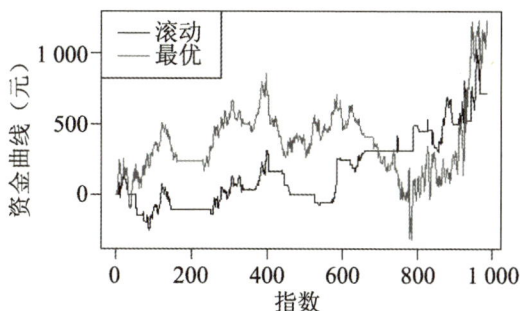

图 9-11　滚动与回测对比

我们可以看出，滚动策略虽然总盈利不及最优的回测策略，但曲线要平滑得多。我们可以看看滚动策略究竟是如何选择策略的。

```
daily.num <- apply(available, 1, sum) ## 每天策略的总数
plot(daily.num[start:n.days], type="l", xlab="day", ylab="num") ## 画出
每天策略的总数
plot(table(daily.num[start:n.days]), type="l", main="daily strat num",
xlab="#strat", ylab="#day")
## 策略数目分布
```

比如，我们统计每天策略的总数，如图 9-12 所示。

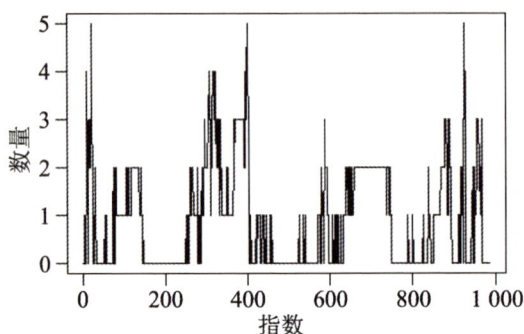

图 9-12　每天策略总数

可见，每天策略的数目从 0 到 5 都有可能，也就是说某些时候是不交易的。我们看看不同策略数目的分布，如图 9-13 所示。

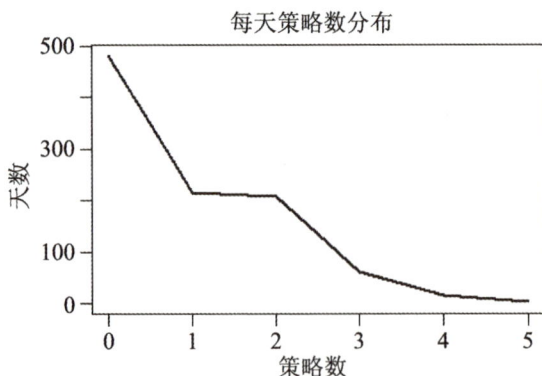

图 9-13　策略数目分布

可以看出，策略的数目越少交易的日子就越多，比如不交易的日子其实挺多的，随着策略数目的增加，相应的交易日越来越少。可见，我们的筛选标准还是有一定区分度的，不会要么选择一大堆策略，要么就一个都不选。但我们从时间轴来看，

没有显示出策略越来越少的迹象，而是比较随机的一时多一时少。因此，我们可以这样理解，虽然同时有多个策略存在的交易日不多，但这些交易日也并不都是集中在前面，而是均匀分布在时间轴中，这体现了一定的平稳特征。

然后我们看看哪些策略被选择的最多，如图 9-14 所示。

```
strat.num <- apply(available,2,sum)
plot(strat.num, type="l")
```

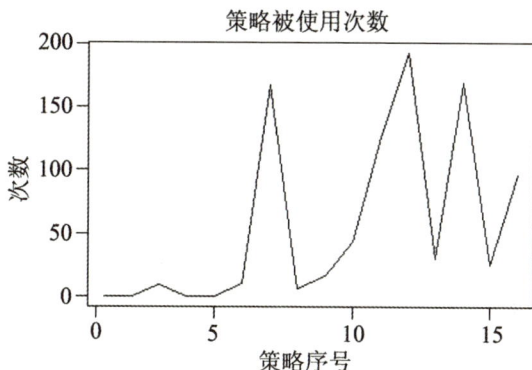

图 9-14　策略被使用次数

可见，是 7、12、14 这 3 个策略被使用的次数最多，其实这也是我们全局优化中比较好的策略。因此，滚动优化还是能较好地选择出全局表现好的策略。

接下来我们可以看看策略的连续性，毕竟上面都是近似的结果，没有考虑撤换策略时的交易费用，如果策略频繁更换，那么损失会比较大。但一般来说策略使用比较集中，所以这种情况不大容易发生。我们可以简单看看策略使用情况，如图 9-15 所示。

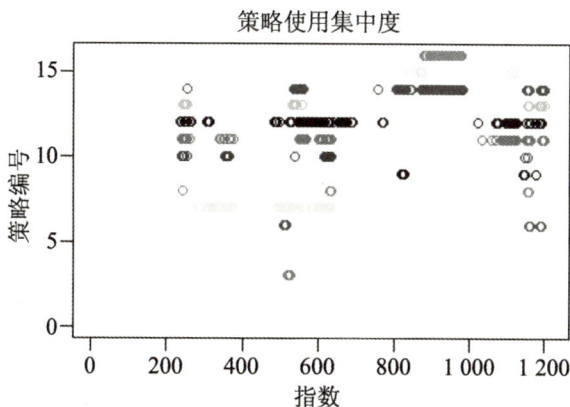

图 9-15　策略使用集中度

每种颜色分别代表一个策略，横轴是交易日，如果颜色连在一起说明策略连续多天都在使用，可以看出交易情况还行。

本节讨论了滚动优化的一些方法，检验了一些常用指标，并且指出交易时要使用一些取值较为平稳的指标。现实生活中，比如有 100 组参数优化出来的策略，大家总会发现这段时间这组好，那段时间那组好，但无论什么时候回看，总有一些总体表现还行的策略，但事先却选不出来。其实经过本节的分析，原因已经比较清楚了：

■ 有时这个好，有时那个好，说明排序指标是平稳的；

■ 回看的时候总有一些总体好的，说明总体上好的策略是存在的；

■ 过去好的后来未必好，过去不好的未来可能好，说明存在一些噪音策略。

只要符合这几个特征，本节介绍的滚动方法都是适用的；如果不用本节的方法，或许就会得到过度优化的结果。

但是如果不满足这些条件该怎么办呢？比如说全局优化后一个好的策略都没有怎么办？我们可以做一下这个实验，比如把全局夏普比大于 1 的 6、7、12 这 3 个策略去掉，看看剩下的策略能否有好的滚动效果，如图 9-16 所示。

```
all.rolling.pnl <- matrix(0, nrow=n.days, ncol=n.strat)
for (i.rank in 1:n.strat) {
  rolling.pnl <- rep(0,n.days)
  available <- matrix(FALSE, nrow=n.days, ncol=n.strat)
  for (cur.day in (contract.day.count[3]+1):(n.days-1)) {
      available[cur.day,] <- rolling.recent.drawdown[cur.day,]<0.1 &
rank.avg.profit[cur.day,]<=i.rank & rank.sharp[cur.day,]<=i.rank
    available[cur.day,c(6,7,12)] <- FALSE ## 删除这些策略
    each.pnl <- each.day.pnl[cur.day+1,available[cur.day,]]
      if(length(each.pnl)>0) rolling.pnl[cur.day+1] <- sum(each.pnl)/
length(each.pnl)
  }
  all.rolling.pnl[,i.rank] <- rolling.pnl
}

pnl.sum <- apply(all.rolling.pnl, 2, sum)
plot(pnl.sum, type="l")
best <- which.max(pnl.sum)
best
rolling.best <- cumsum(all.rolling.pnl[(contract.day.count[3]+1):n.
days,best])
backtest.best <- daily.pnl[(contract.day.count[3]+1):n.days,8]-daily.
pnl[contract.day.count[3],8]
## 此时6、7、12已经消失，全局最优的是第8个策略
best.len <- length(rolling.best)
plot(rep(1:best.len,2), c(rolling.best, backtest.best), type="n",
ylab="pnl")
```

```
points(rolling.best, type="l",col=1)
points(backtest.best, type="l", col=2)
legend("topleft", legend=c("rolling","best"), col=1:2, lty=1)
```

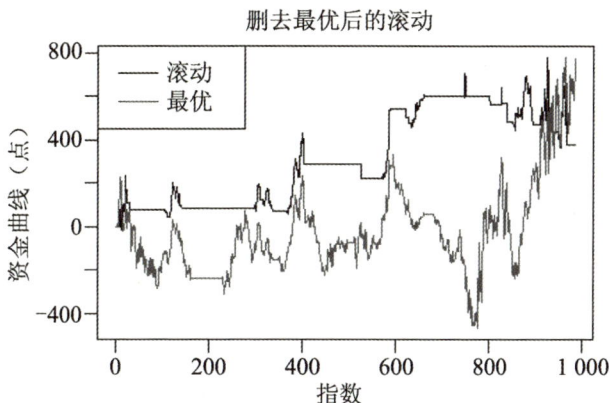

图 9-16　删除最优策略之后的滚动效果

可见，即使删除了最优的几个策略，滚动策略的表现也依旧比较平稳，比起全局的浅色线，滚动的深色线在绝大多数情况下都更为平稳。

很多人在研究时惧怕滚动优化，一来觉得计算量大；二来担心效果不好会打击信心，因此都喜欢用全局优化好的曲线自欺欺人，这是不可取的。

当然，不少用传统方法或第三方平台建模的人，也能在长期交易中取得不错的结果，这是为什么呢？他们本质上其实是一边实盘一边滚动优化，因为那些策略计算量比较小，而且第三方平台封装比较好，完全可以每天重新优化，或者表现不好时重新优化，然后再主观筛选策略。但这样做比较消耗时间，难以扩大规模，因此这些团队即使业绩不错，但一般也只能管理较小的规模。

另外一些用传统方法做程序化的私募，往往是期货资管或者较正规的平台，有着一整套严格的测试系统，比如策略要交给专人跟踪模拟，模拟 3 ~ 6 个月才能实盘，这样做虽然严格，但也失去了滚动优化的可能，虽然有些策略可以在 3 ~ 6 个月表现良好，但这更多是行情使然，因此这么做反而不会有很好的效果。

对于使用机器学习模型的私募，有条件的，最好也每天跟踪策略，每天优化。但很多时候优化的程序是单独的，人们往往为了追求速度而不支持每天优化，因为这方面会产生不少工作量。但从本节分析结果来看，这部分的工作是有必要的。

　　我们可以参考一下更新频率和盈亏的关系，假如更新频率是 1 ～ 80 天，也就是参考每天更新一次到每 80 天更新一次的情况，我们有：

```
optimize.update.len <- rep(0,80) ## 不同更新频率的结果
update.list <- 1:80 ## 所有更新频率
for (update.len in update.list) { ## 遍历所有更新频率
all.rolling.pnl <- matrix(0, nrow=n.days, ncol=n.strat) ## 每种频率的结果
  cat(update.len,"\n")
  for (i.rank in 1:n.strat) {
    rolling.pnl <- rep(0,n.days)
    available <- matrix(FALSE, nrow=n.days, ncol=n.strat)
    for (cur.day in (contract.day.count[3]+1):(n.days-update.len)) { ##
靠近结尾不更新
      if (cur.day %% update.len!=0) next ## 不需要更新
        available[cur.day,] <- rolling.recent.drawdown[cur.day,]<0.1 &
rank.avg.profit[cur.day,]<=i.rank & rank.sharp[cur.day,]<=i.rank
      for (i in 1:(update.len-1)) ## 更新策略后，后面几天也是这个策略
        available[cur.day+i,] <- available[cur.day,]
      for (i in 1:update.len) { ## 计算后面几天的盈亏
        each.pnl <- each.day.pnl[cur.day+i,available[cur.day,]]
          if (length(each.pnl)>0) rolling.pnl[cur.day+i] <- sum(each.
pnl)/length(each.pnl)
      }
    }
    all.rolling.pnl[,i.rank] <- rolling.pnl
  }
  pnl.sum <- apply(all.rolling.pnl, 2, sum)
  optimize.update.len[update.len] <- max(pnl.sum) ## 取最优的策略
}
plot(cumsum(optimize.update.len)/(1:80), type="l", xlab="frequency",
ylab="pnl") ## 画出随着更新频率提高的结果
```

　　平均盈利与更新频率的关系，为了平滑曲线，我们使用的是到当前为止的所有频率的平均结果，如图 9-17 所示。

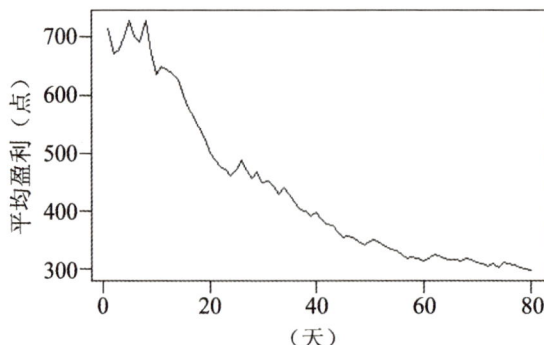

图 9-17　平均盈利与频率

可见，除了前几天还比较震荡之外，随着频率的降低，平均盈利也逐渐降低。因此，为了保持盈利，更新策略的频率最好保持在两周以内更新一次，如果是一个月（大约 22 个交易日）更新一次，那么盈利将大幅下滑。

本人亲身经历，曾经做股指日内时，用的是金字塔交易系统，它是第三方平台，我当时是用图表化交易，策略也是简单规则型的，但从 2015 年 8 月开始基本上每个月都赚钱，从 10 月开始的资金曲线如图 9-18 所示。

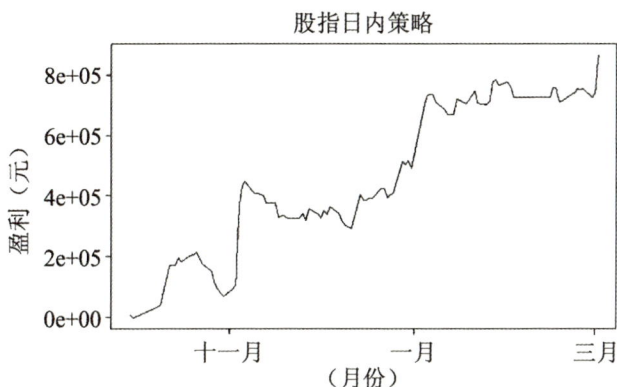

图 9-18 股指日内实盘

累计收益 / 最大回撤有 5.68 倍，夏普比也超过两倍，当时股指受限所以规模不大。那个时候虽然策略粗糙，但由于图表化程序容易优化，所以每天都会对策略进行优化和小修小补，把不好的策略剔除。但后来用机器学习方法之后，由于合成 K 线计算指标等耗时很多，因此没有这么频繁地调整策略，有时候效果反而没那么好。

因此，做量化交易是个系统工程，使用的模型固然重要，其他方面如更新频率，还有投资组合优化等也很重要。很多人只是在预测模型上比传统方法有优势，但其他方面却偏废了，总体效果也不尽如人意，但很多时候却并不知道表现不好的原因。

9.3 近似动态规划（增强学习）

人工智能最近几年火爆的主要原因是 AlphaGo 下围棋下赢了世界顶级的棋

手，它主要采用的深度学习和增强学习方法也受到普遍关注。深度学习是一种监督学习，主要用来研究已有的棋谱。增强学习（Reinforcement Learning）则是通过机器之间对弈来获得新的样本。

9.3.1　围棋为例介绍

增强学习又被称为近似动态规划（Approximate Dynamic Programming）。比如说围棋，下棋的种类和数目近乎天文数字，虽然从理论上来看是确定的，甚至存在唯一最优解，但由于样本空间太大，根本无法得到所有解，只能通过蒙特卡洛模拟的方法得到近似解，因此也称为近似动态规划。动态规划的意思很明显，就是无后向性。比如围棋，未来走势只跟当前盘面和剩下的棋子有关，至于是如何到达目前这个局面，则是无关的。

阿尔法狗目前最新的版本叫作阿尔法元（AlphaGo Zero），就是指不依赖人类的棋谱，单纯通过机器从最原始的围棋规则出发进行对弈，然后根据结果来调整策略。增强学习有一项是 Policy Iteration（策略迭代），每多一个样本就可以对当前策略进行相关的调整。之前通过分析人类棋谱，把迭代的范围缩小在一个较窄的区间，因此经常陷入局部最优解。但是机器从零开始对弈之后，抛去了人类的先验知识，反而能在更广的范围内搜索，获得更好的结果。据说阿尔法元对阵旧版本阿尔法狗是 100:0，棋艺已经远远超出一个层次。

近似动态规划的另外一个应用领域是俄罗斯方块，这跟下围棋一样有固定的规则和搜索空间，但是每一个方块都是随机到来，这具有一定的随机性。同样，搜索空间也异常巨大，比如当前的布局和未来的棋子都属于搜索空间，因此只能近似求解。如果使用贪心算法，目标是消除当前最多方块，很可能很快就会堆积到顶，从而失败。因此需要有一定的前瞻性，分析出更多的可能，才可以有更好的结果。

我们可以简单想象一下对每一种方块的布局，我们对待一个新的方块，可以采取行动（action），这个行动会转移到新的布局，这个过程会带来一定的损失（cost），如果我们把所有可能都遍历一遍，最终可以采取一个期望损失最小的动作，因此每次有新的方块过来，都会更新所有变量的取值，以及改变我们的应对措施。

也有不少学者提出了很多很好的解法，比如有学者提出用线性规划求解近似动态规划，这对运筹学的这两个领域都有好处。

9.3.2　用于动态投资组合优化

动态投资组合优化问题已经被研究了很多年，但其实一直没有达到共识，毕竟单期投资组合优化都已经备受争议，更别说这种多期投资组合优化了。传统的动态规划解法如 HJB 方程，一般涉及二阶偏微分方程，一般没有解析解，只能用有限差分来求解，但这种方法对高维问题不太好，由于随机动态规划往往伴随着维数灾难，因此就不大合适。

还有一种方法基于等价鞅理论，这种方法可以用蒙特卡罗模拟来求解，就不用畏惧维数灾难。但问题是它要求市场是完备的，理论假设太多，难以用于实际问题中。

另外一种就是基于近似动态规划的方法，也就是本节所说的方法，是可以解决这个问题的。当然具体求数值解还有很多方法，比如用近似线性规划来求解等。

这类问题往往是配置问题，比如 N 个风险资产和一个无风险资产，假设它们的价格先满足一定的分布，比如几何布朗运动，然后才能使用蒙特卡罗方法模拟出价格未来的变化，毕竟历史价格路径只有一条，理论上说这只能是一个样本。

9.3.3　用于策略研究

如果要使用这种方法用于策略方面，有两种思路：

第一种是对期货价格做蒙特卡罗，生成不同的价格路径，然后再计算技术指标，以及策略在上面的表现。但这种方法本质上不大靠谱，因为我们策略之所以能够盈利，依赖的是行情可预测性，这种蒙特卡罗生成的几何布朗运动显然是完全随机的，没有盈利的可能，因此对我们策略参数优化和投资组合优化而言毫无意义。

第二种是对策略本身做蒙特卡罗。传统配置型的动态投资组合优化，一般对股票和债券的价格分布假设成带偏移的布朗运动，这样的话长期下来保证了正的盈利，然后再套用各种动态规划模型，最后使用近似线性规划、近似动态规划求解。对于期货策略来说，策略每天的盈亏也是随机变量，也可以假设符合某些分布，然后进行拟合，再生成随机变量来进行近似求解。另外，策略之间的相关性，生成的时候也要考虑。如果策略盈利和亏损具有聚类的特征，还要考虑不同样本之间的概率转移关系，类似于马尔科夫链，要使用 Monte Carlo Markov Chain 的技术，甚至 Quasi Monte Carlo 的技术等，这些都有专门的资料，有兴趣的读者可以自己去学习研究。

总之，近似动态规划属于比较复杂且比较偏的一门学科，研究起来也比较耗时，最终的贡献也可能不会很大。这更多类似于风控性质，比如通过随机模拟多条曲线，可以得出策略表现的标准差，估计出置信区间，而不是只有历史数据一种结果。本节只是抛砖引玉，有兴趣的读者可以自行深入研究。规模百亿以上的基金或许才可以有闲情逸致专门请人来研究一下，小的私募生存都困难，而传统的券商、期货资管的领导们本身就业务不精，自己也有业绩压力，因此没有动力和能力做这类基础性、长期性的研究。

9.4　本章小结

本章介绍了动态投资组合优化的一些近期的研究成果，另外也介绍了策略的动态滚动优化。因为这两方面都涉及动态调整，所以就放在一起写了。至此，策略研究层面的问题就基本上完整了。实盘交易的话，很多人一开始并不会采取这种滚动优化的方式，有时候运气好即使策略不调整，也可以连续几个月甚至几年都赚钱，我们也知道毕竟很多策略几年不调整也可以有不错的表现，市场中的交易群体庞大，总有人使用类似的策略，而只有赚钱的人才会到处宣扬，这或许就是所谓的"幸存者偏差"。但总体而言，过去表现好的策略未来未必能保持，因此大多数人如果不频繁调整策略的话一般不会有好的结果。下一章将介绍 C++ 的实现。

第十章
↓
C++实现策略

前面章节都是用R语言进行研究，但这些程序只能用历史数据进行回测，无法进行实盘交易。目前期货交易所给出的实盘交易接口是基于C++的，比如上期所的CTP、大商所的飞创、中金所的飞马，以及郑商所的易盛等。其中最常用的是上期所的CTP，这里着重介绍一下。另外，本章主要介绍的是把R的程序翻译成C++程序，主要是策略的算法层面，而不是底层的CTP层面，对CTP只是作简单介绍，有兴趣的朋友可以自己从网上下载相关的文档进行研究。

10.1　关于期货程序化接口

　　要想在交易所进行交易，最基本的是需要订阅行情、下达指令、读取账户信息等，这些都需要交易所提供相关的接口才能进行。一般客户手动下单用的快期等软件，也是基于这些底层接口进行开发的。程序化交易要想发挥最大的自由度，就不能依赖第三方平台，只能基于底层接口进行开发。

10.1.1　CTP 的特点

　　CTP 的特点在于它是基于回调方式触发的。比如针对螺纹钢数据，首先需要注明要订阅的合约，如"rb1805""rb1801"等，然后即可进行订阅。每个合约的行情都是独立到来的，虽然可以设置行情到来的顺序，但如果某个合约500 毫秒没有更新，那么那个 500 毫秒它就没有行情过来。如果按顺序订阅，排在它后面的合约有行情到来，那么我们就知道某个合约这个时间是缺失的。因此，我们可以把最活跃的合约放在订阅队列的最后，它基本上每个行情都有，如果等这个合约收到数据了，其余没有收到数据的，自然就知道缺失了。但这也不是能完全保证的，因为很可能最活跃的合约也没有数据，这样的话如果另外一个合约也没有数据，就无法及时知道了。

　　中低频策略对这些时间点要求没那么高，所以先暂时忽略这些纯 IT 的问题。如果是跨品种出信号，或许会有类似的问题。比如螺纹钢 5 分钟 K 线结束了计算因子，但热卷的 5 分钟却没有收到最后一笔行情，而且行情慢一些，可能下一笔行情几秒钟之后才到来，这个时候才知道上个 5 分钟结束了，或许就会造成一定的延误。这种情况就不是行情回调触发可以解决的，必须结合具体的硬件时间来解决。

　　另外，CTP 的数据目前公布的都是一档行情，虽然 CTP 也支持 5 档行情，甚至支持全部档位的连续行情，但目前只开放了一档行情。事实上，由于全市场都是一档行情，因此做上期所的品种还是比较公平的。特别是对于一些编程能力一般且设备一般的人，要储存和处理 5 档行情或连续行情的话会比较困难，一档行情其实要好很多，方便处理，降低了编程的门槛。

另外，股票方面也有类似于 CTP 的接口，如果是一档行情的股票，其实是可以免费获取的，如果是 5 档、10 档行情，目前来看或许困难一些。股票数据基本上 3 秒一个，远比期货数据慢，但目前禁止新开用户使用程序化交易，因此如果是新成立的产品户是无法用程序化的，很多人由于是以前成立的自营户所以一直还在交易。

另外，CTP 的报单、成交等都会有回报，这些也是回调触发机制的。官方提供的 CTP 接口有相应的函数接收相关的信息，只需在里面写下对应的处理方式即可，这里不再赘述。

下面章节我们简单介绍一下其他接口。

10.1.2　其他接口简介

除上期所外，其余每个交易所都推出了自己的交易接口，而且对本交易所的交易都支持 5 档行情，甚至还提供一些其他深度信息。

比如大连的飞创接口，它提供每秒 4 笔行情，甚至还有当前最优价位前 10 名的挂单量，以及全市场的平均买价和平均卖价。对于高频和日内交易的人来说，拥有更多的市场微观结构的信息，对交易的帮助是非常大的。比如知道前 10 名的挂单量后，如果自己挂的单子是一些很奇怪的数量，比如 37、203 等，和别人重合的概率很小。如果正好发现第 5 位也是这么多量，而且自己也是做高频的，那么就知道自己排在第 5 位，前面有多少张单子一目了然，可以更好地估算出自己成交的概率，以此决定继续等待还是撤单。

如果想使用这些接口，一方面需要每个月支付额外的费用，一般是两三万元；另一方面也要租用托管的机柜，一般是两三千元。当然，对于每天盈利数万、数十万元的高频策略而言，这些成本并不在话下。事实上，这些成本相当于一名普通员工的工资即人力成本，如果能更好地精简人力，节约出这些钱并不困难。但如果策略是亏钱的，固定成本投入又大，就比较麻烦了。

另外还有著名的飞马系统，以及众信系统，这些都是速度很快的系统，而且还不断推出新的版本。如果是做高频交易的公司，需要有专门的程序员来跟踪维护这些接口。

10.1.3 关于 FAK/FOK 指令

下单指令一般分为市价指令和限价指令，市价指令指的是一定要确保成交，而不管价格如何，因此市价指令是不带价格的。比如说买，可以理解为用涨停价进行买，但如果不小心造成乌龙指，用涨停价的限价指令买，其实单子还会挂在那里。但如果用市价指令买很大量，则会把市场上的单子都吃完，然后自己的单子则自动撤销。因此，用市价指令其实是有一定风险的。

限价指令指的是自己定一个价格，只能低于这个价格买，或者高于这个价格卖。比如螺纹钢现在卖一价 2 010 元，程序用限价 2 010 元进行买，如果此时卖一价跌到 2 009 元，那么最后的成交价也会是 2 009 元；如果买一价涨到了 2 010 元，那么单子就会挂在那里排队等待。

一般频繁使用限价排队成交的策略被称为做市商策略，或者一些抓反转的波段策略也会这么做。很多高频策略也是基于被动排队成交的。另外一些大单拆分算法交易也会涉及被动挂单成交。涉及排队、撤单操作的策略在 IT 层面会比较复杂，这里不做详细描述，本书主要讲趋势策略，下单也比较简单，都是抢单，确保能成交。

如果要确保成交，又想避免撤单之类的操作，最好的办法是使用 FAK 或 FOK 等指令。FAK 全称是"Filled And Killed"，意思是"部分成交剩余撤单"，指令已经自动撤单了，不需要自己再进行撤单操作，对趋势策略而言非常方便。FOK 的全称是"Filled Or Killed"，意思是"要么全部成交要么撤单"，这么做的结果，要么自己的单子都在理想价位成交了，要么就全部撤掉，一手也不成交。针对不同的场景，可以有不同的需求。这些指令的好处是单子不会留在限价指令本上，市场上其他人看不到。

10.1.4 Windows 还是 Linux

CTP 接口提供了 Windows 版本和 Linux 版本，目前网上有很多针对 Windows 版本的 CTP 进行的培训，收费大约 3 000 元，提供样本程序，并且有 QQ 群，终身免费答疑等，现在也有了 Python 方面的培训。

我自己使用过 Windows 和 Linux 的版本。如果是多线程之类的调试，使用

Windows 会方便一些；但从长远来看，特别是做高频交易，Linux 的速度会快很多。而且用 Windows 的 visual studio 来开发项目规模会特别大，用 Linux 则简洁得多。

目前本人写程序是用 Ubuntu 16.04 LTS，交易的平台跟策略开发平台是一样的，不需要重新编译。当然，一般认为 CentOS 更适合交易一些，特别是高频交易。但对于中低频交易而言，对系统性能的要求没那么高，也不需要对系统进行专门的优化。考虑到 Ubuntu 是目前最通用的 Linux 系统，安装各种软件都非常方便，而且也有友好的图形化界面，本书的 C++ 程序默认都在 Ubuntu 上面编写了。

此外，C++ 目前也有很多新的变化，比如 C++ 11 增加了很多特性，如 lambda expression 之类的。本人不是计算机专业出身，日常工作也不是专职的 C++，而且这方面策略部分的开发也并不复杂，没多少团队协作的因素，更多是本人独立完成，因此相对来说比较简单。

10.1.5　高中低频策略的团队协作

本人更换过几家公司，跟不同团队合作过，不同公司量化研究员和开发人员的分工并不一样。开发人员包括底层系统的开发人员，比如跟交易所的接口对接；也包括策略量化开发人员，比如把策略翻译成 C++。

但是，很多公司担心策略泄露，毕竟这是公司的核心机密，知道的人越少越好。如果让策略研究人员把策略告诉开发人员，这样一来开发人员也大概知道了策略的思路，虽然不至于能复制出来，但如果开发人员跳槽到其他公司，其他公司的量化研究人员也可以从中获得思路，这样本质上对公司不利。

因此，好的方法是策略的部分归策略人员，开发的部分归开发人员。开发人员开发出底层系统，然后策略部分的代码由量化研究人员负责。我一般跟公司提出的跟 CTP 有关的归开发人员，跟 CTP 无关的归量化人员。比如每隔 500 毫秒传送数据过来后，合成 K 线、因子计算、模型计算、仓位计算等都由量化研究员负责，然后量化研究员再把对应的仓位返回给开发人员，开发人员则根据仓位来发送下单指令。这对于中低频是可行的，因为并不涉及复杂的挂撤单管理。

如果是涉及算法交易，其实也是一样的。传统的算法交易涉及大量挂单，只有到了一定的时间挂单还未能成交才转为主动成交。这对量化和开发人员的协作提出了更高的要求。比如很多时候成交回报、撤单回报漏掉的异常情况，如果开发流程过于复杂，很可能分不清是开发人员的程序出了问题还是研究人员的程序出了问题。因此，涉及这类挂撤单的情况，往往会更加复杂。但算法交易整体来说只涉及单一方向，而且这次下单没成交，下次下单补回来即可，问题不会很大。

更复杂的是高频交易，涉及大量挂撤单，而且交易方向瞬间变化。很多时候，越是接近于高频交易，量化与开发的界限就越是模糊，工作分工也越是难以拆分。但实际上根据本人多年经验来看，分工也是可行的。

比如对于短线趋势策略，根据预测结果下单，跟中低频类似，不同之处在于下单是限价单，如果不成交则挂在那里。因此，如果预测到相反方向的变化，则要先撤掉原来的挂单，再进行下单交易。这时候的程序就不是根据仓位进行下单，而是根据动作进行下单，因为实时仓位的计算很可能出错。本人经历过的高频交易基本上都是根据预测值的来进行动作上的改变，而不会精确到仓位。

对于高频做市，买卖价差比较大的品种也一样。很可能很多个机器同时发出指令，然后各自的单子挂在市场上，有的排前面有的排后面。如果是抢单的话道理也一样，有的抢到有的没抢到，成交的手数都是不确定的，无法根据理论持仓进行下单。事实上，一般类似于做市商的策略都是比较难回测的。只能根据实际的信号来下单，不能根据理论持仓来下单，毕竟每次的利润对买卖价差高度敏感，如果为了匹配理论仓位而主动成交亏损价差，则是无法盈利的。

综上所述，任何频率的策略其实都可以实现策略和开发的完全隔离，只是对于大量挂单的策略而言，策略研究人员需要编写的代码量会更多一些，但这些并不能成为开发人员参与策略编写的理由。从公司安全角度考虑，公司管理人员对此要有清晰的认识。

10.2　从 R 到 C++

下面开始讲解从 R 到 C++ 的具体过程。R 是解释性语言，而且研究的时候可以拿到所有数据，可以使用高效的向量化计算，可以保存中间计算结果。但如果是实盘交易，行情逐笔推送，所有的计算处理都要逐笔实时完成，效率会低很多，因此只有底层语言才能更好处理。很多第三方系统虽然回测和实盘程序统一，但这也意味着大大牺牲了回测的效率。

10.2.1　合成 5 分钟 K 线

第一步是合成 5 分钟 K 线。从交易所收到的行情都有其固定的格式，我们可以先简单转换成自己想要的格式。比如交易所的价格和成交额等很多是 double 类型，某些时候不太好处理，因为涉及精度的问题，所以转成整数或许会好一些，这种转换不会对效率带来太大影响，对中低频影响更小。

首先定义一下基础的数据结构，可以保存在 tick.h 中：

```cpp
#ifndef TICKH
#define TICKH

#include <math.h>
#include <vector>

// tick.h
class BasicTick { // 基础数据结果类型
 public:
    BasicTick() { // 构造函数
        m_price=0; //最新价
        m_qty=0; //最新成交量
        m_turnover=0; //最新成交额
        m_bid=0; //买一价
        m_ask=0; //卖一价
        m_bidQty=0; //买一量
        m_askQty=0; //卖一量
    }
    BasicTick(const BasicTick& bt) { // 复制构造函数
        m_price=bt.m_price;
        m_qty=bt.m_qty;
        m_turnover=bt.m_turnover;
        m_bid=bt.m_bid;
        m_ask=bt.m_ask;
        m_bidQty=bt.m_bidQty;
        m_askQty=bt.m_askQty;
    }
  BasicTick(int price,int qty,int turnover,int bid,int ask,int bidQty,
int askQty):
        m_price(price), m_qty(qty), m_turnover(turnover), m_bid(bid), m_
ask(ask), m_bidQty(bidQty),
        m_askQty(askQty) {
```

```
            if (bid==0) m_bid=ask;
            if (ask==0) m_ask=bid;
    } // 构造函数
public: // 成员变量的定义
    int m_price;
    int m_qty;
    int m_turnover;
    int m_bid;
    int m_ask;
    int m_bidQty;
    int m_askQty;
};
```

可见，这里定义了 7 个成员变量，分别是最新价、成交量、成交额、买一价、卖一价、买一量和卖一量，这里都是整型。实际上交易所传过来的数据不是整型的，比如黄金的价格有两位小数点，如 265.85，实际上在这里我们把它转成 26 585 才会传输过来。当然，有些人会说不必这么麻烦，但这更多是一些历史遗留问题导致的，姑且先这么写吧。

除了这些基础的量，有时候还需要中间价以及估算主动买量和主动卖量。我们的 5 分钟中低频策略并没有用到主动买卖量，只是顺带提一下。这类估算都不是完全精确的。国外交易所会给出每笔的买卖方向，但国内没有。

```
class ExtendedTick : public BasicTick { // 更丰富信息的行情结构，集成类
public:
    ExtendedTick(){};
    ExtendedTick(const ExtendedTick& et) : BasicTick(et) { // 复制构造函数
        m_buyTrade=et.m_buyTrade;
        m_sellTrade=et.m_sellTrade;
        m_buy2Trade=et.m_buy2Trade;
        m_sell2Trade=et.m_sell2Trade;
    }
    ExtendedTick(int price,int qty,int turnover,int bid,int ask,int bidQty,
                 int askQty):
    BasicTick(price,qty,turnover,bid,ask,bidQty,askQty),
        m_buyTrade(0), m_sellTrade(0), m_buy2Trade(0), m_sell2Trade(0){}
//构造函数
    ExtendedTick(const BasicTick& base):BasicTick(base),
        m_buyTrade(0), m_sellTrade(0), m_buy2Trade(0), m_sell2Trade(0){}
//复制构造函数
    ~ExtendedTick(){} //析构函数
    void setMid(float x) {m_mid=x;} //设置中间价
    void setBuyTrade(int x) {m_buyTrade=x;} //设置主动买量
    void setSellTrade(int x) {m_sellTrade=x;} // 设置主动卖量
    void setBuy2Trade(int x) {m_buy2Trade=x;} // 设置高价位主动买量
    void setSell2Trade(int x) {m_sell2Trade=x;} // 设置低价位主动卖量
public:
    float m_mid;
    int m_buyTrade;
    int m_sellTrade;
```

```
    int m_buy2Trade;
    int m_sell2Trade;
};

#endif
```

在这里成员函数都设成 public，是为了读取和操作方便。写程序很多时候安全性和方便性是无法兼容的。这些程序都是我自己写的，不涉及团队合作，所以不必写得太拘谨。有了 tick.h，下一步可以定义 5 分钟数据，保存在 minuteTick.h 中。

```
#ifndef MINUTETICKH
#define MINUTETICKH

#include <math.h>
#include <vector>
#include <string>
#include <array>
#include <iostream>
#include <fstream>
#include "tick.h"

// minuteTick.h
using namespace std;
```

这是开头部分，引用了一些其他库和 tick.h，在 C++ 里面引用内部的库一般用 <>，而引用自己的头文件则用 ""，另外还要使用标准库的命名空间，节省代码量。对分钟 K 线的数据结构定义如下：

```
class MinuteTick : public BasicTick { // 继承基础数据，没用到扩展的数据
public:
    string m_time; //  时间
    int m_open; // 开盘价
    int m_high; // 最高价
    int m_low; // 最低价
    int m_close; // 收盘价
    int m_date; // 日期
    int m_openInt; //持仓量
    int m_milli; // 毫秒数
    float m_wpr; // 加权平均价
    float m_hlc; // 高低收平均价
    string m_contract; // 合约
    bool m_upperLimit; // 是否涨停
    bool m_lowerLimit; // 是否跌停
    int m_timeInt; // 时间转换成整数
  MinuteTick(int price,int qty,int turnover,int bid,int ask,int bidQty,int askQty,string time):
    BasicTick(price,qty,turnover,bid,ask,bidQty,askQty), m_time(time) {
// 构造函数
    m_upperLimit=false;
    m_lowerLimit=false;
```

```
    if (bid==0 && ask>0) m_lowerLimit=true;
    if (bid>0 && ask==0) m_upperLimit=true;
    }
 MinuteTick(const BasicTick& base,string time):BasicTick(base),m_
time(time){ // 复制构造函数
    m_upperLimit=false;
    m_lowerLimit=false;
    if (base.m_bid==0 && base.m_ask>0) m_lowerLimit=true;
    if (base.m_bid>0 && base.m_ask==0) m_upperLimit=true;
    }
    MinuteTick(){}
    ~MinuteTick(){} // 析构函数
};
```

此外，还有一些辅助的函数，比如对时间的转换。原来的时间是字符串，不方便处理，可以转换成数字来进行。

```
inline bool goodTime(const string&time) { // 判断是否5分钟结尾的时间
    return(time[6]=='0' && time[7]=='0' && (time[4]=='0' ||
time[4]=='5'));
}

inline int timeToInt(const string& time) { // 时间转成数字，换算成秒
    return ((time[0]-'0')*36000+(time[1]-'0')*3600+(time[3]-
'0')*600+(time[4]-'0')*60+(time[6]-'0')*10+(time[7]-'0'));
}

string intToTime(const int& time); // 数字转成时间，待定义
```

其中 intToTime 在这里只是声明，还没有定义，一般定义放在 .cpp 文件。其他比较短小的程序我们使用 inline 方式，如果程序出现的话会自动复制过去，减少函数调用的开销。但 inline 函数最好比较短小。关于 intToTime 的定义在 minuteTick.cpp 中。

```
#include "minuteTick.h"
#include <fstream>
#include <sstream>
#include <string>
#include <iostream>
using namespace std;

string intToTime(const int& time) { // 数字转成时间
    int x=time;
    int second=x%60; // 获取秒
    (x-=second)/=60;
    int minute=x%60; //获取分钟
    int hour=(x-=minute)/60; // 获取小时
    string str=""; // 开始把数字转成字符串
    if (hour<10) str+="0"; // 小时前面补0
    str+=to_string(hour);
    str+=":";
```

```
    if (minute<10) str+="0";
    str+=to_string(minute);
    str+=":";
    if (second<10) str+="0";
    str+=to_string(second);
    return (str);返回字符串
}
```

最后定义一下关于指标存储的数据结构：

```
const int minuteNum=2000; // 行情数目
typedef array<float,minuteNum> MinIndVec; // 单个指标的数组
typedef vector<MinIndVec> MinIndMat; // 多个指标的矩阵
typedef vector<MinuteTick>::iterator MinItr; // 行情指针
typedef array<float,minuteNum>::iterator MinMiddleItr; // 指标指针
#endif
```

比如我们历史行情加新行情一共不超过 2 000 个，定义成一个数组储存起来，事先申请好内存而不用一边运行一边加；由于每个品种都有不同的指标，则用一个向量内嵌数组保存起来，指标数目不定，向量的长度也不定。另外，针对行情数据和指标数据也定义了专门的 iterator 类型，本质上是指针，但是比指针好用。

这样的话，分钟数据就定义完成了。如果要编译的话其实很容易。比如编译 tick.cpp 可以如下：

```
g++ -std=c++11 -c tick.cpp
```

要编译 minuteTick.cpp 可以如下：

```
g++ -std=c++11 -c minuteTick.cpp
```

其中 g++ 是编译器，然后我们使用了 c++11 的一些特性，所以要加上，然后 -c 表示编译，结果输出是 .o 文件，比如 tick.o 以及 minuteTick.o。

当然，如果是计算机专业的可能有更好的方法。数据方面的处理就讲到这里，下一步是指标方面的计算。

10.2.2　技术指标的计算

技术指标的计算可以这么考虑，如果是普通的解释性语言，如第三方的平台，对程序每一行进行解释，比如遇到了一个均线的指标 MA（CLOSE，20），表示计算收盘价 20 根 K 线的平均值，这个时候就会根据 MA 这个字符去调用相应的函数，一些高级的写法或许可以利用函数指针，但一般来说每个

函数的参数不一样，这种方法还是挺难实现的。一个简单的写法是在已有的函数库中查找"MA"这个字符的位置，然后调用相应的函数，随着函数数目的增加，这或许会很慢。当然也可以把各个函数分类写好，比如按照字母分类，首先找到"M"开头的函数，然后一个一个进行查找，直到找到"MA"为止，否则几千个指标难以迅速定位。综上所述，如果函数指针难以实现，这个逐个查找的步骤还是难以省略的。

但是针对我们的问题，这个方法可能过于笨拙。一个更好的方法是先让程序一次性把所有指标值都算好，并且保存到内存里，然后每个策略遇到哪个指标直接去取哪个的数值就可以了。比如"MA20"是一个指标名字，保存在一个 map 里面，map 的名字叫作 m_indicator，那么 m_indicator["MA20"] 对应的值就是该指标的值，直接调用，方便快捷，而且中低频策略不会对速度要求过高。并且这种方法也不会重复计算同一个指标的值。

有了基本思路，我们可以编写程序了，保存在 minuteSignal.h 中：

```
#ifndef MINUTESIGNALH
#define MINUTESIGNALH

#include <vector>
#include <map>
#include <string>
#include <memory>
#include <iterator>
#include <cmath>
#include <numeric>
#include <array>
#include <tr1/memory>
#include <functional>
#include <set>

#include "minuteTick.h"

typedef vector<float>::iterator MinIndItr; // 分钟级别指标的迭代器

typedef shared_ptr<MinIndMat> MinIndMatPtr; // 共享指针类型
typedef map<string, float> StratCoef; // 各指标的系数类型
struct StratThre { // 各策略的基本信息
  float open; // 开仓阈值
  float close; // 平仓阈值
  float sharp; // 夏普比
  int weight; // 权重
};

const int IndicatorNum=100; // 指标数目
const int HelperNum=100; // 辅助指标数目
```

```
const int MiddleNum=200; // 中间变量数目
```

接下来就是对 MinuteSignal 类的声明，会比较长，节选了其中一段：

```
template<typename IndicatorItr, typename TickItr, typename TickType,
typename MiddleItr>
  class MinuteSignal { // 分钟信号类的声明
 public:

 MinIndMat m_middleResult; // 中间结果矩阵
 void setThre(); // 设置阈值
 void getAction(); // 获得交易动作
 void setup(); // 初始化
 int m_chosenStrat; // 选择的策略（单策略使用）
 int m_position; // 仓位
 vector<int> m_action; // 各个策略的交易动作
 float m_openThre; // 开仓阈值（单策略时使用）
 float m_closeThre; // 平仓阈值（单策略时使用）
 vector<float> m_pred; // 各策略预测值
 float m_SarInitGap; // SAR指标的初始值
 int m_minPeriod; // 指标最小周期
 int m_maxPeriod; // 指标最大周期
 int m_numStrat; // 策略数量
 string m_stratFile; // 策略文件
 string m_threFile; // 阈值文件
 string m_weightFile; // 权重文件

 MinuteSignal(TickItr startItr, const string& stratFile, const string&
 threFile,const string&weightFile,const int&strat,const float&openThre,
 const float& closeThre, const float& sarInitGap, const int
 minPeriod, const int maxPeriod) : m_startItr(startItr), m_ indicators
 (IndicatorNum,0.0), m_helpers(HelperNum, 0.0), m_bar(0), m_chosenStrat
 (strat), m_openThre(openThre), m_closeThre(closeThre), m_SarInitGap
 (sarInitGap), m_minPeriod(minPeriod), m_maxPeriod(maxPeriod),
 m_stratFile(stratFile), m_threFile(threFile), m_weightFile(weightFile)
 {
       setup();
   } // 构造函数
 MinuteSignal(): m_indicators(IndicatorNum,0.0), m_helpers(HelperNum,
 0.0), m_bar(0) {}// 构造函数
```

这里面定义了一些基本的变量，很多是之前单策略的时候使用的，开发出多策略后，为了兼容单策略，很多变量也保留了下来。

这里使用 template 来定义，是为了更好地拓展，比如目前使用的是 5 分钟数据，未来可能使用分笔数据或日线数据，都可以用同样的结构。但如果仅仅为了 5 分钟数据，或许不需要这么复杂。但很多时候把程序写复杂一些，让别人难以维护，也是保护自己知识产权的一个手段。比如 C++ 的创始人就说过，发明 C++ 的一个重要理由就是提高程序员的工资，因此把 C++ 写得很复杂，能学会的人少，这样工资自然就高了。

我们继续看下面的代码：

```
inline float getPred(const int strat) { // 计算预测值
    float result=0.0; // 预测值初始化
    for (auto item:m_strat[strat]) {
        if (isnan(m_mapIndicator[item.first]) || !isfinite(m_
mapIndicator[item.first])) m_mapIndicator[item.first]=0.0; // 指标值异常
时设为零
            result+=(m_mapIndicator[item.first]*item.second);预测值加上指
标值乘以系数
    }
    return (result); // 返回结果
}
~MinuteSignal(){} // 析构函数
void calTickIndicator(); // 计算指标值
vector<float> m_indicators; // 指标向量
vector<float> m_helpers; // 辅助指标向量
vector<string> m_indicatorName; // 指标名称向量
map<string, float> m_mapIndicator; // 指标名到指标值的映射

vector<StratCoef> m_strat; // 策略系数向量
vector<StratThre> m_thre; // 策略阈值向量
TickItr m_startItr; // 行情开始的迭代器
int m_bar; // K线数目
inline void setValue(string signal,int period,float value) { // 设置
指标值
    string name=signal;
    name+=string(".");
    name+=to_string(period);
    m_mapIndicator[name]=value;
}
```

以上内容对一些基本的变量进行了声明。很多指标的计算需要用到一些辅助指标。下面会提到一些例子，对指标逐个来分析：

```
inline float calWpr(TickItr tick) { // 计算挂单量加权平均价
    return
(static_cast<float>(tick->m_bid*tick->m_askQty+tick->m_ask*tick->m_
bidQty)/(tick->m_bidQty+tick->m_askQty));
};
```

这其实计算的是 R 语言里面的 wpr 值，即挂单量加权平均价。比如螺纹钢，现在买价是 3 610 元，卖价是 3 611 元，买量是 300，卖量是 10，最新价是 3 611 元，最新成交量是 2，中间价是（3 610+3 611）/2=3 610.5 元，如果计算 wpr，则有 wpr=（3 610×300+3 611×10）/（300+10）=3 610.032。

此时价格是严重偏向 3 611 的，毕竟卖量只有 10 手，买量有 300 手，下一次价格上涨的概率远大于下跌的概率。但由于一些随机性因素，导致最新价是 3 610 元，因为最新成交量只有 2 手，所以是比较随机的因素造成的。如果用平均价 3610.5 元，也不能反映当前的行情，因此用挂单量加权平均价最合适，

这样预测出来的价格变化才是真正的价格变化。

这里把 static_cast<float> 转换为 float 类型，是因为之前 bid 和 ask 都是整型。这里或许处理得不太好，如果一直保持用 double 类型或许就不需要转换。

我们挑一些常用的指标来看，比如以下这个计算指数移动平均线的（Exponential Moving Average）：

```
      void calEMA(IndicatorItr ema, float x, int period, bool
wilder=false) { // 计算指数移动平均
    float ratio=2.0/(static_cast<float>(period)+1); // 当前值的比例
        if (wilder) ratio=1.0/(static_cast<float>(period)); // 使用可缓
和的指标
        *ema=*ema*(1-ratio)+x*ratio; // 过去累计值与当前值的加权和
    }
```

计算的指标值保存在 ema 这个迭代器中，无需中间变量，只需要每次更新这个迭代器里面的值。这个指标比较简单，不需要用到中间变量，我们来看一个复杂一些的，即著名的 MACD（Moving Average Convergence Divergence）指标。

```
      void calMACD(TickItr start, int tick, IndicatorItr fastMACD,
IndicatorItr slowMACD, IndicatorItr signal, int nFast, int nSig=9);
```

它需要两个中间变量：fastMACD 和 slowMACD，因为 MACD 需要计算这两个变量的指数移动均线，所以需要有专门的变量保存下来，才能进行下一步计算。我们可以看看 MACD 的定义：

```
template<typename IndicatorItr, typename TickItr, typename TickType,
typename MiddleItr>
// 由于使用了template，所以定义中要写上，现在发现有点为自己添加麻烦
void MinuteSignal<IndicatorItr, TickItr, TickType, MiddleItr>::
calMACD(TickItr start, int tick, IndicatorItr fastMACD, IndicatorItr slowMACD,
IndicatorItr signal, int nFast, int nSig) {
// MACD的函数头
    float wpr=(start+tick)->m_wpr; // 读取wpr值
    int nSlow=nFast*2; // 默认慢速均线周期是快速均线的两倍，简化参数
    if (tick<nFast-1) *fastMACD=0.0; // 行情不足时快速均线为零
    else if (tick==nFast-1) { // 行情恰好达到快速均线，初始值用普通均线代替
        *fastMACD=0.0;
        for (int itr=0; itr!=nFast; ++itr)
            (*fastMACD)+=(start+itr)->m_wpr;
        (*fastMACD)/=nFast;
    } else calEMA(fastMACD,wpr,nFast); // 行情足够多则计算指数移动均线
    if (tick<nSlow-1) *slowMACD=0.0; // 行情不足时慢速均线为零
    else if (tick==nSlow-1) { // 行情恰好达到慢速均线，初始值用普通均线代替
        *slowMACD=0.0;
        for (int itr=0; itr!=nSlow; ++itr)
            (*slowMACD)+=(start+itr)->m_wpr;
```

```
        (*slowMACD)/=nSlow;
    } else calEMA(slowMACD,wpr,nSlow); // 行情足够多则用指数移动均线
    float macd=0.0; // MACD初始值
    if (tick>=nSlow-1) {
        macd=100*((*fastMACD)/(*slowMACD)-1);    //计算快速均线与慢速均线之差
（比例）
        calEMA(signal,macd,nSig); // 对它们的差做指数移动均值
    }
    setValue("macd", nFast, *signal); // 设置指标逐
}
```

传统的 MACD 是用快速和慢速均线之差做均值，但其实它们的差只是价格差，不同品种价格差别很大，难以统一，所以这里用了百分比，相当于价格的变化量。从程序里可以看出，要使用多少个中间变量，都得在函数头里面加入相应的参数。

对指标的介绍就讲到这里，其余指标的写法也是类似的，不再赘述，然后这个类就可以声明结束了。

```
//..........

};

#endif
```

有了技术指标值后，技术指标的线性组合则是最终的预测值，然后我们就可以计算程序是否要执行交易了。下面我们看看 minuteSignal.cpp 函数的具体定义。首先是计算各个策略预测值的 getAction()：

```
#include "minuteSignal.h"

#include <algorithm>
#include <functional>
#include <cmath>
#include <set>
#include <sstream>
#include <fstream>

using namespace std;

// 1: buy open取值1是买开
// 2: sell open取值2是卖开
// 3. buy close取值3是买平
//4. sell close取值4是卖平
//5. all close取值5是全部平仓
template<typename IndicatorItr, typename TickItr, typename TickType,
typename MiddleItr>
void MinuteSignal<IndicatorItr, TickItr, TickType, MiddleItr>::getAction()
{ // 获得交易动作
    for (auto iStrat=0; iStrat!=m_strat.size(); ++iStrat) { // 遍历全部策略
```

```
    m_pred[iStrat]=getPred(iStrat); // 获得预测值
    if (m_pred[iStrat]>m_thre[iStrat].open) m_action[iStrat]=1; // buy
open 买开
    else if (m_pred[iStrat]< -m_thre[iStrat].open) m_action[iStrat]=2;
// sell open卖开
    else if (m_pred[iStrat]>= -m_thre[iStrat].close && m_pred[iStrat]
<=m_thre[iStrat].close) m_action[iStrat]=5; // buy close and sell close全平
    else if (m_pred[iStrat]>= -m_thre[iStrat].close) m_action[iStrat]=3;
// buy close买平
    else if (m_pred[iStrat]<=m_thre[iStrat].close) m_action[iStrat]=4;
// sell close卖平
    else m_action[iStrat]=0; // 什么都不做
  }
}
```

一共只有 6 种操作：买开、卖开、买平、卖平、全平和不动。这是对单个策略而言，对多个策略来说，总手数是各个策略的持仓之和，然后根据总手数的变化来交易。下面看看计算指标的程序 calTickIndicator：

```
template<typename IndicatorItr, typename TickItr, typename TickType,
typename MiddleItr>
void MinuteSignal<IndicatorItr, TickItr, TickType, MiddleItr>::calTickIndicator()
{ // 计算指标
    IndicatorItr indStart=m_indicators.begin(); // 指标开始指针
    IndicatorItr helperStart=m_helpers.begin(); // 辅助指标开始指针
int middle=0;
    calSizeImb(m_startItr, m_bar, indStart); // 计算买卖不平衡量
    auto cur=m_startItr+m_bar; // 当前行情迭代器
    cur->m_wpr=calWpr(cur); // 计算挂单量加权平均价
    cur->m_hlc=static_cast<float>(cur->m_high+cur->m_low+cur->m_
close)/3; // 计算HLC
    for (int period=m_minPeriod; period<=m_maxPeriod; period*=2) { //
开始计算指标
// 很多指标并未使用，但为了编程方便也一起计算了
        calADX(m_startItr, m_bar, period, helperStart++, helperStart++,
helperStart++, indStart++); // 计算ADX指标
        calAROON(m_startItr, m_bar, period, indStart++); // 计算AROON指标
        calBBANDS(m_startItr, m_bar, period, helperStart++, indStart++,
2.0); // 计算布林带指标
//......
```

指标计算过程就是这样的，各个指标大同小异，不再赘述。其中 helperStart++ 字样表明辅助变量使用完之后，迭代器要加 1，为下一个辅助变量做准备。indStart++ 则表明指标赋值完成后，迭代器加 1，为下一个指标进行赋值。指标数目比较多，这里不再一一列举。

最后，由于使用了 template，所以要在 .cpp 文件末尾加上一些声明：

```
template void MinuteSignal<MinIndItr, MinItr, MinuteTick, MinMiddleItr>::
calTDI(MinItr start, int tick, int period, MinIndItr signal);
```

```
template void MinuteSignal<MinIndItr, MinItr,MinuteTick,MinMiddleItr>::
calMACD(MinItr start, int tick, MinIndItr fastMACD,
MinIndItr slowMACD,  MinIndItr signal, int nFast, int nSig);

template void MinuteSignal<MinIndItr, MinItr, MinuteTick, MinMiddleItr>::
calTRIX(MinItr start, int tick, int n, MinIndItr ema1, MinIndItr ema2,
MinIndItr ema3, MinIndItr signal);

template void MinuteSignal<MinIndItr, MinItr, MinuteTick, MinMiddleItr>::
calAROON(MinItr start, int tick, int n, MinIndItr signal);
//......
```

这样的话，对于 5 分钟策略而言，把 MinIndItr，MinItr，MinuteTick，MinMiddleItr 等代入模板中，就可以进行编译，程序才能运行。当然，一般来说也不需要使用模板，大家如果之前没学过模板，可以把它作为一个知识点学习一下。其实是增加了编程复杂度，使之难以维护，也是一种对自己知识产权的保护。

10.2.3 仓位的管理

为了进行仓位的管理，我们专门定义一个策略类 WeiLinearMinute，把所有与策略有关的内容都放在里面。定义类的一个好处在于类的内部相当于一个封闭的空间，成员变量可以像全局变量那样使用，编程比较方便。下面看看这个类的头文件 WeiLinearMinute.h：

```
#ifndef WEILINEARMINUTEH
#define WEILINEARMINUTEH

#include "minuteSignal.h"
#include <sstream>

struct coreTick { // 定义基本数据类型
    int date; // 日期
    string time; // 时间
    int milli; // 毫秒
    double price; // 价格
    double turnover; // 成交额
    double openInt; // 持仓量
    double bid; // 买价
    double ask; // 卖价
    int bidQty; // 买量
    int askQty; // 卖量
    int qty; // 成交量
};

inline int roundPrice(int price, int multiple) { // 价格取整
```

```
        return ((price+multiple/2)/multiple)*multiple;
}
```

上面是一些辅助的结构体和函数，主要是接收交易所传来的数据，然后才传给 BasicTick。

交易所传来的价格是 double 型，但实际上很多品种的价格都是整型，即使不是整型，转换成整型也容易，所以这里用 introundPrice 把价格转成整型。

比如黄金的价格是 265.65 元，乘数是 100，但计算机保存的价格可能是 265.649 9 元，我们乘以 100 后得到 26 564，然后代入 roundPrice 中，此时 multiple 的意思其实是 spread，当时写程序有点笔误，multiple 是 5，则有 price+multiple/2=26 564+5/2=26 564+2=26 566，然后除以 multiple，即除以 5，有 26 566/5=5 313，然后乘以 5，则有 5 313×5=26 565，就可以得到我们想要的结果。如果计算机保存的是 265.650 001 的格式，则乘以 100 后是 26 565，price+multiple/2=26 565+5/2=26 567，然后 26 567/5=5 313，然后乘以 5，则有 5 313×5=26 565，还是能得到想要的结果。因此价格取整通过这个方式可以实现。

然后我们就可以定义 WeiLinearMinute 这个类了：

```
class WeiLinearMinute {
 public:
  WeiLinearMinute(const string minuteFile, const string stratFile,
const string threFile, const string tickFile, const string nightEnd,
const int strat, const float openThre, const float closeThre, const
float sarInitGap, const int minPeriod, const int maxPeriod) : m_
minuteFile(minuteFile), m_stratFile(stratFile), m_threFile(threFile),
m_tickFile(tickFile), m_nightEnd(nightEnd), m_strat(strat), m_
openThre(openThre), m_closeThre(closeThre), m_SarInitGap(sarInitGap),
m_minPeriod(minPeriod), m_maxPeriod(maxPeriod) { // 构造函数
        setup();
    }
  WeiLinearMinute(const string productFile, const string path); // 构造
函数

    void setup(); // 初始化函数
    void processBook(const string& bookFile); // 处理历史数据
    void processMinute(const string& bookFile, const bool cut=false);
// 处理每根K线
    void openBook(const string& bookFile); // 打开历史数据
    void setNewTick(int date, string time, int milli, int price, int
qty, int turnover, int openInt, int bid, int ask, int bidQty, int askQty) {
    // 设置新行情的值
        m_tick=MinuteTick(price, qty, turnover, bid, ask, bidQty, askQty,
time);
    }
    void updateBar(); // 更新K线
```

```
    void nextBar(); // 下一根K线
    void processTick(); // 处理一个行情
    void outputMinute(ostream& out,const MinuteTick& item); // 输出K线
数据
    void outputTick(ostream& out, const coreTick& item); // 输出行情
    void getAction(); // 获得交易动作
    void cutMinute(ofstream& out, const string bookFile, const bool cut);
// 削减旧历史数据
```

这些是需要用到的成员函数，主要是读取历史数据，以及逐条处理行情和
K 线，下面会有详细的定义。此外，这个类还有自己的成员变量：

```
public:
    int m_spread; // spread of the contract合约的价差
    vector<MinuteTick> m_book; // 历史行情
    int m_tickNum; // number of ticks from start从开始到现在的行情数
    float m_SarInitGap; // SAR指标的初始值
    inline void getTickData(const coreTick& newTick) { // 获得新行情
        m_tick.m_date=newTick.date; // 设置日期
        m_tick.m_time=newTick.time; // 设置时间
        m_tick.m_milli=newTick.milli; // 设置毫秒数
        m_tick.m_price=roundPrice(newTick.price*m_intFactor, m_spread);
// 设置最新价
        m_tick.m_qty=newTick.qty; // 设置最新成交量
        m_tick.m_turnover=roundPrice(newTick.turnover*m_intFactor, m_
spread); // 设置成交额
            m_tick.m_openInt=roundPrice(newTick.openInt*m_intFactor, m_
spread); // 设置持仓量
        m_tick.m_bid=roundPrice(newTick.bid*m_intFactor, m_spread); //
买一价
            m_tick.m_ask=roundPrice(newTick.ask*m_intFactor, m_spread); //
卖一价
        m_tick.m_bidQty=newTick.bidQty; // 买一量
        m_tick.m_askQty=newTick.askQty; // 卖一量
    }
    string m_timeFile; // K线时间文件
    string m_minuteFile; // K线
    string m_stratFile; // 策略文件
    string m_threFile; // 阈值文件
    string m_tickFile; // 行情数据文件
    string m_predFile; // 预测值文件
    string m_indiFile; // 指标值文件
    string m_weightFile; // 权重文件
    string m_curTime; // 当前时间
    string m_nightEnd; // 夜盘结束时间
    int m_numStrat; // 策略数量
    int m_intFactor; // 转成整数的乘数
    int m_curTimeInt; // 当前时间转成整数
    string m_preTime; // 前一个时间
    int m_preTimeInt; // 前一个时间整数
    int m_preMilli; // 前一个毫秒数
    MinuteTick m_tick; // 当前切面行情
    MinuteTick m_entryTick; // 进入K线的行情
    int m_tickCount; // 切面行情数统计
```

```
    ofstream m_outputMinute; // K线输出流
    ofstream m_outputTick; // 分笔行情输出流
    ofstream m_outputPred; // 预测值输出流
    ofstream m_outputIndi; // 指标输出流
    ifstream m_input; // 历史行情读入流
    MinIndMat m_middleResult; // 中间结果矩阵
    MinItr m_startItr; // 行情开始迭代器
    int m_strat; // 策略数量
    float m_openThre; // 开仓阈值
    float m_closeThre; // 平仓阈值
    int m_minPeriod; // 最小周期
    int m_maxPeriod; // 最大周期
    int m_totalTick; // 总的行情数
    vector<int> m_position; // 各个策略的仓位
    vector<string> m_indicatorName; // 指标的名称
    int m_tradeQty; // 最大交易量
    vector<int> m_weight; // 每个策略的权重
      MinuteSignal<MinIndItr, MinItr, MinuteTick, MinMiddleItr> m_
minuteSignal; // K线因子
    ~WeiLinearMinute() {} // 析构函数
```

接下来，还要定义一些静态的成员变量，每个类共有的，不会占太多内存：

```
public:
    static const string MINUTE_HEAD; // 历史数据的表头
    static const string TICK_HEAD; // 行情数据的表头
 static const string PRED_HEAD; // 预测数据的表头
    static const string TWENTY_FOUR_HOURS; // 24点的字符串
    static const string ZERO_HOURS; // 零点的字符串
    static const string EVENING_START; // 夜盘开始时间
    static const string MORNING_START; // 白天开始时间
    static const string NEXT_DAY_START; // 下一天开始时间
    static const string MORNING_BREAK; // 早上休息时间
    static const string MORNING_RESUME; // 早上重新开始时间
    static const string MORNING_END; // 早上结束时间
    static const string AFTERNOON_START; // 下午开始时间
    static const string AFTERNOON_END; // 下午结束时间
    static const string NIGHT_AUCTION; // 夜盘集合竞价
    static const string DAY_AUCTION; // 白天集合竞价
    static const string PASS_END; // 超过结束时间
    static const string NIGHT_AUCTION_END; // 夜盘集合竞价结束
    static const string DAY_AUCTION_END; // 白天集合竞价结束
    static const int TICK_NUM=300; // 每分钟300秒
};

#endif
```

至此，对 WeiLinearMinute.h 这个头文件就定义完毕了，下面我们看看
WeiLinearMinute.cpp，由于里面内容较多，我们拆分着看。

首先是对一些基础信息的定义，前面已经有了说明，这里重复一下方便
查找：

```
#include "WeiLinearMinute.h"
#include <sstream>

using namespace std;

const string WeiLinearMinute::MINUTE_HEAD="date time timeInt milli price
open.int qty bid ask bid.qty ask.qty open high low close"; // 历史数据的表头
const string WeiLinearMinute::TICK_HEAD="date time milli price qty
turnover open.int bid ask bid.qty ask.qty"; // 行情数据的表头
const string WeiLinearMinute::PRED_HEAD="date time price bid ask";  //
预测数据的表头
const string WeiLinearMinute::TWENTY_FOUR_HOURS="24:00:00";// 24点的字符串
const string WeiLinearMinute::ZERO_HOURS="00:00:00";// 零点的字符串
const string WeiLinearMinute::EVENING_START="21:05:00";// 夜盘开始时间
const string WeiLinearMinute::MORNING_START="09:05:00";// 白天开始时间
const string WeiLinearMinute::NEXT_DAY_START="00:05:00";// 下一天开始时间
const string WeiLinearMinute::MORNING_BREAK="10:20:00";// 早上休息时间
const string WeiLinearMinute::MORNING_RESUME="10:35:00";// 早上重新开始时间
const string WeiLinearMinute::MORNING_END="11:30:00";// 早上结束时间
const string WeiLinearMinute::AFTERNOON_START="13:35:00";// 下午开始时间
const string WeiLinearMinute::AFTERNOON_END="15:00:00";// 下午结束时间
const string WeiLinearMinute::NIGHT_AUCTION="20:59:00";// 夜盘集合竞价
const string WeiLinearMinute::DAY_AUCTION="08:59:00";// 白天集合竞价
const string WeiLinearMinute::PASS_END="15:05:00";// 超过结束时间
const string WeiLinearMinute::NIGHT_AUCTION_END="21:00:00";// 夜盘集合竞
价结束
const string WeiLinearMinute::DAY_AUCTION_END="09:00:00"; // 白天集合竞价
结束
```

下面介绍一下 getAction 函数，通过预测值来获得交易的指令：

```
void WeiLinearMinute::getAction() { // 获得交易动作指令
  m_minuteSignal.calTickIndicator(); // 计算指标值
  m_minuteSignal.getAction(); // 获得minuteSignal里面的指令
  for (auto iStrat=0; iStrat!=m_minuteSignal.m_strat.size(); ++iStrat) {
    if (m_entryTick.m_lowerLimit && m_entryTick.m_ask>0 && m_
minuteSignal.m_action[iStrat]==1) m_minuteSignal.m_action[iStrat]=3; //
跌停板处理
    if (m_entryTick.m_bid>0 && m_entryTick.m_upperLimit && m_
minuteSignal.m_action[iStrat]==2) m_minuteSignal.m_action[iStrat]=4; //
涨停板处理
    if (m_entryTick.m_time==m_nightEnd || m_entryTick.m_
time==AFTERNOON_END) m_minuteSignal.m_action[iStrat]=0; // 时段结束时处理
    switch(m_minuteSignal.m_action[iStrat]) { // 不同指令处理
    case 1:// 买入开仓
    if (m_entryTick.m_ask>0 && m_entryTick.m_bid>0 && !m_entryTick.m_
upperLimit && !m_entryTick.m_lowerLimit) m_position[iStrat]=m_
minuteSignal.m_thre[iStrat].weight;
      else if (m_entryTick.m_ask>0 && m_position[iStrat]<0 && m_
entryTick.m_lowerLimit) m_position[iStrat]=0;
    break;
    case 2:// 卖出开仓
    if (m_entryTick.m_ask>0 && m_entryTick.m_bid>0 && !m_entryTick.m_
upperLimit && !m_entryTick.m_lowerLimit) m_position[iStrat]=-m_
```

```
minuteSignal.m_thre[iStrat].weight;
        else if (m_entryTick.m_bid>0 && m_position[iStrat]>0 && m_
entryTick.m_upperLimit) m_position[iStrat]=0;
    break;
  case 3: // 买入平仓
    if (m_position[iStrat]<0 && m_entryTick.m_ask>0 && !m_entryTick.
m_upperLimit) m_position[iStrat]=0;
    break;
  case 4: // 卖出平仓
    if (m_position[iStrat]>0 && m_entryTick.m_bid>0 && !m_entryTick.
m_lowerLimit) m_position[iStrat]=0;
    break;
  case 5:全部平仓
    m_position[iStrat]=0;
    break;
  }
    if (abs(m_position[iStrat])>m_minuteSignal.m_thre[iStrat].weight)
m_position[iStrat]=0;
// 超过权重的异常处理
  }
}
```

交易的时候会遇到涨跌停板的特殊情况，此时要进行专门的处理，毕竟这个时候流动性很差，指标计算也很有问题，应该避免开仓，只能平仓。

接下来看看构造函数：

```
WeiLinearMinute::WeiLinearMinute(const string productFile, const string
path) {// 构造函数
    ifstream input(productFile.c_str()); // 读取文件
    m_minPeriod=8; // 最短周期默认值
    m_maxPeriod=64; // 最长周期默认值
    m_numStrat=0; // 策略数量
    while (true) { // 读取数据
        string item;
        getline(input, item);
        if (input.fail()) break;
        stringstream str;
        string var;
        string temp;
        str << item;
        str >> var;
        if (var=="minuteFile") { // 读取历史数据文件
          str >> temp;
          m_minuteFile=path+"/"+temp;
        } else if (var=="stratFile") { // 读取策略文件
          str >> temp;
          m_stratFile=path+"/"+temp;
        } else if (var=="threFile") { // 读取阈值文件
          str >> temp;
          m_threFile=path+"/"+temp;
        } else if (var=="tickFile") { // 读取分笔行情
          str >> temp;
          m_tickFile=path+"/"+temp;
```

```
    }
    else if (var=="nightEnd") str >> m_nightEnd; // 读取夜盘结束时间
    else if (var=="strat") str >> m_strat; // 读取策略名称
    else if (var=="openThre") str >> m_openThre; // 读取开仓阈值
    else if (var=="closeThre") str >> m_closeThre; // 读取平仓阈值
    else if (var=="sarInitGap") str >> m_SarInitGap; // 读取SAR初始值
    else if (var=="intFactor") str >> m_intFactor; // 读取因子取整乘数
    else if (var=="spread") str >> m_spread; // 读取合约价差
    else if (var=="minPeriod") str >> m_minPeriod; // 读取最小回看周期
    else if (var=="maxPeriod") str >> m_maxPeriod; // 读取最大回看周期
    else if (var=="numStrat") str >> m_numStrat; // 读取策略数量
}
size_t pos=m_tickFile.find("tick");
m_predFile=m_tickFile;
m_predFile.replace(pos, 4, "pred");
pos=m_predFile.find("tick");
m_predFile.replace(pos, 4, "pred"); // 设置预测值文件名
pos=m_tickFile.find("tick");
// get indiFile
m_indiFile=m_tickFile;
m_indiFile.replace(pos, 4, "indi");
pos=m_indiFile.find("tick");
m_indiFile.replace(pos, 4, "indi"); // 设置指标文件名
// get weightFile
m_weightFile=m_tickFile;
m_weightFile.replace(pos, 4, "weight");
pos=m_weightFile.find("tick");
m_weightFile.replace(pos, 4, "weight"); // 设置权重的文件名
cout << m_weightFile << endl;
input.close();
setup(); // 初始准备
```

下面看看切割旧数据的函数 cutMinute，因为每次多一天新数据后，要删去最老一天的数据，否则历史数据越来越长，会超过 2 000 个行情。即使超过 2 000 个行情 C++ 不会报错，而是会自动增加，但最好还是不要。

有些人担心不同时间点开始计算的策略会不会不一样，其实只要数值计算的算法是稳定的，在一定行情后计算值都已经收敛，即使开始数值不同会带来一定误差，但都是比较小的误差，不会影响交易。

```
void WeiLinearMinute::cutMinute(ofstream& out,const string bookFile,
const bool cut) { // 切割最老一天的数据
    out << MINUTE_HEAD << endl; // 输出表头
    ifstream input(bookFile.c_str()); // 读取历史数据
    string head;
    getline(input,head); // 读入表头
    string item;
    int dayCount=0; // 统计日子数目
    int timeInt;
    while (true) {
        getline(input,item); // 读入一行
```

```
            if (input.fail()) break;
            stringstream str;
            str << item;
            str >> m_entryTick.m_date >> m_entryTick.m_time >> m_entryTick.
        m_timeInt >> m_entryTick.m_milli >> m_entryTick.m_price >> m_
        entryTick.m_openInt >> m_entryTick.m_qty >> m_entryTick.m_bid >> m_
        entryTick.m_ask >> m_entryTick.m_bidQty >> m_entryTick.m_askQty >> m_
        entryTick.m_open >> m_entryTick.m_high >> m_entryTick.m_low >> m_
        entryTick.m_close; // from historical record
            if (m_entryTick.m_time==AFTERNOON_END) { // 到了一天结尾则日期加1
              dayCount++;
                if (dayCount==1 && cut) continue; // 如果是第一天结束且需要切割则
        不必处理
            }
                if (dayCount==0 && cut) continue; // 如果是第1天还没结束且需要切割也
        不必处理
                out << m_entryTick.m_date << " " << m_entryTick.m_time << " " <<
        m_entryTick.m_timeInt << " " << m_entryTick.m_milli << " " << m_
        entryTick.m_price << " " << m_entryTick.m_openInt << " " << m_
        entryTick.m_qty << " " << m_entryTick.m_bid << " " << m_entryTick.m_ask
        << " " << m_entryTick.m_bidQty << " " << m_entryTick.m_askQty << " " <<
        m_entryTick.m_open << " " << m_entryTick.m_high << " " << m_entryTick.
        m_low << " " << m_entryTick.m_close << endl; // 输出数据
            }
            out.close();
        }
```

显然，在第 1 天的时候，数据是不必输出的，其他时候都要输出。下面看看初始化的程序：

```
void WeiLinearMinute::setup() { // 初始化函数
    m_entryTick.m_high=m_tick.m_price; // 设置最高价
    m_entryTick.m_low=m_tick.m_price; // 设置最低价
    if (m_entryTick.m_price==0) {
        m_entryTick.m_low=1e+7;
        m_entryTick.m_high=0;
    }
    m_entryTick.m_turnover=0; // 成交额
    m_entryTick.m_openInt=0; // 持仓量
    m_entryTick.m_qty=0; // 成交量
    m_outputMinute.open(m_minuteFile); // 打开历史数据文件
    m_outputMinute << MINUTE_HEAD << endl; //输出历史数据表头
    m_outputPred.open(m_predFile); // 打开预测值文件
    m_outputPred << PRED_HEAD; // 输出预测文件表头
    // main program
    m_middleResult.resize(MiddleNum); // 中间结果矩阵设置大小
    cout << "start minute signal" << endl;
    m_minuteSignal=MinuteSignal<MinIndItr, MinItr, MinuteTick,
MinMiddleItr>(m_startItr, m_stratFile, m_threFile, m_weightFile,
m_strat, m_openThre, m_closeThre, m_SarInitGap, m_minPeriod, m_
maxPeriod); // 给成员变量m_minuteSignal赋值，策略参数保存在里面
    cout << "finish minute signal" << endl;
    for (auto item:m_minuteSignal.m_mapIndicator) // 构建指标向量
        m_indicatorName.push_back(item.first);
```

```
    m_position.resize(m_minuteSignal.m_strat.size(), 0); // 重构仓位矩阵
    for (size_t i=0; i!=m_minuteSignal.m_strat.size();  ++i)
      m_outputPred << " action." << i << " pred." << i << " position."
<< i;
    m_outputPred << endl;
    cout << "trade qty " << m_tradeQty << endl;
    if (m_numStrat==0) m_minuteSignal.m_thre[0].weight=m_tradeQty; //
单策略版本
    m_outputIndi.open(m_indiFile); // 打开指标文件
    m_outputIndi << "date time";
    for (auto item:m_indicatorName) // 输出指标表头
      m_outputIndi << " " << item;
    m_outputIndi << endl;
    m_tickNum=0; // 行情数目
    m_tickCount=0; // 行情累加
    m_totalTick=0; // 总行情数
}
```

然后是输出 K 线数据的程序：

```
void WeiLinearMinute::outputMinute(ostream& out, const MinuteTick&
item) {// 输出K线数据
  int ask=item.m_ask;
  int bid=item.m_bid;
  if (item.m_upperLimit) ask=0; // 涨停时卖价为零
  if (item.m_lowerLimit) bid=0; // 跌停时买价为零
    out << item.m_date << " " << item.m_time << " " << item.m_timeInt
<< " " << item.m_milli << " " << item.m_price << " " << item.m_openInt
<< " " << item.m_qty << " " << bid << " "
<< ask << " " << item.m_bidQty << " " << item.m_askQty << " "
<< item.m_open << " " << item.m_high << " " << item.m_low << " "
<< item.m_close << endl;
}
```

接下来处理下一根 K 线时间的程序。对于合成 5 分钟 K 线而言，C++ 程序每次要知道目标的时间是多少，一旦实盘时间超过目标时间则知道 K 线结束，就会生成新的 K 线。

```
void WeiLinearMinute::nextBar() { // 下一根K线
  if (m_tick.m_time==DAY_AUCTION) { // 早上集合竞价的时候，
    m_curTime=MORNING_START; // 下根K线就是早晨开始
    m_curTimeInt=timeToInt(m_curTime);
  } else if (m_tick.m_time==NIGHT_AUCTION) { // 夜盘集合竞价的时候
    m_curTime=EVENING_START; // 下根K线就是晚上开始
    m_curTimeInt=timeToInt(m_curTime);
  } else {
    int timeInt=m_tick.m_timeInt;
    while (timeInt % TICK_NUM!=0) timeInt++;
    if (timeInt==86400) { // 到达24点时候
      m_curTimeInt=0;
      m_curTime=TWENTY_FOUR_HOURS;
    } else {
      m_curTimeInt=timeInt;
```

```
            m_curTime=intToTime(m_curTimeInt);
        }
    }
}
```

其实只有几个特殊时间要专门处理一下，其余的则一般处理，比如累加当前的时间，直到整 5 分钟的时间才停下来，对那些白天时候中途休息的在其他地方进行处理。这么做可以保证每个 5 分钟都能输出 K 线，哪怕 5 分钟以内一个行情都没有，因为 K 线时间的设置值已经固定了。假设行情很慢，连续几根K 线都没有行情，那么一旦有新的行情，就会补全前面的。这里也没有专门使用机器时间，只是根据行情出发。

如果是跨品种，比如螺纹钢和热卷，极端情况可能是螺纹钢一直有行情，热卷很长时间没有行情，此时两者的 5 分钟 K 线就会有偏差，这需要专门处理。一旦发现螺纹钢有了新的行情，就立即补全热卷旧的 5 分钟。因为现在的程序不涉及跨品种信号，所以没有处理这些情况。

有了新的 K 线之后要更新一下，就是 updateBar：

```
void WeiLinearMinute::updateBar() { // 更新K线
  if (m_book.size()>1) {
    auto itr=m_book.end()-1;
    if (itr->m_time==m_entryTick.m_time) return // 异常处理;
      if (m_entryTick.m_time==NIGHT_AUCTION_END || m_entryTick.m_
time==DAY_AUCTION_END) return;集合竞价的情况
  }
  if (m_entryTick.m_time.size()==8 && m_entryTick.m_time!=NIGHT_
AUCTION_END
&& m_entryTick.m_time!=DAY_AUCTION_END) { // 正常情况
    m_entryTick.m_lowerLimit=false; // 默认没有涨跌停板
    m_entryTick.m_upperLimit=false;
    if (m_entryTick.m_bid==0 && m_entryTick.m_ask>0) { // 遇到跌停
      m_entryTick.m_lowerLimit=true;
      m_entryTick.m_bid=m_entryTick.m_ask-m_spread;
    }
    if (m_entryTick.m_bid>0 && m_entryTick.m_ask==0) { // 遇到涨停
      m_entryTick.m_upperLimit=true;
      m_entryTick.m_ask=m_entryTick.m_bid+m_spread;
    }
    outputMinute(m_outputMinute, m_entryTick); // 输出K线
    m_book.push_back(m_entryTick); // 加入新行情
    m_minuteSignal.m_startItr=m_book.begin(); // 开始指针
    m_minuteSignal.m_bar=m_book.size()-1; // 结束指针
    getAction(); // 获得交易信号
    m_outputPred << m_entryTick.m_date << " " << m_entryTick.m_time
<< " " << m_entryTick.m_price << " " << m_entryTick.m_bid << " " << m_
entryTick.m_ask; // 输出行情
    for (size_t i=0; i!=m_minuteSignal.m_strat.size(); ++i)
```

```
        m_outputPred << " " << m_minuteSignal.m_action[i] << " " << m_
minuteSignal.m_pred[i] << " " << m_position[i]; // 输出预测值和交易信号
    m_outputPred << endl;
    m_outputIndi << m_entryTick.m_date << " " << m_entryTick.m_time; //
输出日期和时间
    for (auto item:m_minuteSignal.m_mapIndicator)
      m_outputIndi << " " << item.second; // 输出指标
    m_outputIndi << endl;
  }
  m_tickCount=0; // 行情重新累加
  m_entryTick.m_high=0; // 最高价
  m_entryTick.m_low=1e7; // 最低价
  m_entryTick.m_turnover=0; // 成交额
  m_entryTick.m_openInt=0; // 持仓量
  m_entryTick.m_qty=0; // 成交量
}
```

这里最高价设为零，最低价设为 100 万元，因为如果没有新行情，旧行情的最高最低价就会保留下来，这些会在后面进行异常处理。接下来就是重要的逐 tick 处理行情的函数 processTick()，里面包含了很多对异常情况的处理，因为实盘时候可能会发生各种错误，特别是跟不同的底层交易程序对接，很多时候不能默认他们把异常情况处理了，并且他们也可能会带来新的异常情况。所以作为量化研究员，只能自己尽可能地完善程序，把异常情况都排除了。本人换过几家公司，程序也交易了很长时间，早期也经常发现有异常情况，现在应该排除得差不多了。

```
void WeiLinearMinute::processTick() { // 逐tick处理行情
    if (m_tick.m_bid==0 && m_tick.m_ask==0 && m_tick.m_bidQty==0 && m_
tick.m_askQty==0) return; // 异常行情直接返回
    if (m_tick.m_time>="15:00:01" && m_tick.m_time<="16:00:00") return;
// 下午结束后直接返回
    if (m_tick.m_time==m_preTime && m_tick.m_milli==m_preMilli) return;
// 重复时间的行情
    m_tick.m_timeInt=timeToInt(m_tick.m_time); // 时间转成整数
    m_preTime=m_tick.m_time; // 前一个时间
    m_preTimeInt=m_tick.m_timeInt; // 前一个时间转成整数
    m_preMilli=m_tick.m_milli; // 前一个时间毫秒数
    if (m_tickNum==0) { //如果统计归零则要下一根K线
        nextBar();
    }
    m_tickNum++; // K线内行情数累加
    // pass by last day's end, put in that tick and start a new bar
    if (m_curTime==PASS_END) { // 当前时间到达了下午收盘，则还要添加最后的K线
        if (m_tick.m_time==NIGHT_AUCTION || m_tick.m_time==DAY_AUCTION)
{
// 如果当前时间到了夜盘或白天集合竞价了
            m_tickCount=0;
            m_entryTick.m_high=m_tick.m_price;
            m_entryTick.m_low=m_tick.m_price;
```

```
                m_entryTick.m_turnover=0;
                m_entryTick.m_openInt=0;
                m_entryTick.m_qty=0;
                if (m_tick.m_time==NIGHT_AUCTION) m_curTime=EVENING_START;
                else if (m_tick.m_time==DAY_AUCTION) m_curTime=MORNING_START;
                m_curTimeInt=timeToInt(m_curTime);
            } else if (m_tick.m_time!=AFTERNOON_END) { // 如果当前时间不是下午
收盘
                m_tickCount=0;
                m_entryTick.m_high=m_tick.m_price;
                m_entryTick.m_low=m_tick.m_price;
                m_entryTick.m_turnover=0;
                m_entryTick.m_openInt=0;
                m_entryTick.m_qty=0;
                nextBar();
            }
        }
        // supposed to get to end of day, but miss it
        if (m_curTime==AFTERNOON_END && (m_tick.m_time==NIGHT_AUCTION || m_
tick.m_time==DAY_AUCTION)) { // 到达下午收盘，但错过了，比如14:59:59结束
            m_entryTick.m_time=m_curTime;
            m_entryTick.m_timeInt=0;
            updateBar();
            if (m_tick.m_time==NIGHT_AUCTION) m_curTime=EVENING_START;
            else if (m_tick.m_time==DAY_AUCTION) m_curTime=MORNING_START;
            m_curTimeInt=timeToInt(m_curTime);
        }

        // at the end of midnight, put in last bar without that tick, start
a new bar
        if (m_curTime==TWENTY_FOUR_HOURS && m_tick.m_time==ZERO_HOURS && m_
tick.m_milli==0) { // 夜盘结束，则放入新的K线，但那一根不必算入，这是R的处理方法
            m_entryTick.m_time=m_curTime;
            m_entryTick.m_timeInt=0;
            updateBar();
            m_curTime=NEXT_DAY_START;
            m_curTimeInt=timeToInt(m_curTime);
        }
        // exactly at the end of a bar, not start a new bar, must return
        if (m_curTime!=m_nightEnd && m_tick.m_time!=ZERO_HOURS && goodTime(m_
tick.m_time) && m_tick.m_milli==0 && m_tick.m_time==m_curTime) {
// 一根K线结束了，但下一根还没开始，才整整5分钟的时间
            m_entryTick.m_date=m_tick.m_date;
            m_entryTick.m_milli=m_tick.m_milli;
            m_entryTick.m_price=m_tick.m_price;
            m_entryTick.m_close=m_tick.m_price;
            m_entryTick.m_openInt+=m_tick.m_openInt;
            m_entryTick.m_qty+=m_tick.m_qty;
            m_entryTick.m_bid=m_tick.m_bid;
            m_entryTick.m_ask=m_tick.m_ask;
            m_entryTick.m_bidQty=m_tick.m_bidQty;
            m_entryTick.m_askQty=m_tick.m_askQty;
            if (m_tick.m_price>m_entryTick.m_high) m_entryTick.m_high=m_tick.
m_price;
```

```
        if (m_tick.m_price<m_entryTick.m_low && m_tick.m_price>0) m_
entryTick.m_low=m_tick.m_price;
        m_entryTick.m_turnover+=m_tick.m_turnover;
        m_tickCount=0;
        m_entryTick.m_time=m_curTime;
        m_entryTick.m_timeInt=m_tick.m_timeInt;
        updateBar();
        if (m_entryTick.m_time==m_nightEnd) {
            m_curTime=MORNING_START;
            m_curTimeInt=timeToInt(m_curTime);
        } else {
            m_curTimeInt=m_entryTick.m_timeInt+TICK_NUM;
            m_curTime=intToTime(m_curTimeInt);
        }
        if (m_curTime==TWENTY_FOUR_HOURS) m_curTimeInt=0;
        else if (m_curTime==MORNING_BREAK) {
            m_curTime=MORNING_RESUME;
            m_curTimeInt=timeToInt(m_curTime);
        } else if (m_entryTick.m_time==MORNING_END) {
            m_curTime=AFTERNOON_START;
            m_curTimeInt=timeToInt(m_curTime);
        }
        return;
    }
    // pass by a bar
    if (m_tick.m_time>m_curTime ||  (m_tick.m_time==m_curTime && m_
tick.m_milli>0 && m_curTime!=m_nightEnd) || (m_tick.m_time<"20" && m_
curTime>"20")) { // 超过了K线结束的时间
        if (m_tick.m_time<"20" && m_curTime==TWENTY_FOUR_HOURS) { // 恰
好是零点
            m_curTime=ZERO_HOURS;
            m_curTimeInt=0;
        }
        m_entryTick.m_time=m_curTime; // 进入K线的时间
// 下面开始找下一个K线结束的时间
        if (m_curTime!=m_nightEnd) { // 如果不是夜盘结束
            m_curTimeInt+=TICK_NUM;则加300秒
            m_curTime=intToTime(m_curTimeInt);
        } else {
            m_curTime=MORNING_START; // 如果是夜盘结束，则下根在早上
            m_curTimeInt=timeToInt(m_curTime);
        }
        if (m_curTime==TWENTY_FOUR_HOURS) m_curTimeInt=0; // 如果到了零点
        else if (m_curTime==MORNING_BREAK) { // 如果到了早上休息
            m_curTime=MORNING_RESUME;
            m_curTimeInt=timeToInt(m_curTime);
        } else if (m_entryTick.m_time==MORNING_END) { // 如果到了早上结束
            m_curTime=AFTERNOON_START;
            m_curTimeInt=timeToInt(m_curTime);
        }
        updateBar(); // 更新K线
    }
    // the same bar同一根K线内部的处理
    m_entryTick.m_date=m_tick.m_date; // 给日期赋值
```

```
    m_entryTick.m_close=m_tick.m_price; // 收盘价
    m_entryTick.m_milli=m_tick.m_milli; // 毫秒
    m_entryTick.m_price=m_tick.m_price; // 最新价
    m_entryTick.m_openInt+=m_tick.m_openInt; // 持仓量累加
    m_entryTick.m_qty+=m_tick.m_qty; // 成交量累加
    m_entryTick.m_bid=m_tick.m_bid; // 买价
    m_entryTick.m_ask=m_tick.m_ask; // 卖价
    m_entryTick.m_bidQty=m_tick.m_bidQty; // 买量
    m_entryTick.m_askQty=m_tick.m_askQty; // 卖量
    if (m_tickCount==0) m_entryTick.m_open=m_tick.m_price; // 新K线开盘价
    if (m_tick.m_price>m_entryTick.m_high) m_entryTick.m_high=m_tick.m_
price; // 最高价
     if (m_tick.m_price<m_entryTick.m_low) m_entryTick.m_low=m_tick.m_
price; // 最低价
    m_entryTick.m_turnover+=m_tick.m_turnover; // 成交额累加
    m_tickCount++; // 行情数累加
}
```

上面是对实时行情或者回测时的分笔行情的处理情况。正常来说，无论是实盘还是回测，遇到新的分笔数据，处理方法应该都是一样的。另外，对于历史数据，如果还是用分笔处理的方式，难免会花费很多时间，因此，如果有历史的 5 分钟数据，处理起来会容易得多。我们用 processMinute 进行处理：

```
void WeiLinearMinute::processMinute(const string& bookFile, const bool
cut) { // 处理历史数据
    ifstream input(bookFile.c_str()); // 读入文件流
    string head;
    getline(input,head);
    string item;
    int dayCount=0; // 日子统计
    int timeInt;
    int itemCount=0; // 行情统计
    while (true) {
        getline(input,item);
        if (input.fail()) break;
        stringstream str;
        str << item;
        str >> m_entryTick.m_date >> m_entryTick.m_time >> m_entryTick.
m_timeInt >> m_entryTick.m_milli >> m_entryTick.m_price >> m_
entryTick.m_openInt >> m_entryTick.m_qty >> m_entryTick.m_bid >> m_
entryTick.m_ask >> m_entryTick.m_bidQty >> m_entryTick.m_askQty >> m_
entryTick.m_open >> m_entryTick.m_high >> m_entryTick.m_low >> m_
entryTick.m_close; // from historical record // 从历史数据读入
        if (m_entryTick.m_time==AFTERNOON_END) { // 如果到了下午收盘
        dayCount++; // 日子数累加
        if (dayCount==1 && cut) continue; // 如果要切割则跳过
        }
        if (dayCount==0 && cut) continue; // 如果要切割则跳过
        m_outputMinute << m_entryTick.m_date << " " << m_entryTick.m_
time << " " << m_entryTick.m_timeInt << " " << m_entryTick.m_milli <<
" " << m_entryTick.m_price << " " << m_entryTick.m_openInt << " " << m_
entryTick.m_qty << " " << m_entryTick.m_bid << " " << m_entryTick.m_ask
```

```
<< " " << m_entryTick.m_bidQty << " " << m_entryTick.m_askQty << " " <<
m_entryTick.m_open << " " << m_entryTick.m_high << " " << m_entryTick.
m_low << " " << m_entryTick.m_close << endl; //输出K线数据
        m_entryTick.m_upperLimit=false;
        m_entryTick.m_lowerLimit=false;
        if (m_entryTick.m_bid==0 && m_entryTick.m_ask>0) {
          m_entryTick.m_lowerLimit=true; // 到达涨停
          m_entryTick.m_bid=m_entryTick.m_ask-m_spread;
        }
        if (m_entryTick.m_bid>0 && m_entryTick.m_ask==0) {
          m_entryTick.m_upperLimit=true; // 到达跌停
          m_entryTick.m_ask=m_entryTick.m_bid+m_spread;
        }
        m_book.push_back(m_entryTick); // 放入新的K线
        m_minuteSignal.m_startItr=m_book.begin();
        m_minuteSignal.m_bar=m_book.size()-1;
        getAction(); // 计算交易信号
        int totalPos=accumulate(m_position.begin(), m_position.end(),
0); // 计算总的仓位
          m_outputPred << m_entryTick.m_date << " " <<  m_entryTick.m_
time << " " << m_entryTick.m_price << " " << m_entryTick.m_bid << " "
<< m_entryTick.m_ask; // 输出K线
        itemCount++;
        for (size_t i=0; i!=m_minuteSignal.m_strat.size();  ++i)
          m_outputPred << " " << m_minuteSignal.m_action[i] << " " <<
m_minuteSignal.m_pred[i] << " " << m_position[i]; // 输出预测值和交易信号
        m_outputPred << endl;
         m_outputIndi << m_entryTick.m_date << " " << m_entryTick.m_
time; // 输出日期和时间
        for (auto item:m_minuteSignal.m_mapIndicator)
          m_outputIndi << " " << item.second;
        m_outputIndi << endl;
    }
    input.close();
}
```

至此，策略处理的主要部分就完成了。剩下的是交易部分的初始化之类的工作，以及跟底层接口的对接，由于占用篇幅会比较多，这里不再赘述，读者可以自己完成。

10.3　本章小结

本章主要介绍了策略程序从 R 转成 C++ 的具体步骤，无论是单策略还是多策略都是可以方便进行转换的。当然，离具体的实盘程序还有一点距离，比如跟底层打交道的 CTP 那块并没有涉及。本章的目的更多是抛砖引玉，主要针对有数学、统计学背景的同学，他们 C++ 编程可能并不是十分厉害，但是又想自己编写策略方面的程序，本章提供了这些方面的帮助。本章的程序也不依赖于 Qt 等其他平台，也没用使用 C++ Boost 库，读者只需要学过大学本科一两门 C++ 的课即可，不会额外增加读者学习负担。这些程序，很多也已经用于实盘，所以基本上还是靠谱的。

第十一章

↓

实盘交易管理

上一章介绍了用C++实现实盘交易的程序。交易过程中其实会遇到各种各样的问题，特别是自己用C++写的程序，各类错误都得自己调试改正，不像第三方平台那么方便。各类风险也得自己应对，包括策略风险、操作风险、硬件风险、市场行情风险等。本章系统介绍实盘交易会遇到的各种问题，并给出相应的解决方案。

11.1 模拟交易

在实盘交易之前，一般会先进行模拟交易，确认程序没有一些低级错误，计算的因子值、预测值、买卖交易等与回测一致之后，这样才可以放心地进入实盘。当然，如果是去大的量化私募或成熟的量化团队工作，这些问题一般都有专门的 IT 人员进行处理；但如果是自己写程序来交易，或者是初创团队从零开始搭建平台，这些工作都必须由自己来做。

11.1.1 SimNow 仿真交易平台

SimNow 仿真交易平台也是采用 CTP 接口，它的模拟交易环境跟实盘交易差不多，一般在 SimNow 上面能正常运行的在实盘中也能正常运行。而且 SimNow 有相应的手机 App 可以下载，方便手机上即时监控。SimNow 的网址为：http：//www.simnow.com.cn。之后只需要按照相关提示注册模拟账户，并且在实盘交易设置相应的 Broker ID 和行情、交易的地址即可。

SimNow 模拟交易也可以用快期进行监控，与普通实盘交易账户没什么区别，其中交易的截图如图 11-1 所示。

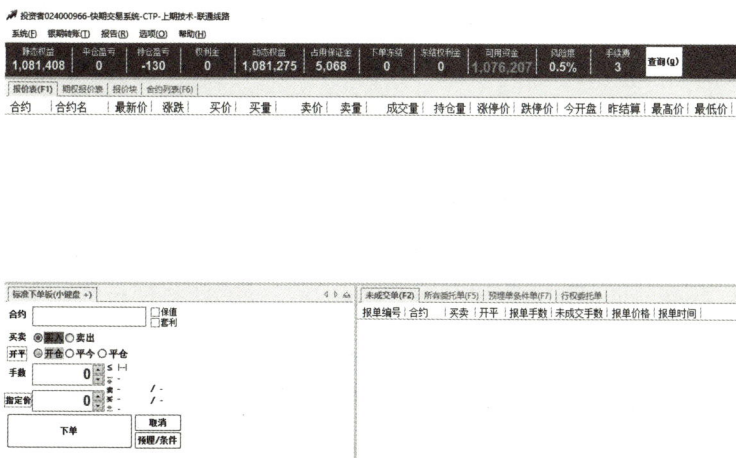

图 11-1 SimNow 仿真交易平台

上端显示的是静态权益、平仓盈亏、持仓盈亏、权利金、动态权益、占用保证金、下单冻结、冻结权利金、可用资金、风险度、手续费等信息，这跟平时实盘交易看到的监控界面是完全一样的。

SimNow 对成交的撮合机制是见价成交，这会比实盘交易有更小的滑点，等价于每次挂单排队都能排第 1 位，有作弊的嫌疑。因此，SimNow 不适合进行高频交易的模拟，其结果会严重失真，这是需要特别注意的。但是对中低频交易的模拟和测试程序的低级错误来说是没有问题的。

此外，SimNow 设置的手续费只是交易所的手续费，一般期货公司会加收10% ~ 20%，对于散户交易者还会加收更高的比例，因此 SimNow 模拟交易的结果普遍优于实盘交易，只能用来检验程序编写是否有错，交易结果不能用来作为宣传的依据。

11.1.2　交易合约设置

对于前面章节所说的交易策略，我们需要一些配置文件。比如我们需要记录当前交易的各个期货品种的主力合约，因为趋势交易一般是顺势交易，属于消耗流动性（take liquidity）的交易，一般只在最活跃的主力合约上交易，不会在次主力合约上交易，因此，需要标记出当前每个期货合约的主力合约，比如我们保存在 main.contract.txt 中，如图 11-2 所示。

其中 product 表示期货的品种名称，main.contract 表示主力合约的名称。这一般是当前交易量和持仓量最大的合约，但有时候交易量最大的持仓量未必最大，因此，交易所并不会定义出自己的主力合约，而是每个人自己按照一定的规则定义的。一般来说是按最大成交量来定义，并且一旦换月，即使旧合约的成交量再次超越回来，也不会换回去。

有了交易的主力合约，我们还需要每个主力合约的历史数据。前面章节提到，这类机器学习的模型都需要计算指标的值，很多涉及指数移动平均等指标，一开始的指标计算值有较大偏移，不能直接使用，需要积累一定的行情指标值才可以收敛到正常范围，因此需要历史的行情数据进行数据的预热。这类行情数据一般只需要 5 分钟数据，不需要分笔数据，其中一段螺纹钢 1805 合约的历史数据如图 11-3 所示。

```
product main.contract
CF CF801
FG FG801
MA MA801
OI OI801
RM RM801
SR SR801
TA TA801
ZC ZC801
a a1801
ag ag1712
au au1712
bu bu1712
c c1801
cs cs1801
cu cu1801
hc hc1801
i i1801
j j1801
jd jd1801
jm jm1801
l l1801
m m1801
ni ni1805
p p1801
pp pp1801
rb rb1805
ru ru1801
v v1801
y y1801
zn zn1801
```

```
date time timeInt milli price open.int qty bid ask bid.qty ask.qty open high low close
20170914 21:05:00 75900 0 3705 2106 20930 3704 3705 22 51 3703 3717 3702 3705
20170914 21:10:00 76200 0 3694 2060 17712 3694 3695 5 149 3705 3715 3692 3694
20170914 21:15:00 76500 0 3681 -1746 29162 3680 3681 76 42 3694 3698 3679 3681
20170914 21:20:00 76800 0 3693 -1120 15302 3692 3693 151 22 3680 3696 3679 3693
20170914 21:25:00 77100 0 3695 636 4744 3694 3695 15 73 3693 3695 3689 3695
20170914 21:30:00 77400 0 3700 -1094 9140 3699 3700 54 32 3695 3702 3693 3700
20170914 21:35:00 77700 0 3697 -482 5704 3696 3697 83 73 3700 3700 3696 3697
20170914 21:40:00 78000 0 3702 -1042 9866 3701 3702 44 50 3697 3707 3695 3702
20170914 21:45:00 78300 0 3697 -474 5962 3697 3699 42 29 3702 3704 3696 3697
20170914 21:50:00 78600 0 3705 -820 9732 3704 3705 128 115 3697 3710 3696 3705
20170914 21:55:00 78900 0 3705 240 4164 3704 3705 13 6 3704 3706 3701 3705
20170914 22:00:00 79200 0 3701 -136 3128 3701 3702 12 169 3705 3706 3699 3701
20170914 22:05:00 79500 0 3712 -2824 17266 3711 3712 35 110 3701 3719 3701 3712
```

图 11-2   期货主力合约   图 11-3   rb1805 历史数据

  一般来说，历史数据预热大约 10 天数据就足够了。其实对这类机器学习策略来说，并不要求每次从同一天开始预热，毕竟经历了 5 ～ 10 天后，指标的数值就非常稳定了，我们用到的指标回看周期不会很长，即使有一定误差，也不会影响交易。如果预留太长的历史数据，反而会影响运营的效率，特别是多个账户多个程序同时运行的时候，如果编程水平不是很高，无法实现单程序多账户，需要每个账户一个程序都有单独的历史数据，那么对内存的占用会比较高。中低频或许还可以承受，高频分笔数据一般没法这样处理。

  本人曾在一家私募工作，一开始也没注意这些细节，负责 IT 的同事跟我说我的程序占用了 20G 的内存，虽然我们的服务器比较厉害有 80G 内存，但相比其他同事的程序还是大了许多。后来我对程序内部的指标数量以及回看行情的数目都进行了缩减，目前重用内存仅 200M 左右，一般的服务器都能承受。

  其实很多经验需要工作一段时间才能积累，很多时候也未必只在同一家公司积累这些经验，只要在这个行业一直待下去，每天进步一点点，把遇到的问题解决好并反映到程序中，久而久之就会有进步的。

11.1.3　交易策略设置

除了交易的合约，此外对策略也要进行相应的设置。比如每个品种都有一些基础的信息，如策略的数量、夜盘的时间、各类配置文件的文件名等这些都需要设置。我们可以保存在一个文件当中，比如螺纹钢的策略设置就保存在 rb.config.txt 当中，如图 11-4 所示。

```
minuteFile minute/rb.minute.txt
stratFile strat/rb.linear.5m.strat.txt
threFile thre/rb.linear.5m.thre.txt
tickFile tick/rb.tick.txt
nightEnd 23:00:00
strat 0
openThre 0.1
closeThre 0.1
sarInitGap 2
intFactor 1
spread 1
minPeriod 16
maxPeriod 16
numStrat 18
```

图 11-4　螺纹钢主配置文件

其中的一些信息是旧时候单策略时保留的，比如 openThre 和 closeThre，为了保持兼容性，这里也保留了下来，其实现在多策略的每个策略都有不同的系数和开平仓阈值，不会只有一个数值。这里面的文件包括：

minuteFile：实盘输出的分钟数据文件

stratFile：策略各因子及系数的文件

threFile：策略的阈值文件

tickFile：分笔数据文件，目前不再使用

nightEnd：夜盘结束时间，每个品种不一样，而且优势交易所也会调整

strat：使用哪个策略，这个在多策略环境下不再使用

openThre：开仓阈值，在多策略环境下不再使用

closeThre：平仓阈值，在多策略环境下不再使用

sarInitGap：这是 SAR 指标的一个参数，每个品种不一样，需要全局设定，比较麻烦，目前这个指标已经不再使用

intFactor：把价格转成整数的乘数，螺纹钢价格已经是整数了，因此这个数值是 1

spread：最小买卖价差

minPeriod：计算指标的最小周期数

maxPeriod：计算指标的最大周期数

numStrat：策略的数目

可以看出，有很多参数都是各个品种所特有的，比如夜盘结束时间、最小买卖价差、取整乘数等，这些都要人工输入，并且需要密切留意交易所的各种通知，及时调整。有时候多加几个量化微信群、期货微信群，有相关的变动的话就会有人转发的。

接下来，就是策略文件的配置，比如每个策略的因子和系数，如图11-5所示。

第一列 signal 是因子的名称，第二列 coef 是因子的系数，第三列则是策略的编号。其实每个策略基本上都是使用类似的因子。这里因子名称用 x1，x2等代替，主要是为了防止策略信息泄露。读者可以换成因子真实的名称。

另外，是买卖阈值的配置文件。每个策略有不同的开平仓阈值，如图11-6所示。

```
signal coef strat
x1.16 0.000103199884030793 0
x2.16 0.00015787482963982 0
x3.16 -0.000232907366848896 0
x4.16 -0.000519234507012761 0
x5.16 -0.000280106519640737 0
x6.16 -0.00126728973875633 0
x7.16 -0.0005178594528732262 0
x8.16 -0.00119941241866223 0
x9.16 -0.0158942096496811 0
x10.16 -0.0015170478878668 0
x11.16 -3.56000265038698e-05 0
x12.16 -0.0270028485746391 0
x13.16 -0.00690249817918453 0
x14.16 0.00357576656129948 0
x15.16 0.0003706371677723672 0
x16.16 0.0193518010755162 0
x17.16 0.00923860943285631 0
x18.16 0.000140322179193642 0
x19.16 0.0009605556804335345 0
x1.16 0.000103199884030793 1
x2.16 0.00015787482963982 1
x3.16 -0.000232907366848896 1
x4.16 -0.000519234507012761 1
x5.16 -0.000280106519640737 1
x6.16 -0.00126728973875633 1
```

```
open close sharp strat contract
0.0024 -0.002 1.67990319310639 0 4
0.003 -0.0018 1.65267590242704 1 4
0.0034 -0.0026 2.21740592093984 2 7
0.001 -0.001 2.28335538873506 3 10
0.0028 -0.0016 1.875065455829284 4 15
0.0028 -0.0012 1.95460558282595 5 15
0.0024 -0.0024 3.14832455703203 6 16
0.0026 -0.0022 3.61566082729684 7 16
0.0028 -0.0028 1.82690416462734 8 16
0.0028 -0.0024 3.08981550469969 9 16
0.0028 -0.0022 3.71899596227793 10 16
0.003 -0.0026 2.79920450782119 11 16
0.003 -0.0022 4.07152471055237 12 16
0.003 -0.0018 3.5901053489813 13 16
0.0032 -0.0024 3.20614081448808 14 16
0.0032 -0.0024 3.1951458166792 15 16
0.0034 -0.0022 3.26342124022927 16 16
0.0038 -0.0022 3.14901847887378 17 16
```

图 11-5　策略因子系数配置　　　　图 11-6　开平仓阈值配置文件

这里面列出了策略的开平仓阈值和夏普比等信息，以及策略优化时使用的是哪些合约等。同样的因子，不同的合约，拟合出来的策略会很不一样，另外，同一个策略，使用不同的开平仓阈值，交易的结果也会很不一样。

最后，就是投资组合方面，每个策略交易的手数，这里用 weight 这个文件夹来表示，螺纹钢方面的权重如果每个策略 1 手，则如图 11-7 所示。

```
x
1
1
1
1
1
1
1
1
1
1
1
1
1
1
1
1
1
```

图 11-7　螺纹钢策略手数

每行指的是一个策略的手数，18 行则有 18 个策略。实际交易过程中，如果发现哪个策略表现不好，也可以把它的仓位减少，很多时候程序化交易只是交易过程比较自动化，人主观调整的地方还是存在的。因此，我们努力的方向是尽量减少人主观调整的次数，或者说每次调整都要有客观严谨的依据。

11.2　风险管理

模拟交易不会有资金上的风险，实盘交易就不一样了。如果程序没有错，进入实盘交易阶段，风险管理自然成为了很重要的因素，这里的风险包括很多方面，如策略风险、行情风险、操作风险、硬件风险、程序风险等，下面一一来分析。

11.2.1　策略风险

策略风险更多是指策略已经不适合当前的行情了，最简单的体现就是策略在持续亏钱。当然，至于这是策略的正常回撤还是策略已经失效了，这是一个比较复杂的问题。我认为可以这么考虑：

- 低位低波动振荡。比如螺纹钢期货在 2014 年 11 月 17 日到 2015 年 3 月 2 日这段时间，如图 11-8 所示。价格处于低位，而且波动幅度非常小，几个月时间才波动了150个点。要知道，在波动厉害的时候，且价格较高比如4000点时，波动5%就是200个点，很多交易日都这么大的振幅，相当于那段时间几个月的波动幅度。因此，那段时间本来就不适合趋势策略，也比较容易用一些波动率等指标过滤掉而不去做，那段时间亏钱的策略并不意味着失效，因为绝大多数策略都不行，按逻辑来说也是不行的。

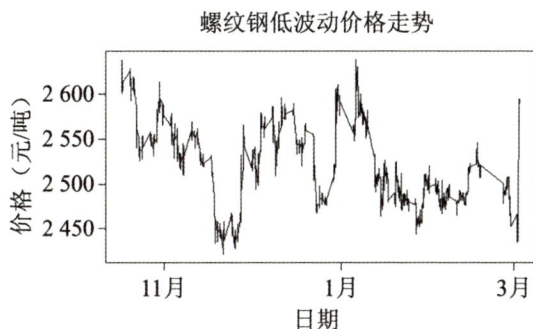

图 11-8　螺纹钢低波动价格走势

■ 带趋势高波动。如果是带趋势的高波动行情，一来波动够大可以覆盖手续费，二来趋势较明显方便获利，模型应该要有能力捕捉到，如螺纹钢2017年7月1日至2017年9月的行情，如图11-9所示。如果这么好的波段都无法获利，那么模型大概是失效的，需要值得注意。

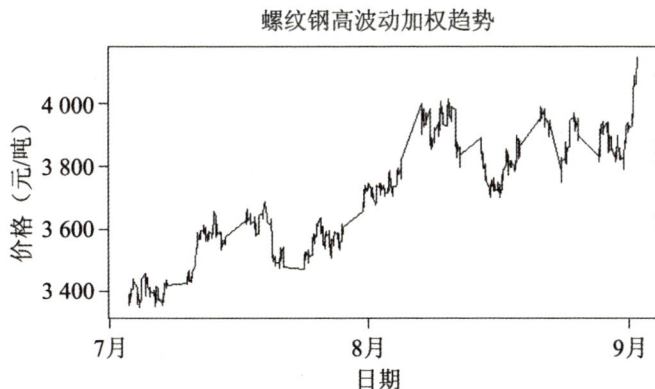

图 11-9　螺纹钢高波动加权趋势

■ 高波动无趋势。实际上这是比较复杂的行情，想在这样的行情盈利比较困难。如果遇到了也应该尽量避免。比如2017年9月至2017年11月这段行情，如图11-10所示。价格经常一天大涨一天大跌，在数百点的区间宽幅振荡，很容易触发交易，但行情却很快逆转，经常止损后反手。如果遇到这样的行情，建议每天观察，及时剔除亏损的策略，或者保留一些开仓阈值高、平仓阈值低的策略。

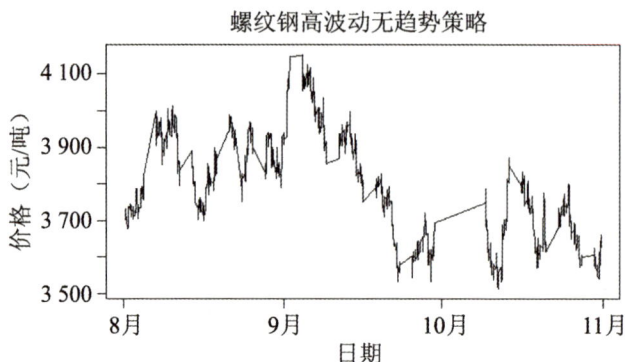

图 11-10　螺纹钢高波动无趋势

因此，筛选策略的时候，不能仅仅凭着几个夏普比、回撤等指标，也要考察策略在不同时间段的表现，尽量选择那些能够在高波动行情中依旧稳定的策略。最怕遇到那种高波动行情开仓后很久无法平仓导致严重亏损的策略，或者大趋势时突然逆势开仓的策略，遇到后要立即删除。如果一个策略依靠在宽幅振荡行情中抄底摸顶获得大幅盈利，往往存在过度拟合的嫌疑，很可能在大趋势时亏损严重。

11.2.2　行情风险

当然，策略模型在部分行情中表现不好可能是策略和行情都存在问题。这里的行情风险更多指一些更为极端和短暂的行情，比如 2016 年 11 月 11 日突然大涨然后又突然大跌的行情，如图 11-11 所示。

大家可以到好买基金网和私募排排网上面搜索各类 CTA 产品的表现，在那一天之后基本上都会有大的回撤，因为行情从之前的连续上涨突然转成暴跌，很多长线做多的策略都损失惨重。

事实上，面对这样的剧烈行情，很多时候策略表现的差异更多体现在持仓

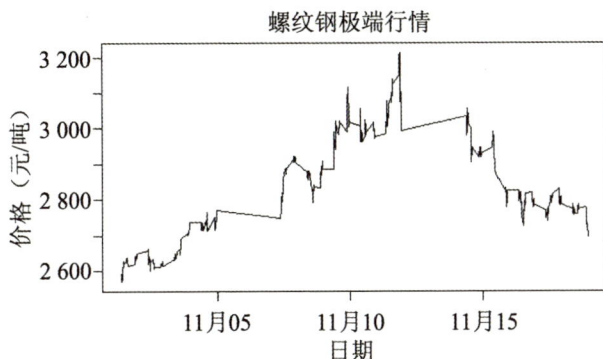

图 11-11   螺级钢 2016 年 11 月 11 日的极端行情

时间长短上面。如果是资金管理量大、持仓时间半个月到一个月的产品，往往无法应对这种瞬时暴发行情；但如果是基于分笔数据的高频策略，在这样的行情中却往往可以获利丰厚，毕竟受到影响的可能只是反转的那段短暂的时间，也就少数几笔交易受影响，而那天可能交易数十笔，其他交易都是大概率赚钱的，盈利还是远远大于亏损。

长线策略则不一样，调整频率很低，当天往往无法及时调整，或者一些会触及止损，无论如何，大幅度的回撤是不可避免的，而且前面行情走势太好，很多策略浮盈加仓，此时仓位已经很重，因此损失也会非常惨重。

另外一种极端行情类似于乌龙指行情，比如短时间内大量大单把行情砸到停板，然后价格缓慢回归，在 K 线形态上往往体现为针形。我们可以看看分笔数据的形态，这是 2010 年 1 月 7 日螺纹钢的价格走势，如图 11-12 所示。

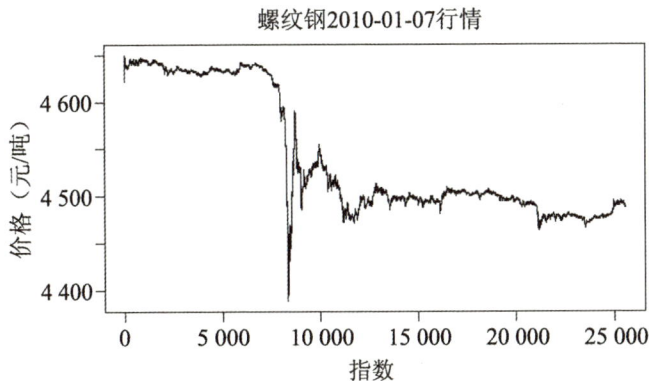

图 11-12 螺纹钢 2010 年 1 月 7 日

如图 11-12 所示，价格在极其短的时间内暴跌然后很快涨回去，之后的走势非常平缓。这就类似于乌龙指的走势，很强的卖压把价格打到停板，但大家发现超卖了，于是价格很快反弹，从而收复失地。但这样的行情对于趋势策略未必能赚钱，我们可以看看它的买卖价差的走势，如图 11-13 所示。

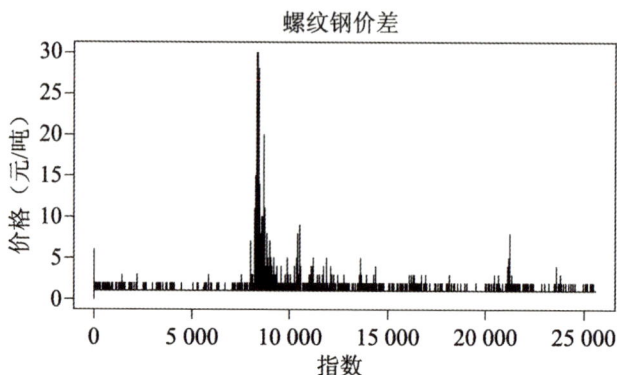

图 11-13　买卖价差

可以看出，买卖价差在某些时刻高达 30 个价位，意味着流动性非常差，此时用趋势策略的话抢单滑点成本很高，非常不划算。趋势交易一般选择流动性好的品种就是为了避免滑点。

因此，实盘程序要有针对此类行情的特殊处理。解决方法可以是要求程序一定程度上要顺势开仓，这样避免在乌龙指极端暴跌的时候策略持有多头的头寸。另外，如果确实发生了在乌龙指暴跌时持有了多头，策略也应该密切监控实时的买卖价差，设定一定的阈值，大于一定阈值的时候则认为发生了意外事件，从逻辑上说价格会回归，应该等价格回归后再卖出平仓，避免平仓至"地板价"。

以上都是一些特殊的行情风险，在极端行情发生时，策略往往是失效的，毕竟那些是极端事件，远远超出正常的模型假设范围，一般假设模型流动性好、行情具有延续性，这样交易和预测才能正常发生。

11.2.3　操作风险

另外一个很重要的风险在于操作风险。特别对于那些不是程序员出身的人，写 C++ 程序进行实盘交易时，平时对软件、网络运维等不是很熟悉，但或许对算法数据结构这些跟数理有关的部分却比较了解，甚至比计算机专业的学生更有优势。因为很多互联网公司面试喜欢算法题和白板编程，往往刷掉了很多科班出身的计算机毕业生，招了很多转专业临时抱佛脚的学生。但在实际工作中，转专业的学生一开始或许会出现业务不精、常识不熟、难于上手的问题，这当然需要一定经验的积累。

比如对于中低频交易而言，把服务器托管在云端，需要程序每天定时自动启动交易，结束后自动关闭，这需要在任务管理器中设置，Linux 系统也类似。如果是遇到换月，需要自己从其他数据提供方那里获得新合约的历史数据，毕竟自己实盘交易使用的是过去的主力合约，并没有使用新合约，也没有新合约的历史数据。准备好数据后，把数据覆盖掉原来的主力合约，并且在 main.contract 里面进行修改，还要设置旧合约自动平仓，或者手动平仓等操作。中间只要某个环节出问题都会导致交易难以进行。

比如忘记把新合约数据复制过去，那么系统就缺乏新合约的数据，一旦数据不全，可能导致程序启动失败，当天就没有交易了。当天没有交易，所有的合约都没有新数据，那么所有新数据都需要自己手动准备了。

有时候下午如果更改了策略或者历史数据，想启动一下程序测试一下，万一忘记关闭，晚上程序自动启动时就启动了两份程序，很可能造成循环连续交易。比如当前仓位是零，目标仓位是 1，两个程序同时买，当前仓位变成 2，但目标仓位是 1，两个程序同时卖，则当前仓位变成零，但目标仓位还是 1……总之永远无法达到目标仓位是 1 的要求，导致了程序频繁交易。如果是持续开仓，保证金占满后就停止交易，不会带来更大的损失。但如果是一开一平，很可能会把资金消耗完。

因此，为了避免这类风险，可以在程序启动前杀死所有进程。另外，CTP 或许也有一些报单回报可以知道哪些是自身程序报的单，自动忽略其他程序交易产生的持仓，类似于分子账户。但是如果更换公司，不清楚新公司底层 IT 是如何实现的，就只能自己采取必要措施尽量减少此类事故了。

如果是多账号甚至多程序，每个程序都要有配置文件，而配置文件几乎差不多，只需要更改一份然后全部复制过去即可，这类程序可以在脚本程序或者 R 程序中完成。有时候收盘后想统计一些结果，可能也会启动 R 来统计。但如果忘记退出，命令行还是处于 R 的状态，夜盘开始后自动运行的程序就无法运行了。如果是多个屏幕，每个屏幕运行一个交易程序，这样还好一些，仅仅是运行 R 的那个屏幕没法运行的交易程序。但无论如何这些问题都应该尽量避免。

总之，只要有人工操作的地方就会有操作风险，比如配置文件输入错误也时有发生，这些都是量化建模以外的因素。如果是人员多的公司，互相检查，或许可以在一定程度上避免这些低级错误，过去一些投行还有 model validation （模型验证）岗位，检查建模过程的错误等，如使用了未来数据、某些因子太不靠谱等，实盘交易也一样，多一个人检查，可以减少很多这类错误。比如招个实习生一个月工资也才一千来块钱，但这些错误带来的损失可能是数万、数十万甚至天文数字。比如知名的骑士资本 4 小时连续交易亏损 4 亿美元，估计就犯了上述类似的错误。

11.2.4 硬件风险

另外还需要注意的是硬件风险，比如网络传输等。很多量化私募并没有托管机房，而是使用办公楼里的网络进行交易，如果遇到停电或者装修，很容易造成网络中断，影响交易。

如果是使用第三方的交易系统，问题不会很大。因为第三方的系统会自己维护数据库，只要网络恢复了，自己这边也能自动接上缺失的数据，继续交易。

但如果是自己写的 C++ 系统，可能就会有一些麻烦。比如一些网上培训写 CTP 的课程大概两三千元，会教基本的 K 线、指标的写法，但实际交易中它是采取多线程的架构，比如数据接收一个线程，各个交易账号有独立的线程。这样的好处是方便线程之间的通信，但缺点是万一其中一个线程出问题，整个程序就会崩溃。

我也问了这些开发者，如果遇到这些意外怎么办？他们回答都是"不会遇到意外的"。但事实上，在真正的交易过程中，由于策略在不断的更新，底层程序也在不断的优化，只要有改动，就有可能增加新的错误，不存在说一旦测试好上线就不会出错了这样的事情。也不可能有什么系统放在那里一年半年而不去改动的。

对此，一个较好的解决方法是采用多进程的方式，比如数据一个进程，其他交易程序各自有各自的进程，这样即使数据的进程断了，其他的进程还在正常运行。一般数据接收都是比较稳定不需要怎么调整的。当然，多进程的程序编写会比较复杂一些，超出了本书的范围，有兴趣的读者可以自行学习。当然，计算机专业出身的人学的可能会更快一些。

还有就是柜台系统崩溃的问题，以及部分复杂接口错误很多的问题等，这些一般在高频交易中比较敏感，这里只使用最简单的 CTP 接口，一般不会出现这些错误。

另外，关于成交回报漏掉的问题。对中低频来说，这种事情发生的概率不是很大，即使发生了，程序或许会做多了一笔交易，影响不会很大。如果是仓位重的，最好算法交易分批下单，这样每次下单的量很小，即使中间漏掉回报下多了一次，影响其实也不大。如果是高频交易，最好不要严格匹配仓位，因为仓位随着时间变化始终处于变化状态之中，很难匹配得准，如果匹配不准，又要去抢单匹配，损耗很大。很多高频交易就是靠被动成交赚取价差的，去抢单的话本质上是损失价差，很不划算。

11.2.5　程序风险

程序风险也是需要特别注意的。这里指的是程序编写时出现的风险。在团队人数较多、分工较细的时候，往往这类风险会暴露出来。

本人在不同的私募工作过，美国和中国都工作过，跟不同的程序员也合作过，对此还是有一定经验的。如果是量化负责统计建模，写 R/Matlab/Python 等程序，然后计算机专业的程序员负责写 C++ 的话，直接的沟通会比较重要。有些程序员比较有想法，不会完全按照量化研究员的思路写，而是会有一些改动，这可能会跟回测结果对不上，自然会带来风险。

另外一些对接，策略部分的 C++ 也是量化分析师写，但程序整体的编译和运行在程序员那边负责，量化人员即使在模拟或实盘阶段发现了一些不大对的地方，想修改调试程序，都会比较麻烦，因为这需要程序员的协助。久而久之，也不利于研究效率的提高。毕竟程序和策略都不是尽善尽美的，因子、模型、开平仓等都需要不断优化改进，如果团队协作不畅会极大地降低工作效率。

本人经历过各种各样的程序错误，感触之一是不能假设程序员把异常情况都处理好了，很多时候自己也要处理。比如一次事故是我的程序启动后突然大量买入，把保证金都占满了，吓得我当时的领导慢慢手动平仓，所幸没造成太大的损失。后来发现是我的程序下单手数没有初始化，计算机给了一个随机的很大的数字。于是后来我弥补了这个错误，同时程序员也加入了必要的风控措施。

另外一个错误是收盘数据重复发送，导致程序计算的因子值跟回测对不上，后来我在我的程序里也加入了必要的过滤条件。毕竟我自己也经常换工作，不知道下一家的程序员是什么情况，有没有考虑这些，只能自己想到了就修改了。

还有就是夜盘数据的切割，夜盘结束经常是在 500 毫秒处，这属于前面时段还是后面时段结果会很不一样，特别是夜盘有大跳空的时候，这时候放前面还是放后面会影响很大。很多时候开盘 5 分钟时波动比较大，容易触发交易，但此时噪音较大，可以过滤掉。很多时候这些也需要量化和 IT 的配合。

以上就是各种可能遇到的风险。事实上，读者可以发现，这里的风险不仅仅指资金曲线回撤或者标准差比较大，而是有更多细节的因素需要考虑。随着时间的积累，交易的增加，这些问题都会遇到，然后再得到解决，中间或许有金钱上的损失，可以看成是必要的学费。

11.3　资金曲线管理

实盘交易之后就有了资金曲线，特别是发行产品的，资金曲线还会在各大网站公布，此时需要考虑的因素就比较多了，很多时候要站在市场营销的角度而不仅仅是量化研究的角度。

11.3.1　产品开始时期

一般来说，产品初期需要做一个"安全垫"，即一定的盈利，然后才好慢慢加仓。如果一开始仓位较重，但恰好行情逆转，就会带来较大亏损，一开始净值就跌到 0.98 甚至 0.95，这样就会比较被动。

因此，对于 CTA 产品，一开始可以把至少九成仓位放在债券、逆回购上面，用来获得较为稳定的收益，只放少量仓位在期货上。

当然，CTA 策略往往有很长的平台期甚至连续亏损期，毕竟一般认为 CTA 是高盈亏比低胜率的策略，或许一年里只有两三个月有较大盈利，其余时间资金曲线会基本走平甚至亏损。这个时候，如果恰好产品发行是在平台期开始阶段，就意味着客户需要忍受漫长的低增长甚至浮亏阶段。

当然，对于厉害一些的私募，往往配置了一些日内甚至高频的策略，收益回撤比可以达到 10 倍以上。这种情况下，他们可以有较高把握重仓交易这些策略，迅速获得一定的安全垫，如 1% ～ 2%，然后再使用其他中低频策略。

然而，这种方法一般对于规模小的公司比较有效。比如管理规模 5 千万元的私募，1% ～ 2% 的安全垫也才 50 万～ 100 万元，较高频的策略可以在 1 周～ 1 个月迅速实现，然后就可以交易原来较低频的策略了。但如果是规模 20 亿元的私募，1% 就是两千万元，而高频策略容量有限，估计就很难实现了。再说，一般这类稳定的策略都是管理人自己的资金在交易，如果给客户交易，意味着自己能赚的钱就少了。只有在公司成立初期打名气的时候才会使用。

无论如何，越高频的策略越稳定，即使不配置传统的高频策略，在产品成立初期配置偏短线的策略也是可以的。

不过，很多人认为对冲、套利类策略比较稳定，想在产品成立初期配置一下。但对此本人持否定态度。对冲、套利类策略需要双倍保证金，这样可以用来购买固定收益产品的资金就少了，同时对冲、套利类策略只是总体稳定，但回撤也非常巨大，持仓时间也长，盈利稳定性较差。

总之，策略盈利稳定性更多与持仓时间相关，而不是与策略类型相关。趋势类策略如果持仓时间短也可以非常稳定。

11.3.2 同一公司不同产品

经常看到一些产品成立不久就遭遇回撤，然后一副"放弃治疗"的态度，曲线一路走低。但相同公司其他同类别的产品表现却还行。这就说明公司内部管理策略存在一定的问题。

正常来说，一家公司即便有不同的研究员和投资经理，但对外管理的产品，比如说同一类的 CTA 产品，即使仓位不同，收益不同，但曲线整体走势应该一致才对。否则的话，有的产品好，有的产品不好，客户很难分辨公司的能力，也就不大愿意购买。另外，对于已经购买了产品的客户，如果恰好买了表现不好的产品，那么心情会很差，觉得被公司坑了，或者怀疑老鼠仓，故意亏一部分产品让另一部分产品赚钱。

一些比较成熟的 CTA 私募，这方面则做得比较好。虽然发行了几十个产品，但每个产品的走势都非常一致，客户无论买哪个产品，最终的资金曲线都差不多。这样一来客户就可以比较放心。

因此，一个公司有好的 IT 系统非常重要。这样可以内部切割子账户，让不同的投资经理都可以方便地交易自己的策略。但有的公司不是很看重 IT 投入，更类似于传统炒单公司，依赖很多薪资几千元的炒手，使用底薪加提成的方式，裁员频繁，缺乏一定的研发及 IT 系统的积累，显然这样是不能长远发展的。

11.3.3　运作过程中的管理

对于 CTA 产品来说，即使是阳光私募，也未必需要每天公布净值，很多都是每周对外公布，表现不好的时候甚至一个月才更新一次。其实法律规定只要对客户内部公布即可，私募本来就不可以对不特定对象公布净值。因此，对于初创团队，本人建议先用三五百万元的资金，跑出 3 年的资金曲线，然后再对外募集。3 年时间有 5 ～ 10 波大行情，也会有不少回撤期、平台期，应该还是能经历不少波折的。

比如股票对冲策略，2012—2014 年长期表现不错，但从 2014 年 11 月开始大盘股猛涨导致净值大幅回撤，这就很能说明问题了。很多时候，量化建模更多是约束优化，而不是机械拟合。比如不加条件限制地拟合历史数据，自然是选出一堆小盘股，然后在 2014 年 11 月开始遭遇大幅回撤。而如果加入更多约束条件，比如对大盘股的比例有要求，对行业有要求等，做到市值、行业、市场都比较中性，则可以规避这些风险，收益回撤比会有所改善。至于事前加不加这些约束，这是建模中非常主观的事情，加也行，不加也行，有的人没加，回撤了，这是他们的问题，而不是量化模型的问题。

2015 年 8 月之后，股指期货成交量下降 99%，很多股票对冲产品难以为继，于是转为买逆回购、债券等固定理财，净值保持长期低速增长。因此，一个很简单的道理，那就是当行情不适合当前策略的时候就不要做。另外，对于公布的净值，有的是扣除管理费、业绩提成等各项费用之后客户拿到手的净值，有的是没有扣除这些费用的净值，这一点大家也要注意一下。

2016 年 11 月—2017 年 6 月，商品期货策略表现不好，甚至有人说 2016 年 11 月—2017 年 11 月是商品期货 CTA 过去 10 年来表现最差的一年。事实上，2016 年是 CTA 策略表现比较好的一年，因此，也不存在一年比一年难做的说法，金融市场更多呈现周期性的特征。

事实上，如果没有过硬的策略，在净值发生大回撤之后，降低仓位固然可以减少亏损的速度，但并不能挽回损失。此时跟产品初期是一样的，除非有类似于高频那种稳定高收益的策略来救场，否则就只能依靠固定收益来慢慢恢复元气。无论如何，在净值发生大回撤之后，都应该加强研发，让自身策略的层次提升一个台阶，从本质上提高自己的水平，单纯依靠机械式的资金管理毫无意义，不管是海龟交易法则，还是依靠波动率调整仓位，还是动态止盈止损等，本质上都没有提高策略的超额收益，最多是减慢曲线下滑的速度，但却无法让曲线回升。

11.4　人工主观干预

针对量化交易或程序化交易，经常讨论的一个问题就是要不要人工主观干预。特别是在策略持续回撤的时候，到底是策略失效了，还是行情造成的正常回撤，这其实是比较难判断的。看策略曲线的时候，也经常发现策略连续回撤之后连续上升，似乎没有什么规律。这一节我们就来探讨这个问题。

11.4.1　选近期表现好的品种和策略

本人认为，行情具有一定的延续性，比如震荡可以延续八九个月，趋势也往往可以延续两三个月，因此，最近表现好的策略至少在未来一段时间表现应该都是不错的。当然，在振荡和趋势切换的时候或许会不大好，但那些时间是很短的，而且影响也不大，毕竟振荡和趋势混合的时候要比纯振荡好。

本人的经历，2017 年一二月时策略表现不大好，由于结婚本人离开了原来的公司。由于交易的策略仍在回撤期，自己也不大敢用，于是 3 月份开始换了一套在一二月表现还行的策略，当然在 2016 年表现也不错。在 2017 年 3—6 月，这套策略表现是非常不错的，记得从 3 月 10 日开始连续 5 周盈利。2017 年 5 月底我还去了美国度蜜月，十几天都没管策略，完全放它在腾讯云上交易。在度蜜月期间策略还屡创新高。当时我老婆还说你这工作好轻松啊，出来玩还能一直赚钱，待在办公室里也未必有这么好。

然而，好景不长，策略很快就遭遇了大的回撤。其实说来也奇怪，七八月大趋势时期应该是我这类策略表现好的时期，但那时候表现居然却不大好，经常出现逆趋势的交易，亏损严重。我也仔细检查了策略，发现短期内 80% 是顺势的，较长期更是 90% 顺势，因此不大可能是顺势和逆势造成的，更多是由于波动改变造成的。比如策略适应的是 3-6 月的低波动行情，到了七八月较高波动的行情时很容易触发交易而带来亏损。

因此，本人进行了更细致的研究，剔除了表现不好的策略，换上了其他一些能适应近期波动的策略，这样才恢复了过来。

11.4.2　调整策略的频率

有人说希望能定期调整策略，那么调整策略的频率应该怎么样呢？当然，我们可以像前面第 9 章所写的那样固定天数滚动优化，但实际操作中，更应该结合行情来进行调整。

事实上，像 2017 年 3—6 月我都没有调整策略，如果从 2016 年 11 月开始计算，应该超过半年都没有调整策略，但这大半年的资金曲线都是可以的，只是在后来遭遇了较大的损失。相比前面这么长时间积累下来的净值，后面的回撤其实也并不算大。然而，这样的回撤其实是可以避免的。

固定频率调整是重要的，因为它可以及时贴近最新的行情。另一方面，根据净值变化来调整也是重要的。特别是回撤的时候，为了避免进一步回撤，增加频率的调整也是重要的。

其实判断策略正常与否的一个小窍门在于回过头来看，策略在趋势的时候有没有赚钱，在振荡的时候会不会亏很多。如果是在大趋势下策略没有盈利甚至逆势交易，那大概是失效的；如果是宽幅振荡处罚的反复止损，其实这还好说，毕竟换成人去交易的话回过头看也觉得这行情确实难做；如果是窄幅振荡导致的反复亏钱，则策略还有改进的空间，或者改变一下策略的配置，增加一些频率更低、更捕捉高波动行情的策略，这也是可行的。

总之，这么说或许比较主观，但所有这些规则都可以写进程序里滚动优化和回测，风险平价模型等投资组合优化方法也是可以滚动回测的，只是很多时候未必有很好的结果，于是很多人做着做着就放弃了。然后在实盘中只能更多地凭着主观感觉来进行调整。

11.4.3　滚动筛选品种

并不是所有品种所有时候都适合交易的，即使为了资金容量也没必要交易所有的品种，特别是在某些品种预期收益是负数的情况下。

如果把行情分成低价位低波动、低价位高波动、高价位低波动、高价位高波动等，那么适合策略的行情是比较清楚的。价位和波动率都具有更好的延续性，不容易突变，特别是价位，由于涨跌停板限制，不可能从 2000 元一下子变到 4000 元。

如果是在低价位低波动或者高价位高波动的时候，其实获利都比较困难，特别是前者，交易机会非常少，后者则是交易机会太多，应该轻仓交易，避免资金曲线宽幅振荡。如果某个品种的价格处于历史低位，波动也比较低，应该尽量避免趋势交易。

另外，有些品种上市时间不是很长，可能历史上未经历过当前的价格。比如 2017 年很多商品创出了历史新高，比如热卷，但更多是因为它上市时间不是很长，2014 年才上市。如果是跟热卷高度相关的螺纹钢，2009 年就上市了，历史上价格 5 000 ～ 6 000 元都有，目前虽然也是不断上升，但也只是 4 000多元的价格，离历史最高价还相距甚远。这种情况下，用螺纹钢历史数据训练出来的策略则有着更强的适应能力，完全可以用于热卷的交易。而热卷的数据只能反映价格在一个小区间内的表现，如果遇到之前没有的情况，或许就不能很好地处理。

其实，很多时候越是活跃的品种越容易赚钱，参与的人多，控盘的人少，做量化可以依靠强大的分析能力赚钱。如果是一些不大活跃的农产品，参与的很多都是专业的现货商，或者他们手上有现货，风险承受能力更强，拥有的信息也更多，这时候单纯依靠行情数据的量化交易员就没有什么优势了。因此，如果资金量不大的话，应该尽量选择最活跃的几个合约来交易。

另外，一般来说有外盘的品种会更难交易一些，比如黄金、白银、铜等，因为价格走势跟国外差不多，而国外的价格比国内更为有效，因此这类品种的数据或许更难预测。另外，做内外盘套利的人比较多，期限套利的人也比较多，他们交易的筹码更多，机会更多，信息更多，持仓时间可以更长，因此做量化的优势不大。

11.5   心态管理

行情有波动，资金曲线有波动，自己的心情也会有波动，如何调整自己的心态非常重要。特别是很多人刚毕业几年，有着沉重的房贷压力，而很多小私募裁员比较频繁，一旦失业对生活打击会非常大。因此，工作中的心态调节就变得非常重要了。

11.5.1   策略研究不出来

刚参加工作的时候，很多概念都是非常陌生的，而很多公司也没有很好的培训机制，很多研究所、量化私募都是放养型，让实习生自生自灭，工资也很低，或许只有每天 25 ～ 30 元的伙食补助。这种情况下，研究就完全靠自己了。

无论是做传统的规则型，还是本书介绍的基于机器学的方法，其实上手都不容易，正所谓"万事开头难"就是这个道理。特别是前几年，可以学习的资料并不是很多，很多人也不清楚研究的难度，而且设计策略也没有什么思路，特别是规则型的策略，灵感都比较零散，策略与策略之间没有形成体系，想了一个策略之后很难去想另一个，这时候，如果公司对策略的数量有要求，就比较麻烦了。

其实很多公司管理制度也是很奇葩的，比如每个月要贡献一个新策略，其实搞得多了策略同质化就会严重,而且很多时候一开始领导(投资总监、总经理)等热情还比较高,但几场策略评审下来发现都是大同小异的东西,也就没什么心情去搞了。这些都是很折腾人的事,并且毫无意义。

但如果公司真要搞,其实现在很多微信公众号都会卖这些小策略,比如七禾网、策略侠等,几十套策略都有,可以买回来借鉴一下,略加修改甚至不用修改,或者不同策略组合调整一下,也大致可以应付了。

所以,策略研究不出来并不是什么困难的事,心态要放松。可以学习借鉴的东西还是挺多的,每个月拿 8 千、1 万的工资,花几十几百块钱买网上的小策略,还是很划算的。接触多了,有了思路,自己想新的策略自然也就不难了。

11.5.2　策略表现不好

如果策略实盘了,但表现不大好,这时候压力就会很大。比如前一天盈利很多,本来很开心的,于是加仓,谁知第二天全部吐了回来,这时候的心情当然是十分郁闷的。

很多私募裁员非常频繁,比如我知道的一个私募,招了一个人,策略研究了八九个月,然后实盘 1 个月,表现不大好,于是就被裁了。这样的话压力就非常大了。

所以说刚开始工作的时候,尽量去大一些的私募,或者资金压力不大的私募,以及期货资产管理、券商资产管理等资金实力雄厚的公司。如果是小的私募,几个 30 来岁做量化的人积攒了一些钱开的公司,虽然他们厉害,但也不是有钱人,说不定他们自己也有房贷压力,如果每个月给几万的工资成本,而策略又没什么贡献的话,他们压力会比较大,只好以裁员来止损了。还有一种情况,老板很有钱,不过是其他行业的,然后请了一些业内的高管来管理。说实话,如果量化做得好的自己开公司也不难,一般不会去当高管的,去当高管的一般水平也不咋的,年纪越大越不行,因为这么大年纪还没有足够的钱自己开公司,还来初创的私募,肯定是有问题的。在这种情况下,老板给高管压力,高管给下面压力,高管自己没能力赚钱,如果发现下面业绩不好,也只好裁员,然后试着招个好的来。

其实明白了这些关系,就不难应对了。

如果是大机构，没有裁员的压力，就安心工作吧。如果是小公司的话，业绩压力和裁员压力都有，一方面既要努力工作，另一方面也要努力找工作。本人 2013 年回国之后，到目前（2017 年 11 月）换了 3 次工作，或许本书出版后又要换一家，但每次工资都有所提高。其实工作的时候我也一直投简历留意机会，跟各个猎头保持好的关系，他们有职位的话哪怕自己不去也会把职位推荐给别人，也帮别人找了不少工作。

所以，做人要学会居安思危。如果领导水平不高，或许他连自己的饭碗都保不住，更何况是下面的人。如果领导水平很高，那么公司一般不会遇到什么大的财务危机，再说你一般会在他的指导下研究策略，研究出来的机会也大，所以这样会好很多。只是很多情况下，裁员频繁的公司一般都是领导水平不咋地的公司，他还指望你能给他做业绩呢，现在发现貌似指望不上，自然想裁员换一个了。

总之，工作的时候要保持跟业内其他人的联系，不能在一棵树上吊死，给自己多留一条路。毕竟自己的策略不可能永远一直好，真要有那么一天，也没必要出来工作了。

11.5.3　多元化考察结果

交易结果不理性的原因有很多，比如市场原因、策略原因、程序原因等，要全方面做好业绩归因，亏损的话也要总结好原因。

比如 2017 年是商品的熊市，据说是过去十年来最差的一年，很多管理几十亿规模 CTA 的基金都在亏钱，他们聘请的都是年薪百万级别的海归、博士、机器学习大牛等，硬件设备也挺好，程序员也很牛，但还是亏钱了。这种亏钱跟规模关系不大，规模大了顶多收益降低，不会由正变负，更多的是其他方面原因。

因此，这也说明 2017 年 CTA 市场不好，自然不要对自己的结果抱太大希望。或许一些领导会以此裁员，但其实把你裁了之后他招其他人结果也一样，因此，这种情况下的裁员要么是领导真的脑残，要么就是看你不顺眼，要么公司给你一个独立于他的职位，不然的话就比较难办。如果领导自己也没啥业绩被公司先开除了这也是有可能的。无论如何，2017 年 CTA 的平均收益是负数是很正常的，只要没亏钱就能比市场平均好。

2017 年股票市场是可以的，沪深 300 指数的涨幅已经有 25% 左右了，因此做股票的话要超过 25% 的收益才算是真的有水平。因此，如果一个公司，有人做股票，有人做期货，一看股票收益 20%，期货收益 10%，就觉得股票比期货好，甚至裁了做期货的，那从长远来看，公司的发展肯定会有问题的。不过很多裁员都是政治斗争，毕竟，说一个人做得不好，无论如何都能找到理由，甚至赚钱了也可以说为啥仓位这么低等，总之，反正就是想裁员随他怎么说。

其实自己心态要摆正，赚了钱要明白是市场给的还是自己能力获得的，亏了钱也一样。这样才能更好地进步，心态也更轻松一些。如果亏了钱，发现周围的人也亏了，那么不必紧张；如果发现周围的人都赚就自己亏，那就要找找原因，不断修改，取得进步。

11.6　本章小结

本章介绍了实盘交易管理的一些内容，包括程序、策略、心态、人际关系等各个方面，都是本人在国内外多家对冲基金、期货公司、私募证券投资基金的经验所谈。这个行业本质上是零和博弈的行业，如果从业人员水平不断提高，那么自己的水平也要不断提高才能保持原有的收益。如果出现大规模的新人进入或许对大家都有好处，毕竟大家赚钱的概率更大了，但如果都是同一批人存量博弈的话则会比较惨烈了。文艺复兴固然厉害，但 10 年前和现在比肯定也差距甚远，所以一直保持进步才是王道，其他什么人际关系之类的都是很次要的。

第十二章

↓

套 利 交 易

前面章节介绍的都是关于投机型趋势策略的。一般而言，策略分为投机、套利、对冲三种，商品期货本质上都可以交易，因为没有做空的限制。本书原计划只写趋势型策略，但写作过程中本人也研究了套利类的策略，而且篇幅允许，因此这一章就专门讨论套利类的策略，先从最基本的跨期套利开始，然后再简单介绍一些跨品种套利。

12.1　策略介绍

本节先简单介绍一下各种策略的基本概念，毕竟很多读者都不是金融专业出身，可能对这些概念比较陌生。加上很多词汇在日常各类财经文章中被胡乱使用，容易引起歧义。为此，这里先对概念进行梳理。

12.1.1　策略基础分类

投机，顾名思义就是持有资产或对价格变化的方向进行下注。套利策略原来的意思是获得无风险的利润，比如一个商品有大合约和迷你合约，并且在多个交易所上市，那么就会存在套利的机会。比如日经指数期货 Nikkei 225 Futures，在日本有迷你合约，在新加坡也有对应的合约，在美国 CME 也有，这些标的物都是一样的，如果价格不一样，就会有套利机会。

当然，这类的套利都是很拼速度的套利，高频交易者很多依靠这类品种来获利，但普通交易者却做不了。

我们这里说的跨期套利并不是这类严格意义上的套利，而是指近月和远月合约多空手数一样的交易策略，本质上是对价差进行投机，因此可以借用我们前面说的预测模型。比如先构造出价差合约，如 rb1 605 和 rb1 610，我们可以构造一个价差合约，其价格是 rb1 605 的价格减去 rb1 610 的价格，这样我们就可以用前面的方法分析这个价差合约的趋势策略，从而得到跨期套利的策略。

跨期套利的好处是手数配比是 1：1，这个比例始终不变，但跨品种套利就复杂一些。除了螺纹钢、热卷这种高度同质性可以默认 1：1 的配比以外，其余很多品种比例都在变，如黄金和白银，配比关系一直变化，就比较复杂了。

传统的配对交易（两个品种）或统计套利（多个品种）的思路，更多是给这些品种构造出一个协整组合，也就是说它们组合之后和品种价格在一定范围内随机波动，类似于白噪音，然后可以在价格处于低位的时候买，处于高位的时候卖。但如果配比的协整系数都不是稳定的，残差的性质就更复杂了。对于跨品种的套利，这里先不做研究。

最后一种交易策略叫对冲策略。在商品期货中，这类策略又被称为"宏观对冲策略"。它交易的对象是市场上全部活跃的合约，做多强势的，做空弱势的，更复杂的合约可以进一步在各个期货种类内部实现对空平衡，比如黑色系、有色金属、能源化工、非油农产品、油脂油料、贵金属等，类似于股票对冲策略里的行业中性。当然，实现了这类中性化之后，组合的整体波动降低，只有延长持仓时间才能获得足够的收益。

熟悉了策略的基础分类之后，下面开始介绍跨期套利策略。

12.1.2　商品跨期套利基础

我们以螺纹钢的跨期套利为例。螺纹钢 2009 年 3 月上市以来（至 2017 年 11 月）已经有 8 年多的时间了，除了早期的时候不大稳定，其余主力合约基本上都是 1 月、5 月和 10 月的数据。而且，同一个时间，只有 3 个此类合约在市场上流通，因此，我们构造价差合约的时候，同一个时期也只有两对价差合约，这比期货合约少一些，在构造主力合约的时候工作量就可以少一些。

然而，有一些地方是需要注意的。比如有人说能否用已经生成的期货合约 5 分钟 K 线来合成价差合约 5 分钟 K 线，这样的话可以节省大量计算时间，因为 5 分钟数据的大小比分笔数据要小得多。

但其实这是不可行的。如果仅仅是最新价，那还是可以的，比如近月合约价格是 3 620 元，远月合约的价格是 3 600 元，那么价差合约（假设都是近月减远月）的价格就是 3 620-3 600=20 元，这样是可以的。但对于最高价和最低价，则无法这么处理了。

比如近月合约最高价是 3 650 元，远月合约的最高价是 3 640 元，它们的差只有 3 650-3 640=10 元，还没有最新价的价差 20 元大，显然不合理。另外，虽然说两个合约相关性很高，但也不一定一个合约取到最高价时，另外一个合约也同时取到最高价。更不合理的是，价差的最高价，跟最高价之差，显然没有什么必然的等价关系。因此，上述的处理方法是很不严谨的。

正确的处理方法，应该是先把两个合约的分笔数据按时间戳对齐，然后再相减，最后才计算最高价、最低价等信息。这样可以最大程度上丰富行情的信息，毕竟最后总的行情数目会大于任何一个期货合约的行情数目，行情密度更大，对于量化这种依赖数据量的方法是有好处的。

另外，对于价格相减，有的人很自然地用买价减买价，卖价减卖价。这样看上去没什么问题，但考虑到具体的实际含义，就值得深思了。比如两个合约，近月合约是 3 620/3 621，远月合约是 3 600/3 601，如果是直接相减，那么新的合约就变成可 20/20，买价卖价都是 20 元，显然不符合常理，因此，这样处理是不大妥当的。

我们知道，做多一个品种对（默认是近月减去远月，当然不同的习俗和定义会不大一样），意思是买入一个近月合约和卖出一个远月合约，按照我们主动成交的逻辑，应该是在近月合约的卖一价买入一个近月合约，并且在远月合约的买一价卖出一个远月合约。因此，我们构造的价差合约的卖一价，理应是近月合约的卖一价减去远月合约的买一价，这样的话，当我们在价差合约的卖一价买入时，就实现了上述的功能。同理。价差合约的买一价应该定义为，近月合约的买一价减去远月合约的卖一价，这样的话也会有类似的功能。

最后，新的价差合约的价格为 19/21，买一价比卖一价小 2，这也是合理的。因为交易期货合约，买卖一次只损耗一个滑点；但在交易价差合约时，买卖一次损耗两个滑点，因此价差合约的买卖价差是期货合约的两倍，这是比较合理的。事实上，大连商品交易所的一些组合合约有着类似于价差合约的定义，最小价差就是期货合约最小价差的两倍。

另外需要注意的是对数收益率。在牛市时期，很可能近月合约的价格比远月合约低，这时候价差就是负数，取不了对数，也就不存在对数收益率。因此，对于价差合约，一般预测具体价格的变化即可，不必预测对数收益率。

此外，还有一个需要注意的是挂单量的问题。挂单量相加和相减似乎都没什么实际的意义。当然，很多时候挂单量只是用来计算加权平均价。对于价差合约，可以先计算出每个合约的加权平均价，然后再相减计算出价差合约的价格。这样，就可以充分利用挂单量的盘口信息了。

基础性的数据处理就讲到这里，下一节，我们具体看看如何用 R 语言程序来实现。

12.1.3　跨期数据处理

我们先写一个生成价差合约的程序：

```
date.spread.combine <- function(data.now, data.new, col.names) { ## 生
成价差合约
## data.now是近月合约的数据，data.new是远月合约，col.names是列的名称
  clean <- function(x) { ## 清理异常值
    x[is.na(x)] <- 0
    x[x==Inf] <- 0
    x[x==-Inf] <- 0
    return (x)
  }
  n.now <- nrow(data.now) ## 近月合约样本数
  n.new <- nrow(data.new) ## 远月合约样本数
  i.now <- 1 ## 近月合约下标
  i.new <- 1 ## 远月合约下标
  pre.now <- 1 ## 近月合约前一个行情
  pre.new <-1 ## 远月合约前一个行情
  data.time.combine <- rep(data.now$date.time[1], n.now+n.new) ## 合并后
的数据
  data.now.index <- rep(0, n.now+n.new) ## 近月合约数据位置标记
  data.new.index <- rep(0, n.now+n.new) ## 远月合约数据位置标记
  i.combine <- 1 ## 合并后数据的位置下标
  while (i.now<n.now && i.new<n.new) { ## 数据还未处理完
    if (data.now$date.time[i.now]<data.new$date.time[i.new]) { ## 近月时
间更慢
      data.time.combine[i.combine] <- data.now$date.time[i.now] ## 当前
时间为近月时间
      data.now.index[i.combine] <- i.now ## 近月用当前的行情
      data.new.index[i.combine] <- pre.new ## 远月用旧的行情
      i.combine <- i.combine+1 ## 合并行情指标加1
      pre.now <- i.now ## 近月前一个行情更新
      i.now <- i.now+1 ## 近月合约下标累加
    } else if (data.now$date.time[i.now]>data.new$date.time[i.new]) {
## 远月合约慢
      data.time.combine[i.combine] <- data.new$date.time[i.new] ## 当前
时间为远月时间
      data.now.index[i.combine] <- pre.now ## 近月用旧的行情
      data.new.index[i.combine] <- i.new ## 远月用新的行情
      i.combine <- i.combine+1 ## 合并行情指标加1
      pre.new <- i.new ## 远月前一个行情更新
      i.new <- i.new+1 ## 远月合约下标累加
    } else { ## 近月和远月的时间一样
      data.time.combine[i.combine] <- data.now$date.time[i.now] ## 当前
时间为近月时间
      data.now.index[i.combine] <- i.now ## 近月用新的行情
      data.new.index[i.combine] <- i.new ## 远月用新的行情
      pre.now <- i.now ## 近月前一个行情更新
      pre.new <- i.new ## 远月前一个行情更新
      i.combine <- i.combine+1 ## 合并行情指标加1
      i.now <- i.now+1 ## 近月下标累加
      i.new <- i.new+1 ## 远月下标累加
```

```
        }
    }
    i.combine <- i.combine-1 ## 行情总数最新的没有设置，因此要减一
    data.time.combine <- data.time.combine[1:i.combine] ## 取有效的合并行情
    data.now.index <- data.now.index[1:i.combine] ## 近月的行情下标
    data.new.index <- data.new.index[1:i.combine] ## 远月的行情下标
     data.spread <- matrix(0, nrow=i.combine, ncol=length(col.names)) ##
构建价差合约数据框
    colnames(data.spread) <- col.names ## 给数据框命名
    data.spread <- as.data.frame(data.spread) ## 转成数据框格式
    data.spread$date.time <- data.time.combine ## 设置日期时间
     data.spread$price <- data.now$price[data.now.index]-data.
new$price[data.new.index]
## 价差的最新价直接相减
    data.spread$cum.open.int
data.now$cum.open.int[data.now.index]+data.new$cum.open.int[data.new.
index]
## 累计持仓量为两个合约持仓量相加
    data.spread$open.int <- data.now$open.int[data.now.index]+data.
new$open.int[data.new.index]
## 持仓量增量也是直接相加
    data.spread$turnover <- data.now$turnover[data.now.index]+data.
new$turnover[data.new.index]
## 成交额为两个合约的成交额相加
    data.spread$qty <- data.now$qty[data.now.index]+data.new$qty[data.
new.index]
## 成交量为两个合约的成交量相加
    data.spread$bid <- data.now$bid[data.now.index]-data.new$ask[data.
new.index]
## 买一价位近月的买一价减去远月的卖一价
    data.spread$ask <- data.now$ask[data.now.index]-data.new$bid[data.
new.index]
## 卖一价为近月的卖一价减去远月的买一价
    data.spread$bid.qty <- data.now$bid.qty[data.now.index]
## 买一挂单量为近月买一挂单量
    data.spread$ask.qty <- data.now$ask.qty[data.now.index]
## 卖一挂单量为近月卖一挂单量
     data.now$wpr <- clean(with(data.now, (bid*ask.qty+ask*bid.qty)/(bid.
qty+ask.qty)))
## 计算近月的加权平均价
     data.new$wpr <- clean(with(data.new, (bid*ask.qty+ask*bid.qty)/(bid.
qty+ask.qty)))
## 计算远月的加权平均价
    data.spread$open.symbol <- data.now$wpr[data.now.index]
## 找一列设置近月的加权平均价
    data.spread$close.symbol <- data.new$wpr[data.new.index]
## 找一列设置远月的加权平均价
    col.names[col.names=="open.symbol"] <- "now.wpr" ## 更改近月加权平均价列名
     col.names[col.names=="close.symbol"] <- "new.wpr" ## 更改远月加权平均价
列名
    colnames(data.spread) <- col.names ## 设置新的数据框列名
    return(data.spread) ## 返回新数据框
}
```

这个程序中最重要的是让近月与远月合约的时间戳对应起来。实际上两者

的时间戳不会完全对应，有的稀疏一些，有的密一些，比如远月稀疏的话，下一笔行情可能要等很长时间以后，这时候近月的比较密集，此时的时间戳则由近月的时间戳决定，而远月的行情则应该是上一笔最新的行情。

我们来看看 2017 年 2 月的螺纹钢数据：

```
col.names <- c("market","contract","date.time","price","cum.open.
int","open.int","turnover",
            "qty","open.symbol","close.symbol","type","dire","bid","
ask","bid.qty","ask.qty")
## 提取的列名
exchange <- product.info[[product]]$exchange ## 所在交易所的名字
file.list ## 数据列表
[1] "sc/20170203/rb1705_20170203.csv" "sc/20170203/rb1710_20170203.csv"
"sc/20170203/rb1801_20170203.csv" "sc/20170206/rb1705_20170206.csv"
  [5] "sc/20170206/rb1710_20170206.csv" "sc/20170206/rb1801_20170206.csv"
"sc/20170207/rb1705_20170207.csv" "sc/20170207/rb1710_20170207.csv"
  [9] "sc/20170207/rb1801_20170207.csv" "sc/20170208/rb1705_20170208.csv"
"sc/20170208/rb1710_20170208.csv" "sc/20170208/rb1801_20170208.csv"
[13] "sc/20170209/rb1705_20170209.csv" "sc/20170209/rb1710_20170209.csv"
"sc/20170209/rb1801_20170209.csv" "sc/20170210/rb1705_20170210.csv"
[17] "sc/20170210/rb1710_20170210.csv" "sc/20170210/rb1801_20170210.csv"
"sc/20170213/rb1705_20170213.csv" "sc/20170213/rb1710_20170213.csv"
[21] "sc/20170213/rb1801_20170213.csv" "sc/20170214/rb1705_20170214.csv"
"sc/20170214/rb1710_20170214.csv" "sc/20170214/rb1801_20170214.csv"
[25] "sc/20170215/rb1705_20170215.csv" "sc/20170215/rb1710_20170215.csv"
"sc/20170215/rb1801_20170215.csv" "sc/20170216/rb1705_20170216.csv"
[29] "sc/20170216/rb1710_20170216.csv" "sc/20170216/rb1801_20170216.csv"
"sc/20170217/rb1705_20170217.csv" "sc/20170217/rb1710_20170217.csv"
[33] "sc/20170217/rb1801_20170217.csv" "sc/20170220/rb1705_20170220.csv"
"sc/20170220/rb1710_20170220.csv" "sc/20170220/rb1801_20170220.csv"
[37] "sc/20170221/rb1705_20170221.csv" "sc/20170221/rb1710_20170221.csv"
"sc/20170221/rb1801_20170221.csv" "sc/20170222/rb1705_20170222.csv"
[41] "sc/20170222/rb1710_20170222.csv" "sc/20170222/rb1801_20170222.csv"
"sc/20170223/rb1705_20170223.csv" "sc/20170223/rb1710_20170223.csv"
[45] "sc/20170223/rb1801_20170223.csv" "sc/20170224/rb1705_20170224.csv"
"sc/20170224/rb1710_20170224.csv" "sc/20170224/rb1801_20170224.csv"
[49] "sc/20170227/rb1705_20170227.csv" "sc/20170227/rb1710_20170227.csv"
"sc/20170227/rb1801_20170227.csv" "sc/20170228/rb1705_20170228.csv"
[53] "sc/20170228/rb1710_20170228.csv" "sc/20170228/rb1801_20170228.
csv"
```

可见，一共 54 个合约。其实只有 18 个交易日，每个交易日有 3 个活跃的合约。我们现在来看看第一天的 3 个合约：

```
  cat(i, "\n") ## i在这里等于1
  data.old <- fread(paste(dire,file.list[i],sep="/"),stringsAsFactors=FA
LSE, col.names = col.names)
## 读入旧合约的数据
  data.now <- fread(paste(dire,file.list[i+1],sep="/"),stringsAsFactors=
FALSE, col.names = col.names)
## 读入当前合约的数据
```

```
    data.new <- fread(paste(dire,file.list[i+2],sep="/"),stringsAsFactors=
FALSE, col.names = col.names)
## 读入最新合约的数据
    start <- 1 ## 找旧合约第一笔正常的行情
    old.time <- substr(data.old$date.time, 12, 19)
    while (old.time[start]!="20:59:00" && old.time[start]!="08:59:00" &&
data.old$bid[start]==0 && data.old$ask[start]==0) start <- start+1
    data.old <- data.old[start:nrow(data.old),]
    start <- 1 ## 找当前合约第一笔正常的行情
    now.time <- substr(data.now$date.time, 12, 19)
    while (now.time[start]!="20:59:00" && now.time[start]!="08:59:00" &&
data.now$bid[start]==0 && data.now$ask[start]==0) start <- start+1
    data.now <- data.now[start:nrow(data.now),]
    start <- 1 ## 找新合约第一笔正常的行情
    new.time <- substr(data.new$date.time, 12, 19)
    while (new.time[start]!="20:59:00" && new.time[start]!="08:59:00" &&
data.new$bid[start]==0 && data.new$ask[start]==0) start <- start+1
    data.new <- data.new[start:nrow(data.new),]
```

然后看看合成的合约的名字：

```
> old.contract <- data.old$contract[1]
>     now.contract <- data.now$contract[1]
>     new.contract <- data.new$contract[1]
>     old.spread.name <- paste(old.contract, now.contract, sep="-")
>     old.spread.name
[1] "rb1705-rb1710"
>     new.spread.name <- paste(now.contract, new.contract, sep="-")
>     new.spread.name
[1] "rb1710-rb1801"
```

可见，这时候可以合成两个价差合约：rb1 705-rb1 710 与 rb1 710-rb1 801。
另外，考虑到 3 个合约中有些会非常不活跃，涨跌停频繁，此时挂单价将是零，
严重影响计算的结果。为此也要先专门处理一下：

```
data.old$ask[data.old$ask==0 & data.old$bid>0] <- data.old$bid[data.
old$ask==0 & data.old$bid>0]+spread
    data.old$bid[data.old$bid==0 & data.old$ask>0] <- data.
old$ask[data.old$bid==0 & data.old$ask>0]-spread
    data.now$ask[data.now$ask==0 & data.now$bid>0] <- data.
now$bid[data.now$ask==0 & data.now$bid>0]+spread
    data.now$bid[data.now$bid==0 & data.now$ask>0] <- data.
now$ask[data.now$bid==0 & data.now$ask>0]-spread
    data.new$ask[data.new$ask==0 & data.new$bid>0] <- data.
new$bid[data.new$ask==0 & data.new$bid>0]+spread
    data.new$bid[data.new$bid==0 & data.new$ask>0] <- data.
new$ask[data.new$bid==0 & data.new$ask>0]-spread
```

现在我们就用刚才的函数来合成一下：

```
> old.data <- date.spread.combine(data.old, data.now, col.names)
>     sum(old.data$bid>old.data$ask)
[1] 0
```

```
>     mean(old.data$ask-old.data$bid)
[1] 2.360243
> min(old.data$ask-old.data$bid)
[1] 2
```

可见，结果看上去还是正确的，所有买价都低于卖价，平均买卖价差是 2.36，也符合我们的预期，毕竟最小买卖价差是 2。我们可以看看价格的走势，如图 12-1 所示。

```
plot(old.data$bid, type="l", main=old.spread.name, ylab="price")
  points(old.data$ask, type="l", col=2)
```

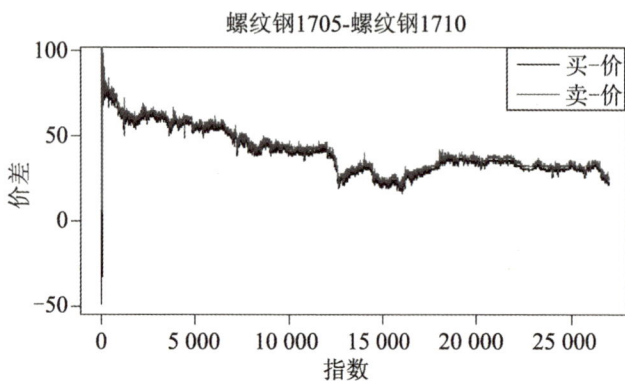

图 12-1　价差合约例子

可见，一开始因为合约流动性的问题，价差变化会比较剧烈，但如果从一定时间后开始，其实可以看出更明显的趋势，如图 12-2 所示。

```
plot(old.data$bid[601:nrow(old.data)], type="l", main=old.spread.name,
ylab="price")
```

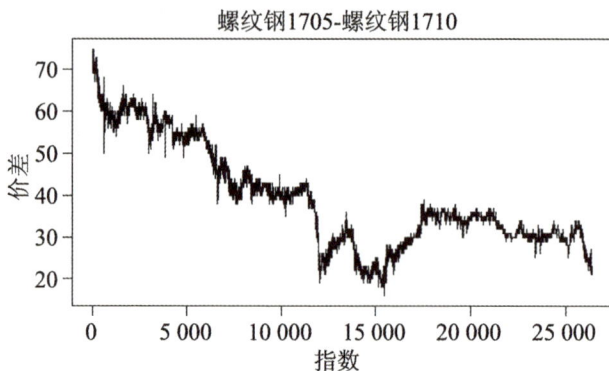

图 12-2　单天价差合约

可见，趋势性还是比较明显的，一般价差的趋势会比期货合约的趋势更明显一些，主要原因在于价差的买卖价差更大，交易成本更高，以及价差交易起来没那么方便，比如我们对齐数据也需要花费不少时间，处理起来比较麻烦。一般交易费用高或者交易细节烦琐的品种趋势性会更好一些，但流动性更差一些。

12.2 跨期套利深入研究

上面一节简单介绍了跨期套利中价差合约的基本数据处理，整理了一个合约一天的数据，这节详细介绍全部交易日的数据处理，以及构造连续合约，最后介绍一下因子的计算。

12.2.1 数据深入处理

一般历史数据的保存是指一个交易所一个月的数据保存在一个文件夹中，为此，我们有必要写一个函数处理一个文件夹的数据：

```
get.cross.date.data <- function(dire, product, path="d:/QQMiniDL") { ## 处理一个文件夹的跨期合约数据
  setwd(path) ## 设置路径
  source("d:/liwei/rcode/commodity.5m.helper.r") ## 调用相关辅助函数
  source("d:/liwei/rcode/product.info.r") ## 调用相关合约信息
  library(data.table) ## 调用data.table
  chosen.month <- paste(contract.month[[product]],collapse="|") ## 品种活跃的月份
  if (!grepl("^[[:upper:]]+$", product)) { ## Shanghai or Dalian ## 正则表达式的公式
      pattern <- paste(".*",product,"[[:digit:]]{2}(?:",chosen.month,")",sep="")
  } else { ## Zhengzhou
      pattern <- paste(".*",product,"[[:digit:]]{1}(?:",chosen.month,")",sep="")
  }
  file.list <- list.files(dire, recursive=TRUE,pattern=pattern) ## 列出所有文件
  file.list <- file.list[grep(paste("/",product,sep=""), file.list)] ## 提取有关的文件
  start.prod <- as.numeric(regexpr(paste("/",product,sep=""),file.list[1]))
  check.dup <- substr(file.list, start.prod+nchar(product)+1,start.prod+nchar(product)+1)
```

```
  file.list <- file.list[check.dup>="0" & check.dup<="9"]  ## 过滤掉无关的
文件
  len <- nchar(file.list[1])
  date.list <- substr(file.list,len-11,len-4)
  count.file <- table(date.list)
  date.list <- date.list[date.list>=names(which(count.file==3))[1]]  ##
提取相关的日期
  if (length(date.list)/length(table(date.list))!=3) {  ## 出现异常则停止检查
    stop("error length of date.list\n")
  }
  len.date <- length(table(date.list))
  len.contract <- length(date.list)
  i <- 1
  col.names <- c("market","contract","date.time","price","cum.open.
int","open.int","turnover",
               "qty","open.symbol","close.symbol","type","dire","bid"
,"ask","bid.qty","ask.qty")
## 列名
  exchange <- product.info[[product]]$exchange  ## 交易所名
  spread <- product.info[[product]]$spread  ## 品种合约价差
  while (i<len.contract) {
    cat(i, "\n")
    data.old <- fread(paste(dire,file.list[i],sep="/"),stringsAsFactors=
FALSE, col.names = col.names)
    data.now <- fread(paste(dire,file.list[i+1],sep="/"),stringsAsFactor
s=FALSE, col.names = col.names)
    data.new <- fread(paste(dire,file.list[i+2],sep="/"),stringsAsFactor
s=FALSE, col.names = col.names)
    start <- 1
    old.time <- substr(data.old$date.time, 12, 19)
     while (old.time[start]!="20:59:00" && old.time[start]!="08:59:00"
&& data.old$bid[start]==0 && data.old$ask[start]==0) start <- start+1
    data.old <- data.old[start:nrow(data.old),]
    start <- 1
    now.time <- substr(data.now$date.time, 12, 19)
     while (now.time[start]!="20:59:00" && now.time[start]!="08:59:00"
&& data.now$bid[start]==0 && data.now$ask[start]==0) start <- start+1
    data.now <- data.now[start:nrow(data.now),]
    start <- 1
    new.time <- substr(data.new$date.time, 12, 19)
     while (new.time[start]!="20:59:00" && new.time[start]!="08:59:00"
&& data.new$bid[start]==0 && data.new$ask[start]==0) start <- start+1
    data.new <- data.new[start:nrow(data.new),]
    old.contract <- data.old$contract[1]
    now.contract <- data.now$contract[1]
    new.contract <- data.new$contract[1]
    old.spread.name <- paste(old.contract, now.contract, sep="-")  ## 第
一个价差合约名
    new.spread.name <- paste(now.contract, new.contract, sep="-")  ## 第
二个价差合约名
      data.old$ask[data.old$ask==0 & data.old$bid>0] <- data.
old$bid[data.old$ask==0 & data.old$bid>0]+spread
      data.old$bid[data.old$bid==0 & data.old$ask>0] <- data.
old$ask[data.old$bid==0 & data.old$ask>0]-spread
```

```
    data.now$ask[data.now$ask==0 & data.now$bid>0] <- data.
now$bid[data.now$ask==0 & data.now$bid>0]+spread
    data.now$bid[data.now$bid==0 & data.now$ask>0] <- data.
now$ask[data.now$bid==0 & data.now$ask>0]-spread
    data.new$ask[data.new$ask==0 & data.new$bid>0] <- data.
new$bid[data.new$ask==0 & data.new$bid>0]+spread
    data.new$bid[data.new$bid==0 & data.new$ask>0] <- data.
new$ask[data.new$bid==0 & data.new$ask>0]-spread
  old.data <- date.spread.combine(data.old, data.now, col.names)
  len.file.name <- nchar(file.list[i])
  old.file.name <- paste("d:/liwei/cross date/", exchange, "/", date.
list[i], "/",old.spread.name, substr(file.list[i], len.file.name-12,
len.file.name), sep="")
  cross.dire <- paste("d:/liwei/cross date/", exchange, "/", date.
list[i], sep="")
  old.data$contract <- old.spread.name
  dir.create(cross.dire, showWarnings = FALSE)
write.csv(old.data, file=old.file.name, row.names = FALSE, quote=FALSE)
## 把第一个价差合约写进文件
  new.file.name <- paste("d:/liwei/cross date/", exchange, "/", date.
list[i], "/", new.spread.name, substr(file.list[i], len.file.name-12,
len.file.name), sep="")
  new.data <- date.spread.combine(data.now, data.new, col.names)
  new.data$contract <- new.spread.name
write.csv(new.data, file=new.file.name, row.names = FALSE, quote=FALSE)
## 把第二个价差合约写进文件
  i <- i+3
 }
}
```

这跟上一节有部分的重复，读者可以进一步熟悉一下，加深印象。正常情况下一天会有 3 个较为活跃的合约，但是在上市早期或许只有 2 个，这在其他上市晚的合约处理中会经常遇到，螺纹钢 2009 年上市，我们暂时用不到那么久远的数据，因此在处理时并不会遇到，程序这样写是为了提高适用面，使之同时适用于其他品种。

最后，可以采用并行化的方式处理所有的文件夹，提高速度。

```
system.time({
  cl <- makeCluster(20) ## 设置20个核
  results <- parLapply(cl, dire.list, get.cross.date.data, "rb", "d:/
liwei/tick")
 ## 并行处理螺纹钢数据
  stopCluster(cl) ## 停止集群
})
```

这样，就完成了所有数据的处理，生成了跨期套利的行情数据。未来的数据处理、因子计算、策略回测就跟普通的期货合约差不多了。

12.2.2　生成 5 分钟 K 线

为了跟期货数据保持一致，对于跨期合约的数据，我们依旧采用 5 分钟 K 线来处理。例如，我们可以仿照之前的程序，生成 5 分钟的 K 线：

```
parallel.process.5m.arb <- function(product, path="d:/liwei/cross
date", prefix="", data.type="cross date") { ## 并行生成跨期5分钟数据
  cat(product,"\n")
  setwd(path) ## 设置路径
  all.dire <- list.dirs(full.name=FALSE,recursive=FALSE) ## 全部子目录
  dire.list <- all.dire[grep(prefix, all.dire)] ## 提取满足条件的目录
  library(Rcpp) ## 调用Rcpp
  library(inline) ## 调用inline
  source("d:/liwei/rcode/commodity.5m.helper.r") ## 读取帮助文件
  library(split5m) ## 调用分割5分钟数据的C++程序包
  library(data.table) ## 调用data.table
  chosen.month <- paste(contract.month[[product]],collapse="|") ## 活跃
合约的月份
  if (!grepl("^[[:upper:]]+$", product)) { ## 上海大连的日期是四位
      pattern <- paste(".*",product,"[[:digit:]]{2}(?:",chosen.
month,")",sep="")
  } else { ## 郑州的日期是三位
      pattern <- paste(".*",product,"[[:digit:]]{1}(?:",chosen.
month,")",sep="")
  }
  for (dire in dire.list) { ## 逐个文件夹处理
    cat(dire,"\n")
      parse.dire.fast(dire,pattern,product, "d:/liwei/binary/arb5m/",
data.type) ## 快速生成5分钟数据
  }
}
```

这跟之前生成期货 5 分钟数据的程序差不多，只是使用的文件夹不大一样而已。此处对 parse.dire.fast() 进行了一定的修改，加入了 data.type 一项，是为了能处理跨期的数据：

```
parse.dire.fast <- function(dire,pattern,product,object.dire="d:/liwei/
binary/com5m/", data.type="futures") { ## 加入data.type一项处理数据
  file.list <- list.files(dire, recursive=TRUE,pattern=pattern)
  file.list <- file.list[grep(paste("/",product,sep=""), file.list)]
   start.prod <- as.numeric(regexpr(paste("/",product,sep=""),file.
list[1]))
   check.dup <- substr(file.list, start.prod+nchar(product)+1,start.
prod+nchar(product)+1)
  file.list <- file.list[check.dup>="0" & check.dup<="9"]
  if (length(file.list)==0) return(1)
  for (i in 1:length(file.list)) {
    file <- file.list[i]
```

```
    cat(file,"\n")
    if (file.info(paste(dire,file,sep="/"))$size==0) next
    data <- get.data.5m.fast(dire,file,data.type) ## 加入了data.type一项
    if (length(data)==1) next
    contract <- data$contract[1]
    dir.create(paste(object.dire,contract,sep=""),showWarnings=FALSE)
      new.file <- gsub("_","/",paste(substr(file,10,nchar(file)-
3),"RData",sep=""))
    heaven <- as.numeric(gregexpr("/",new.file)[[1]])
      if (length(heaven)>1) new.file <- substr(new.file,
heaven[1]+1,nchar(new.file))
    save(data,file=paste(object.dire,new.file,sep=""))
  }
}
```

其中，注释方面跟之前一样，改动部分只是加入了 data.type 一项。此外，
get.data.5m.fast() 函数也加入了 data.type 一项，为了方便处理跨期合约的数据。
主要是以下这一段：

```
if (data.type=="futures") {
    colnames(data) <- c("market","contract","date.time","price","cum.
open.int","open.int","turnover",
"qty","open.symbol","close.symbol","type","dire","bid","ask","bid.
qty","ask.qty")
  }
```

如果是期货合约，要重新对各列的名字进行命名，如果是跨期价差合约，
则不必重新命名。

经过这样的处理，原来生成 5 分钟期货数据的程序就可以用来生成 5 分钟
价差数据了。之后要做的，就是把每天的数据合并到一个合约里，减少文件的
数量，这跟之前期货数据的 combine.contract 类似。

```
combine.arb <- function(product,dire="d:/liwei/binary/arb5m/",start.
date="20120101",
                        end.date="20171101") { ## 合并期货跨期价差数据
  day.bar <- 120 ## K线数目
  setwd(dire) ## 设置路径
  product.contract <- dir(pattern=product,, recursive=FALSE) ## 读取文件
  product.contract <- product.contract[grep(paste("^",product,"[[:dig
it:]]{3,4}",sep=""), product.contract)] ## 提取符合要求的文件
  if (length(product.contract)==0) return (c()); ## 文件为空就返回不做
  col.names <- c("contract","date","trade.date", "time","price","open.
int",
                 "qty","bid","ask","bid.qty","ask.qty","now.wpr","new.
wpr", "open","high","low","close") ## 数据的列名
  n.col <- length(col.names) ## 列的长度
  update.contract <- c() ## 更新的合约
  for (contract in product.contract) { ## 遍历所有合约
    file.list <- list.files(paste(dire,contract,sep="")) ## 找出相关文件
    if (sum(file.list>=start.date & file.list<end.date)==0) next
```

```
    file.list <- file.list[file.list>=start.date & file.list<end.date]
## 在目标日期内
    n.files <- length(file.list) ## 相关文件数量
    cat(contract, n.files,"\n")
    all.data <- matrix(0, nrow=day.bar*n.files, ncol=n.col) ## 整合的数据
    colnames(all.data) <- col.names ## 列名
    all.data <- as.data.frame(all.data)
    index <- 0
    setwd(paste(dire,contract,sep="")) ## 进入路径
    for (file in file.list) { ## 遍历所有文件
      load(file) ## 调出文件
        all.data[(index+1):(index+nrow(data)),col.names] <- data[,col.
names] # 写入数据
      index <- index+nrow(data)
      rm(data)
    }
    all.data <- all.data[1:index,]
    data <- all.data
      save(data,file=paste("d:/liwei/commodity/cross date binary/",
contract,".RData",sep=""))## 保存至跨期数据文件夹
  }
}
```

可以看出，把一个跨期价差合约每天的 5 分钟数据合成到一个文件的函数，
跟之前整理期货合约的方法差不多。我们可以看看整理的结果，如图 12-3 所示。

```
load("d:/liwei/commodity/cross date binary/rb1601-rb1605.RData")
plot(data$price, type="l", ylab="price")
```

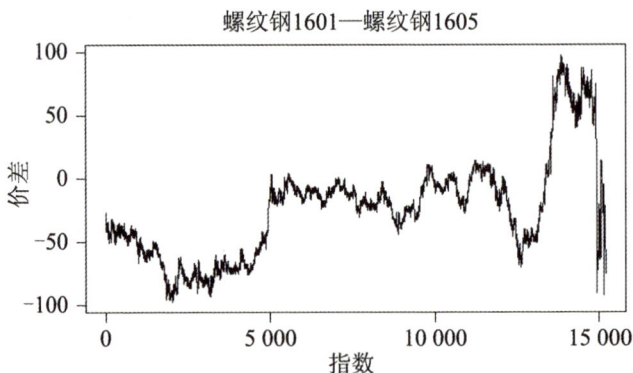

图 12-3　螺纹钢 5 分钟价差合约

可以看出，价差合约波动非常大，在结尾的时候甚至上蹿下跳，流动性很差，
很难交易。因此，实际交易的时候，我们也只交易主力合约部分，不会全部时
间段都进行交易。

12.2.3 找主力合约

找主力合约还是按照成交量变化来提取，跟期货合约是一样的：

```
get.continuous.cross.date <- function(product) { ## 找价差合约的主力合约
  setwd("d:/liwei/commodity/cross date binary") ## 设置当前路径
  contract.list <- list.files(pattern=paste("^",product,"[[:digit:]]
{3,4}.*RData",sep=""))
## 提取符合条件的所有合约
  if (length(contract.list)==0) return(1) ## 不存在这样的合约，直接返回
  daily.volume <- list() ## 每天的成交量
  for (contract in contract.list) { ## 遍历所有合约
    load(contract)   ## 读取合约数据
    if (is.null(data$trade.date)) next ## 不存在日期，下一个
    agg.qty <- aggregate(qty~trade.date, data=data, FUN =sum) ## 按交易
日统计成交量
    for (i in 1:nrow(agg.qty)) {
      if (length(daily.volume[[agg.qty$trade.date[i]]])==0) { ## 新的日期
          daily.volume[[agg.qty$trade.date[i]]] <- list(agg.
qty$qty[i],contract)
      } else if (agg.qty$qty[i]>daily.volume[[agg.qty$trade.date[i]]]
[[1]]) { ## 找最大的成交量
          daily.volume[[agg.qty$trade.date[i]]] <- list(agg.
qty$qty[i],contract)
      }
    }
  }
  all.contract=as.character(lapply(daily.volume, function(x) return(x[[2]])))
## 每天最大成交量的合约
  all.dates=as.numeric(names(daily.volume)) ## 所有日期
  pre.contract <- c(all.contract[1], head(all.contract,-1)) ## 前一天的
合约
  if (sum(all.contract<pre.contract)>0) { ## 出现混乱的合约(一般是最后一个)
    cat(contract, "messy contract\n")
  }
  continuous.index <- c(1,which(all.contract>pre.contract),length(all.
dates)+1)
## 换新合约的下标
  if (max(table(all.contract[continuous.index]))>1) { ## 发现重复，即换新
的合约后换回来
    i <- 2
    while (i<length(continuous.index)-1) {
      if (all.contract[continuous.index[i]]==all.contract[continuous.
index[i-1]]) {
        aa <- continuous.index[-i]
        continuous.index <- aa
      } else i <- i+1
    }
  } ## 剔除这种换新的之后换回来的情况
  cur.contract <- c()
  exist <- rep(TRUE,length(continuous.index))
```

```
  for (i in 1:length(continuous.index)) {
    if (is.element(all.contract[continuous.index[i]],cur.contract)) {
      exist[i] <- FALSE
    } else  cur.contract <- c(cur.contract,
                              all.contract[continuous.index[i]])
  }
continuous.index <- continuous.index[exist]
for (i in 1:(length(continuous.index)-1)) {
   index <- continuous.index[i]
   load(all.contract[index])
   data$continuous <- rep(FALSE,nrow(data))
    range <- data$trade.date>=all.dates[index] & data$trade.date<=all.
dates[continuous.index[i+1]-1]
   data$continuous[range] <- TRUE ## 设置连续合约的标记
   save(data, file=all.contract[index])
  }
}
```

　　这里面比较复杂的操作在于部分合约成交量换月后又换了回来，所以找到最大成交量的合约并不能解决问题，还要保证合约换月之后不再换回来才行，价差主力合约如图 12-4 所示。

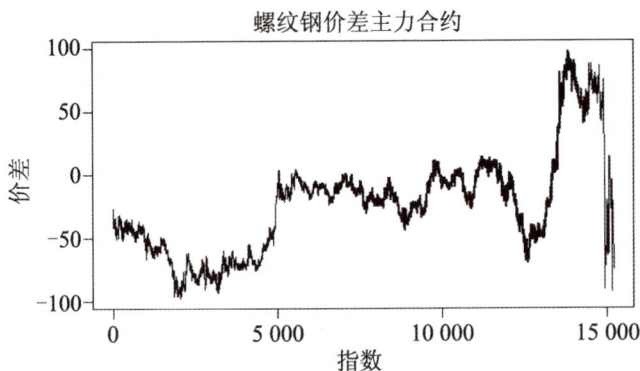

图 12-4　螺纹钢价差主力合约

　　可以看出，在主力合约部分，价格波动还是比较平稳的，也利于交易。生成主力合约之后，就可以写一个函数找到所有的包含主力合约的文件了，类似于期货合约的 get.good.dates() 函数。

```
get.good.arb <- function(product) { ## 查找所有价差合约的主力合约
  SYMBOL.PATH <- "d:/liwei/" ## 路径
  setwd(paste(SYMBOL.PATH,"cross date binary",sep="")) ## 设置路径
   all.list <- list.files(pattern=paste("^",product,"[[:digit:]]
{1}.*RData",sep=""))
## 找出该品种的所有合约
  good.contract <- rep(TRUE,length(all.list))
  for (i in 1:length(all.list)) { ## 遍历所有合约
```

```
        load(all.list[i]) ## 调用合约
        if (is.null(data$continuous)) good.contract[i] <- FALSE ## 不包含连
续合约就去掉
    }
    contract.list <- all.list[good.contract] ## 保留好的合约
    contract.list <- contract.list[-1] ## 第一个不要，因为没有开头的训练数据
    save(contract.list,file=paste(SYMBOL.PATH,"model set/",product,".arb.
list.RData",sep=""))
## 保存好结果
}
```

我们可以看到当前螺纹钢跨期套利的所有合约：

```
> get.dates("rb.arb")
 [1] "rb1205-rb1210.RData"  "rb1210-rb1301.RData"  "rb1301-rb1305.RData"
"rb1305-rb1310.RData"  "rb1310-rb1401.RData"  "rb1401-rb1405.RData"
 [7] "rb1405-rb1410.RData"  "rb1410-rb1501.RData"  "rb1501-rb1505.RData"
"rb1505-rb1510.RData"  "rb1510-rb1601.RData"  "rb1601-rb1605.RData"
[13] "rb1605-rb1610.RData"  "rb1610-rb1701.RData"  "rb1701-rb1705.RData"
"rb1705-rb1710.RData"
```

之后的处理，就跟普通期货合约差不多了。为此，我们需要先清理一下合约数据。

12.2.4　清洗数据

价差合约流动性比期货合约流动性差，特殊情况也更多，这些都要进行特殊的处理。其实量化交易很多时间都花在清洗数据上，甚至可以说如果数据清洗干净了，建模则是一个很简单的过程，只需要几行代码代入模型就可以了，但清洗数据则各有各的不同，这里的 clean.arb() 函数用于清洗价差合约数据，跟 clean.contract() 函数清洗期货合约数据类似。

```
clean.arb <- function(contract, extreme=500) { ## 清洗套利合约数据
    library(stringr) ## 调用stringr
    SYMBOL.PATH <- "d:/liwei/" ## 路径
    setwd(paste(SYMBOL.PATH,"cross date binary",sep="")) ## 设置当前路径
    clean <- function(x) { ## 清理函数
        x[is.na(x)] <- 0
        x[x==Inf] <- 0
        x[x==-Inf] <- 0
        return (x)
    }
    load(contract) ## 调取合约
    n.bar <- nrow(data) ## 行情数目
    data$good <- rep(TRUE,n.bar) ## 设置好的行情标记
    data$wpr <- data$now.wpr-data$new.wpr ## 加权平均价，为新旧两合约加权平均价之差
    outlier <- data$now.wpr==0 | data$new.wpr==0 ## 特殊情况处理
```

```
data$wpr[outlier] <- data$price[outlier]
outlier <- abs(data$wpr)>extreme ## 绝对值大小超过极端值每个合约单独处理
data$wpr[outlier] <- NA
clean.wpr <- na.locf(data$wpr,na.rm=FALSE) ## 沿用前值
if (is.na(data$wpr[1])) { ## 如果开始值缺失则停止
  stop(contract)
}
data$wpr <- clean.wpr ## 加权平均价设置为清洗过的价格
data$wpr.ret <- c(0,diff(data$wpr)) ## 计算价格收益率
na.price <- is.na(data$open) | is.na(data$high) | is.na(data$low) ##
查找缺失值
data$open[na.price] <- data$close[na.price] ## 补充K线缺失值
data$high[na.price] <- data$close[na.price]
data$low[na.price] <- data$close[na.price]
na.qty <- is.na(data$qty)
data$qty[na.qty] <- 0
data$open.int[na.qty] <- 0
data$price[data$price==0 & data$bid>0] <- data$bid[data$price==0 &
data$bid>0]
data$price[data$price==0 & data$ask>0] <- data$ask[data$price==0 &
data$ask>0]
data$close[data$close==0] <- data$price[data$close==0]
data$bid[data$bid==0] <- data$price[data$bid==0]
data$ask[data$ask==0] <- data$price[data$ask==0]
data$wpr[data$wpr==0] <- data$close[data$wpr==0]
data$high[data$high==0] <- data$close[data$high==0]
data$low[data$low==0] <- data$close[data$low==0]
dates <- str_c(substr(data$date,1,4),substr(data$date,5,6),substr(dat
a$date,7,8),
            sep="/")
data$date.time <- as.POSIXlt(paste(dates,data$time)) ## 设置时间
save(data, file=contract) 保存数据
}
```

这样，就可以完成对价差合约的数据清洗工作了。价差合约的流动性往往比较差，因为它同时需要交易主力和次主力两个合约，这时候总体的流动性由流动性更差的那个合约来决定。因此，这也决定了跨期套利的数据质量会更差一些，买卖价差会更大，不是很容易去交易的。

完成数据清洗后，我们就可以计算各类预测因子了，这方面内容会在下一节完成。

12.3　跨期套利策略

前面进行了数据的清洗工作，接下来就可以进行策略的研究了。主要包括因子计算、回归模型、资金曲线等几部分。

12.3.1　因子计算

因子是所有统计预测模型的基础。研究跨期套利交易，生成跨期合约之后，就可以当成普通的价格序列和收益序列来研究。这时，完全可以用之前期货合约的因子来作为价差合约的因子。

我们可以看看生成的因子长什么样，为此，需要先略微修改一下 get.signal 函数，因为跨期因子和期货因子分别存放在不同的文件夹：

```
get.signal <- function(product, signal, dates, dire="tmp") { ## 获取因子的函数
  signal.list <- paste(SYMBOL.PATH, "/", dire, "/",signal,"/",dates, sep="")
## 期货因子默认在tmp下面，跨期因子则在其他文件夹下面
  value <- rep(0,200*length(dates))
  cur <- 0
  for (file in signal.list) { ## 遍历所有文件
    load(file) ## 调取数据
    value[(cur+1):(cur+length(S))] <- S ## 存储因子
    cur <- cur+length(S)
  }
  return (value[1:cur])
}
```

下面我们看一些样本的因子和因变量：

```
setwd("d:/liwei/cross date binary/")
ys <- get.signal("rb", "fcum.32",all.dates[10], "cross tmp") ## 计算因变量
signal.rsi <- get.signal("rb", "rsi.32", all.dates[10], "cross tmp") ##
提取rsi.32这个因子
plot(ys, type="l", ylab="y")
plot(signal.rsi, type="l", ylab="rsi")
cor(ys, signal.rsi)
[1] 0.007694307
```

跨期价差合约价格变化的因变量如图 12-5 所示。

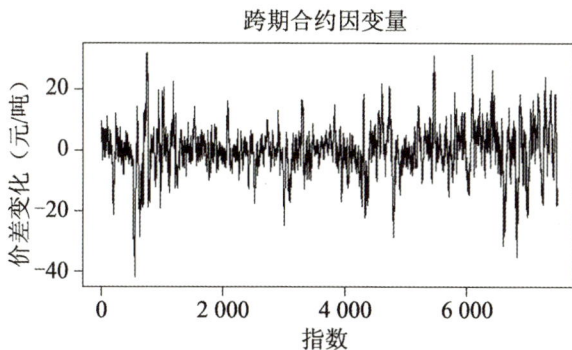

跨期合约因变量

图 12-5　跨期因变量

这里由于负数的存在，我们只用了具体的价格变化，而不是对数收益率。因子的走势如图 12-6 所示。

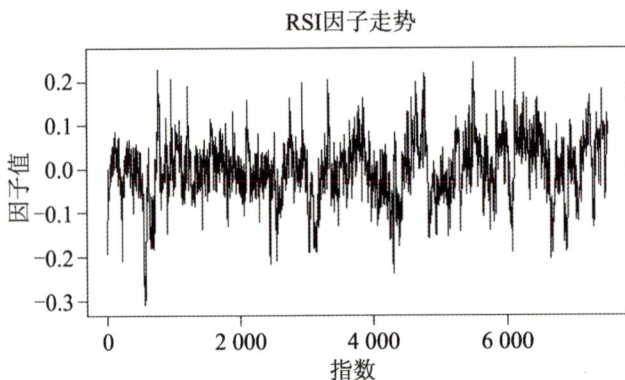

图 12-6　RSI 因子走势

相关性是 0.77% 左右，并不是很高。接下来就可以建立统计模型了。部分因子的取值或许会比较奇特一些，需要专门进行数据的清洗，这也是统计建模常有的事。一些书籍会建议把 99% 分位或 99.75% 分位以上的值进行特殊处理，以免它们取值太过异常，影响到最小二乘拟合。

接下来，我们就会用这些构造出的因子进行统计预测建模，然后再画出资金曲线。

12.3.2　统计建模

这里我们还是运用传统的线性模型结合 LASSO 正则化来建模，跟之前做期货策略是一样的。但其中一些细节或许需要调整一下，比如调用因子的文件夹需要改，另外 LASSO 模型正则化的参数取值也可能需要修改。但一般来说可以用模型默认的取值，一般都可以有比较好的结果。我们来看看在螺纹钢上建模的效果，如图 12-7 所示。

这里是用 lasso 模型进行建模，x 轴是各个模型的编号，y 轴则是样本外的 R^2。可以看出，模型在约束比较大的时候出现了比较异常的情况，也就是 x 轴大于 70 的时候，R^2 取值比较奇特。

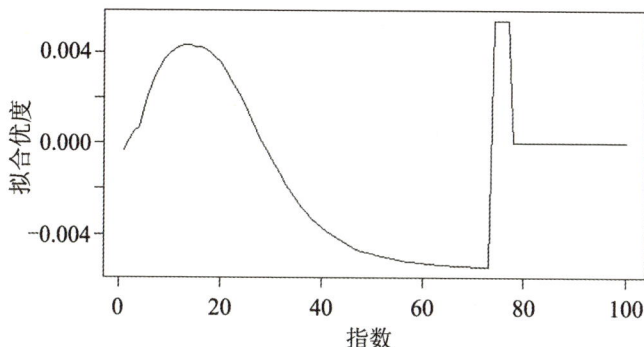

图 12-7　螺纹钢跨期套利建模

但是聚焦在约束较小的时候，还是比较正常的。R 平方先增加后减小，说明拟合程度先增加后减小，并且在最高点处比较平滑，说明不大容易过度拟合。因此，选取模型的时候，可以只在 1：60 个模型里面挑选 R 平方最大的，这里最大的是第 14 号模型。其他数据建模也有类似的问题。经过调整后，我们看看拟合的效果：

```
> for (target in (n.train+1):n.contract) {
+    if (product=="cu" | product=="zn")
+      if (!is.element(expire[target], c("01","05","09"))) next
+    large.rolling.lasso[[target]] <- get.rolling.lasso(product, target,
all.contracts,y, target-n.train,over.night,better=better, dire="cross tmp")
+    }
target= 4 best= 14
target= 5 best= 16
target= 6 best= 14
target= 7 best= 5
target= 8 best= 3
target= 9 best= 31
target= 10 best= 16
target= 11 best= 19
target= 12 best= 15
target= 13 best= 20
target= 14 best= 29
target= 15 best= 24
target= 16 best= 6
```

各个模型的取值基本上都是 10～30，说明我们还是选择了比较适中的模型，当然也有少数拟合效果不太好，选择的模型数值偏小。如何调整参数就需要比较多的经验了，如果每个品种每个模型都去调整，也需要花费不少时间，这里只是讲述建模的大致步骤，对细节不再赘述。

12.3.3　策略绩效

有了模型之后就可以把它转成资金曲线。这里我们是对价差的趋势进行交易，所以也要对相关程序进行一定的修改。例如对 get.linear.5m.multi 可以修改如下：

```
get.linear.5m.multi <- function(product, contract.list, regression.
list,y.str,verbose=TRUE, dire="tmp") {
## 加入dire, 可以用于跨期套利之中
  n.contract <- length(contract.list)
  daily.sample <- 20000
  n.bars <- daily.sample*n.contract
   cont.data <- data.frame(bid=rep(0,n.bars), ask=rep(0,n.
bars),price=rep(0,n.bars),
                                        date=rep(0,n.
bars),time=rep(0,n.
bars),good=rep(TRUE,n.bars),
                              qty=rep(0,n.bars))
## 整合连续合约的数据
  split.contract <- rep(0,n.contract)
  cur.index <- 0
  oos.pre <- rep(0,n.bars)
  test.sample.y <- oos.pre
  for (target in 1:n.contract) {
     load(contract.list[target])
     cont.good <- data$continuous
     cur.size <- sum(cont.good)
     cur.range <- (cur.index+1):(cur.index+cur.size)
     cont.data$bid[(cur.index+1):(cur.index+cur.size)] <- data$bid[cont.good]
     cont.data$ask[(cur.index+1):(cur.index+cur.size)] <- data$ask[cont.good]
     cont.data$price[(cur.index+1):(cur.index+cur.size)] <- data$wpr
[cont.good]
      cont.data$date[(cur.index+1):(cur.index+cur.size)] <- data$date[cont.
good]
     cont.data$time[(cur.index+1):(cur.index+cur.size)] <- data$time[cont.
good]
     cont.data$good[(cur.index+1):(cur.index+cur.size)] <- data$good[cont.
good]
     cont.data$qty[(cur.index+1):(cur.index+cur.size)] <- data$qty[cont.good]
     out.mat <-
prepare.data(regression.list[[target]]$final.signal,y.str,
product,contract.list[target],dire=dire)
## 使用了dire之后，就可以从跨期套利文件夹读取因子了
     if (cur.size!=length(out.mat$y)) {
       cat(target,cur.size,length(out.mat$y),"\n")
       browser()
     }
     test.sample.y[(cur.index+1):(cur.index+cur.size)] <- out.mat$y
     out.mat$y <- NULL
      oos.pre[(cur.index+1):(cur.index+cur.size)] <- as.numeric
(colSums(t(out.mat) * regression.list[[target]]$coef))
```

```
## 计算预测值
    cur.index <- cur.index+cur.size
    split.contract[target] <- cur.index
  }
  #cat("done\n")
  test.sample.y <- test.sample.y[1:cur.index]
  cont.data <- cont.data[1:cur.index,]
  oos.pre <- oos.pre[1:cur.index]
  start.point <- 1
  oos.r2 <- rep(0,n.contract)
  oos.good.r2 <- rep(0,n.contract)
  for (i in 1:n.contract) {
    split.point <- split.contract[i]
    oos.r2[i] <- R2(oos.pre[start.point:split.point],
                                   test.sample.y[start.point:split.
point],formula="traditional")
      oos.good.r2[i] <- R2(oos.pre[start.point:split.point][cont.
data$good[start.point:split.point]],
test.sample.y[start.point:split.point][cont.data$good[start.
point:split.point]],formula="traditional")
## 计算样本外R平方
    start.point <- split.contract[i]+1
  }
  overall.r2 <- R2(oos.pre, test.sample.y,formula="traditional")
  overall.good.r2 <- R2(oos.pre[cont.data$good], test.sample.y[cont.dat
a$good],formula="traditional")
  return (list(cont.data=cont.data, oos.pre=oos.pre,real.y=test.sample.y,
            split.contract=split.contract,
            oos.r2=oos.r2,oos.good.r2=oos.good.r2,
            overall.r2=overall.r2, overall.good.r2=overall.good.r2))
}
```

其余程序也是类似修改，只需要加入相应的文件夹名称就行了。默认值可以是期货合约的因子文件夹里的数据，这样原来期货策略的相关程序就不需要修改了，否则的话很可能会引起一些混乱甚至是出现错误，得不偿失。

接下来，就可以看看跨期套利策略的一些统计绩效了，我们以刚刚生成的target=4的模型为例说明一下：

```
    regression.list <- list()
    final.model <- list()
     final.model$final.signal <- final.rolling.model[[target]]$signals
## 调出因子
    final.model$coef <- final.rolling.model[[target]]$coef ## 调出系数
     for (k in 1:n.contracts) regression.list[[k]] <- final.model ## 所
有数据用同一个模型
    aa <- get.linear.5m.multi(product, all.contracts,regression.list,y.
str,dire="cross tmp")
    ## 准备基本的数据
plot(aa$oos.pre, type="l") ## 画出预测值
```

预测值的分布如图 12-8 所示。

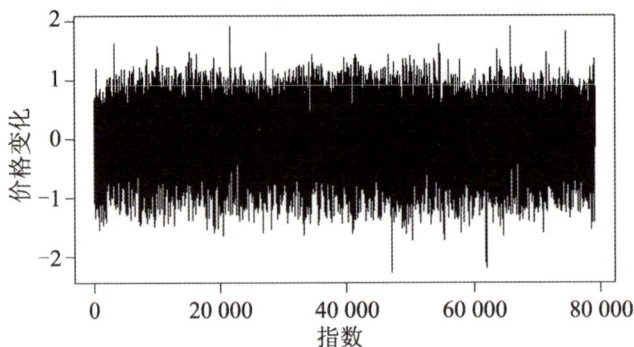

图 12-8　跨期套利预测值

可以看出，预测值的幅度并不是很大，基本上只有 [-2，2]，价差合约的波动确实比较小一些，预测出来的数值也比较小。这里依旧是取 16 根 K 线。为此，我们取的进出场阈值可以取 0.1 ～ 2，0.1 为间隔距：

```
open.thre.list <- 1:20*0.1 ## 开平仓阈值
thre.matrix <- data.frame(open=open.thre.list, close=-open.thre.list)
    system.time(pp <- get.linear.5m.test(product, all.contracts,
regression.list,y.str,thre.matrix,real=FALSE, dire="cross tmp")) ## 建模步骤
    pp$thre
```

表 12-1　螺纹跨期套利策略统计

open	close	sharp	pnl	prob	num	avg.profit	drawdown
0.1	−0.1	−1.255 06	−194.057	0.138 889	144	−1.347 62	Inf
0.2	−0.2	−0.814 43	−126.045	0.168 142	113	−1.115 44	Inf
0.3	−0.3	−0.668	−104.035	0.134 831	89	−1.168 94	Inf
0.4	−0.4	−0.603 93	−95.031 7	0.157 143	70	−1.357 6	Inf
0.5	−0.5	−0.303 17	−48.024 4	0.181 818	55	−0.873 17	Inf
0.6	−0.6	−0.223 75	−36.017 8	0.219 512	41	−0.878 48	Inf
0.7	−0.7	0.443 137	76.998 1	0.241 379	29	2.655 107	1.918 443
0.8	−0.8	0.380 788	67.003 7	0.176 471	17	3.941 394	2.433 107
0.9	−0.9	0.915 886	152.013 2	0.25	12	12.667 77	0.638 216
1	−1	0.596 555	110.010 4	0.333 333	6	18.335 07	1.475 186
1.1	−1.1	2.945 935	218.021 6	1	2	109.010 8	0.150 083
1.2	−1.2	0	146.014 6	1	1	146.014 6	0.224 096
1.3	−1.3	0	146.014 6	1	1	146.014 6	0.224 096
1.4	−1.4	0	146.014 6	1	1	146.014 6	0.224 096
1.5	−1.5	0	NA	0	0	0	Inf

从表 12-1 可以看出，跨期套利策略盈利情况远不如期货趋势策略，之前螺纹钢趋势策略盈利只有 2 000 ~ 4 000 元。在保证金方面，读者可能会担心一多一空占用了两倍的保证金，但是一般来说，每个交易所对跨期套利的保证金都有一定的优惠，即按照"单向大边保证金制度"来收取，这样的话套利交易的保证金就跟趋势交易差不多了。而且套利交易持仓时间长，交易频率更低一些，不会有太多交易费用。

我们注意到，这些策略的一个共同特点是胜率特别低，基本都在30%以下，这似乎意味着反过来做的话会有特别高的胜率。但由于整体盈利较大，我们可以认为盈亏比会非常高。也就是这种策略，会有非常多的止损，但最终会抓住一个大的趋势。

这或许跟一般印象中的套利交易不大一样。一般印象中的套利交易，都是胜率非常高，但盈亏比非常低，甚至有可能一笔就亏大了。但我们这边的情况恰好相反。事实上，传统做跨期套利的人，一般都采取类似于"统计套利"的做法，即认为价差是白噪音，过高就卖，过低就买。而我们这里本质上是做价差的趋势，有点追涨杀跌的特征，因此会跟传统的套利很不一样，甚至是刚好相反。

我们可以看看螺纹钢的价差走势，如图 12-9 所示。

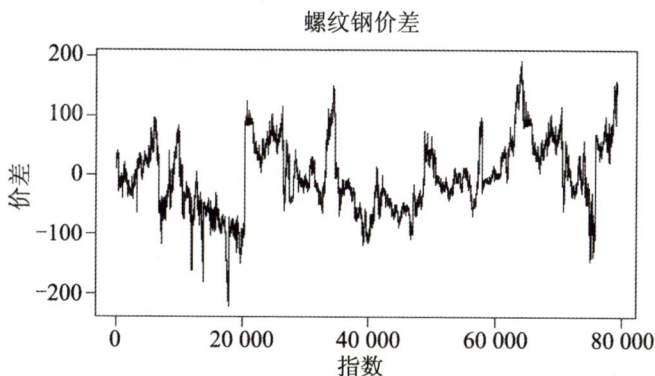

图 12-9　螺纹钢跨期价差

可以看出，螺纹钢跨期价差基本上在 -200 ~ 200 振荡，因此，很多跨期套利的策略都是超跌则买入，超涨则卖出。如果把阈值定位在 100 虽然机会比较多，但是也要忍受一定的止损，因为此类策略，越跌越买，自己并不会止损，只能策略硬性定一个止损，并且限制住止损后不再开仓。

其实，针对此类价差合约，最好是有针对性地设计一些反转类的因子，因为其价格走势已经具有相当明显的振荡特征，价格收益的走势则会有更为明显的均值回归特性。我们这里只是简单地沿用了趋势的因子和参数，并没有再做专门的研究，因此效果会不太好，有兴趣的读者可以自行深入研究。

12.3.4　策略进一步分析

我们看到价差合约的价格走势，只在 -200 到 200 之间波动，幅度只有 400，这已经是 5 年多的数据了，另外买卖价差是 2，也就是说整体的波动幅度只是买卖价差的 200 倍。

回到之前的螺纹钢价格走势，基本上在 2 000 到 4 000 之间振荡，波动幅度高达 2000，买卖价差只有 1，波动幅度是买卖价差的 2 000 倍。

因此，单纯从这种较大层面进行分析的话，我们也应该知道价差合约的交易频率将比期货合约低得多。另外，由于跨期套利交易了次主力合约，而次主力合约流动性较小，价差合约的整体流动性由流动性较小的合约决定，因此这也导致跨期套利的市场容量会比较小。

当然，很多高频交易团队采取的是在次主力合约挂单做市，然后再主力合约主动成交对冲的这种方式。那样的话对 IT 的要求更高，策略也更难回测，容量也不会大，这里不再赘述。

有些喜欢全局样本内优化的人，会发现做套利类策略很容易，毕竟价格走势已经非常平稳了，很容易制定一些简单的规则，比如跌破 -200 买入，升破 200 卖出，然后加一些止盈止损，或者其他的过滤条件，就认为资金曲线肯定不会差。但这是极其不严谨的。比如价差不一定就在 -200 到 200 之间波动，很可能回到 -300 和 300，价差回归很可能是通过换月来回归，这样的话上一对合约亏的钱将无法弥补。第三方平台很多使用指数合约，避开了换月，也规避了这些问题，但实际上是不可取的。

跨期套利就介绍到这里，下面介绍跨品种套利。

12.4　跨品种套利

跨期套利交易的是同一个期货品种不同到期日的合约，手数配比稳定 1 ： 1 是没有问题的。然而，如果是跨品种套利，手数配比就比较复杂了。

12.4.1　策略介绍

比如黄金和白银，它们都是贵金属，相关性很高，但它们的比价关系一直不是很稳定。比如黄金每千克的价格是 25 万元，白银则是 3 000 ～ 4 000 元 / 千克，比例并不是稳定的。传统的方法是用协整分析，其实是黄金价格对白银价格做线性回归，或者对数价格做线性回归，或者对数价格的变化做线性回归等，都有一定的道理，然后得到一个协整关系。

比如我们可以先取到黄金和白银的期货数据，为此，要保证合约是一样的，毕竟换月的时间不一定相同。黄金、白银的好处是一年只有两个主力合约，换月次数不多，因此，重叠的时间还是挺长的，一般黄金、白银的 6 月和 12 月合约比较活跃，主力合约也是这两个合约。

另外，跨品种套利还需要考虑的是品种的交易时间。黄金、白银的交易时间是一致的，开放夜盘的时间也一样，并且自从开放夜盘以来，都是晚上 9 点到凌晨 2:30，是交易时间最长的两个合约。其余合约很多到凌晨 1 点、晚上 11:30 甚至 11 点就结束了，交易时间并不长。比如很多人认为螺纹钢和铁矿可以做跨品种套利，但螺纹钢是晚上 11 点结束，铁矿石晚上 11:30 结束，如果用 5 分钟数据做的话会出现对不齐的情况。当然，很多人做跨品种套利用的是日线数据，就没有这方面的问题了。

为了简化分析，我们可以先生成黄金、白银的主力数据，并且按相同合约对齐，如果一个换月了另外一个没有换月，那么只提取重合部分。跨品种套利的一个好处在于交易的一般都是最活跃的主力合约，因此容量会比跨期套利更大，但稳定性或许会差一些。

我们沿用跨品种因子的：

```
strat.product <- "au"
product <- "ag"
```

```
> dim(product.data)
[1] 121362      20
> dim(strat.data)
[1] 121362      20
```

这里两个品种数据大小一样，都是 121 362 个样本，可以看看价格走势：

```
> dim(product.all.data)
[1] 121362      15
> dim(strat.all.data)
[1] 121362      15
>    plot(as.Date(product.all.data$date.time), product.all.data$price,
type="l", main=product, ylab="price", xlab="date")
>    plot(as.Date(strat.all.data$date.time), strat.all.data$price,
type="l", main=strat.product,
```

白银价格如图 12-10 所示。

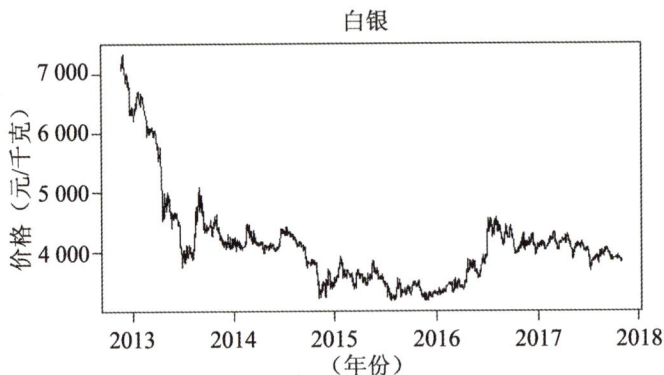

图 12-10　白银价格

黄金价格如图 12-11 所示。

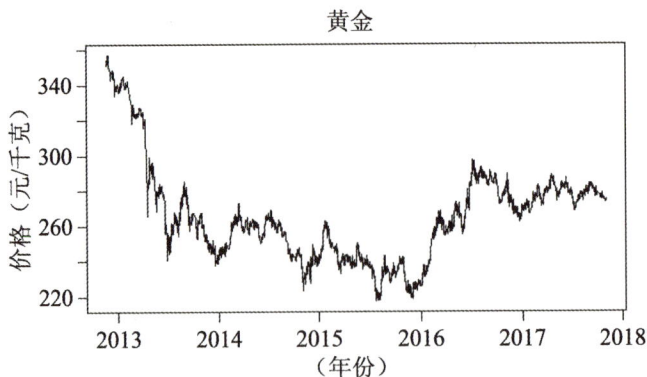

图 12-11　黄金价格走势

当然，为了做协整配对，我们先计算合约价值，以及合约价值的对数：

```
product.all.data$wpr <- with(product.all.data, (bid*ask.qty+ask*bid.
qty)/(bid.qty+ask.qty))
  strat.all.data$wpr <- with(strat.all.data, (bid*ask.qty+ask*bid.qty)/
(bid.qty+ask.qty))
   product.all.data$notional <- product.all.data$wpr*product.
info[[product]]$multiplier ## 白银合约价值
   strat.all.data$notional <- strat.all.data$wpr*product.info[[strat.
product]]$multiplier ## 黄金合约价值
  product.all.data$log.notional <- log(product.all.data$notional) ## 白
银合约价值对数
   strat.all.data$log.notional <- log(strat.all.data$notional) ## 黄金合
约价值对数
```

然后就可以进行线性回归了，如果直接对合约价值的对数做线性回归，需要加上常数项：

```
> fit.1 <- lm(strat.all.data$log.notional~product.all.data$log.
notional) ## 回归模型
> summary(fit.1)

Call:
lm(formula = strat.all.data$log.notional ~ product.all.data$log.
notional)

Residuals:
     Min        1Q    Median        3Q       Max
-0.108302 -0.035956 -0.009957  0.045522  0.102734

Coefficients:
                              Estimate Std. Error t value Pr(>|t|)
(Intercept)                  6.5915109  0.0108301   608.6   <2e-16 ***
product.all.data$log.notional 0.5348737 0.0009852   542.9   <2e-16 ***
---
Signif. codes:  0 '***' 0.001 '**' 0.01 '*' 0.05 '.' 0.1 ' ' 1

Residual standard error: 0.04635 on 121360 degrees of freedom
Multiple R-squared:  0.7083,     Adjusted R-squared:  0.7083
F-statistic: 2.947e+05 on 1 and 121360 DF,  p-value: < 2.2e-16
```

回归系数是 0，5 349，R 平方有 0.708 3，可见拟合程度还是非常高的。它的意思是说，1 元钱的黄金对应 0.54 元的白银，但方向相反，然后加上一个常数项，就是一个白噪音。常数项可以不用考虑。因为我们考察整个投资组合变化的时候，常数项是自动抵消的。我们也可以用对数价格的变化做回归：

```
> fit.2 <- lm(diff(strat.all.data$log.notional)~diff(product.all.
data$log.notional))
> summary(fit.2)

Call:
```

```
lm(formula = diff(strat.all.data$log.notional) ~ diff(product.all.
data$log.notional))

Residuals:
      Min        1Q     Median        3Q       Max
-0.046728 -0.000193  0.000003  0.000199  0.036481

Coefficients:
                                         Estimate Std. Error t value
Pr(>|t|)
(Intercept)                              6.252e-07  1.755e-06    0.356
0.722
diff(product.all.data$log.notional) 5.360e-01  1.265e-03 423.569    <2e-
16 ***
---
Signif. codes:  0 '***' 0.001 '**' 0.01 '*' 0.05 '.' 0.1 ' ' 1

Residual standard error: 0.0006115 on 121359 degrees of freedom
Multiple R-squared:  0.5965,    Adjusted R-squared:  0.5965
F-statistic: 1.794e+05 on 1 and 121359 DF,  p-value: < 2.2e-16
```

常数项是 6.252e-07，近似于零，完全可以省去：

```
> fit.3 <- lm(diff(strat.all.data$log.notional)~diff(product.all.
data$log.notional)+0)
> summary(fit.3)

Call:
lm(formula = diff(strat.all.data$log.notional) ~ diff(product.all.
data$log.notional) +
    0)

Residuals:
      Min        1Q     Median        3Q       Max
-0.046728 -0.000193  0.000003  0.000200  0.036481

Coefficients:
                                         Estimate Std. Error t value
Pr(>|t|)
diff(product.all.data$log.notional) 0.535978   0.001265    423.6    <2e-
16 ***
---
Signif. codes:  0 '***' 0.001 '**' 0.01 '*' 0.05 '.' 0.1 ' ' 1

Residual standard error: 0.0006115 on 121360 degrees of freedom
Multiple R-squared:  0.5965,    Adjusted R-squared:  0.5965
F-statistic: 1.794e+05 on 1 and 121360 DF,  p-value: < 2.2e-16
```

可见，去掉常数项之后，变化不大，回归系数也是 0.54 左右。其实这不难理解，对数合约价值的变化类似于收益率，然后乘以相应的资金就是每个品种的盈亏，协整关系的目的是让投资组合的变化比较平稳。白银的波动比黄金大，因此投入白银的资金会少一些。

12.4.2 时间序列 ARIMA 建模

上面章节有 3 个模型，到底建模是否靠谱呢？我们可以考察一下残差，模型 1 的残差如图 12-12 所示。

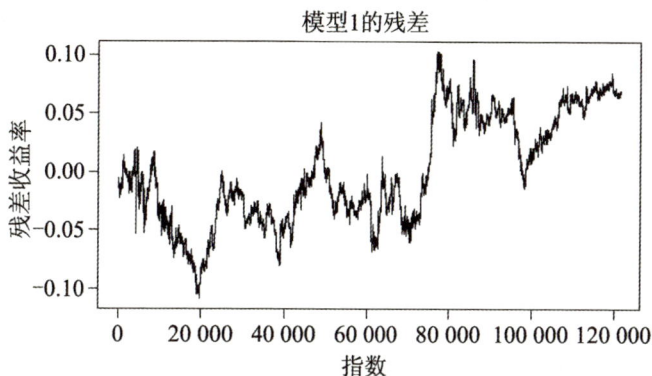

图 12-12 模型 1 的残差

一看就不是很独立。我们用 Box.test() 测试一下：

```
> Box.test(fit.1$residuals)

	Box-Pierce test

data:  fit.1$residuals
X-squared = 121340, df = 1, p-value < 2.2e-16
```

P 值很小，残差确实不是独立的。我们再来看看模型 2 的残差，如图 12-13 所示。

```
> plot(fit.2$residuals, main="model 2 residual", type="l")
> Box.test(fit.2$residuals)

	Box-Pierce test

data:  fit.2$residuals
X-squared = 537.93, df = 1, p-value < 2.2e-16
```

看上去像是独立的，但 Box.test 显示却依旧不是独立的。模型 3 与模型 2 类似，不再赘述。为此，我们可以用 ARIMA 模型来调整：

```
> fit.1.adjust <- arima(strat.all.data$log.notional, order=c(1,0,1),
xreg=product.all.data$log.notional) ## 用ARIMA建模
>  Box.test(fit.1.adjust$residuals)

	Box-Pierce test
```

```
data: fit.1.adjust$residuals
X-squared = 0.045696, df = 1, p-value = 0.8307

>  plot(fit.1.adjust$residuals)
```

模型2残差

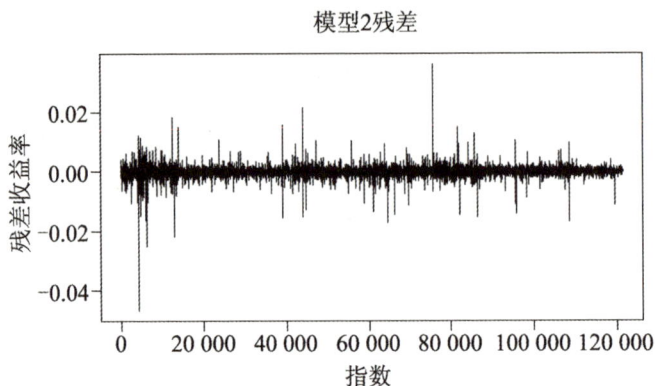

图 12-13　模型 2 的残差

可以看出，p 值变成了 0.830 7，不能拒绝独立的原假设，也就是说大概是独立的，模型比之前靠谱得多。新的残差如图 12-14 所示。

```
>  fit.2.adjust <- arima(diff(strat.all.data$log.notional),
order=c(1,0,1), xreg=diff(product.all.data$log.notional))
>  Box.test(fit.2.adjust$residuals)

  Box-Pierce test

data: fit.2.adjust$residuals
X-squared = 0.013996, df = 1, p-value = 0.9058

>  plot(fit.2.adjust$residuals, main="model 2 adjust residual")
```

模型1调整后残差

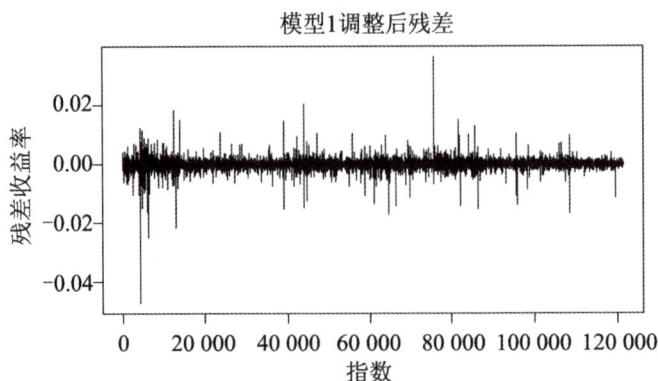

图 12-14　模型 1 调整后残差

从图 12-14 中我们看到，模型 2 调整后残差在 Box.test 里的 p 值是 0.905 8，更加无法拒绝残差独立的原假设，因此也是靠谱的。模型 2 调整后的残差如图 12-15 所示。

模型 3 用 ARIMA 调整的程序：

```
> fit.3.adjust <- arima(diff(strat.all.data$log.notional), order=
c(1,0,1), include.mean=FALSE, xreg=diff(product.all.data$log.notional))
>  Box.test(fit.3.adjust$residuals)

  Box-Pierce test

data:  fit.3.adjust$residuals
X-squared = 0.012757, df = 1, p-value = 0.9101

>  plot(fit.3.adjust$residuals, main="model 3 adjust residual")
```

P 值达到 0.910 1，比模型 2 更高，可见建模也是靠谱的。

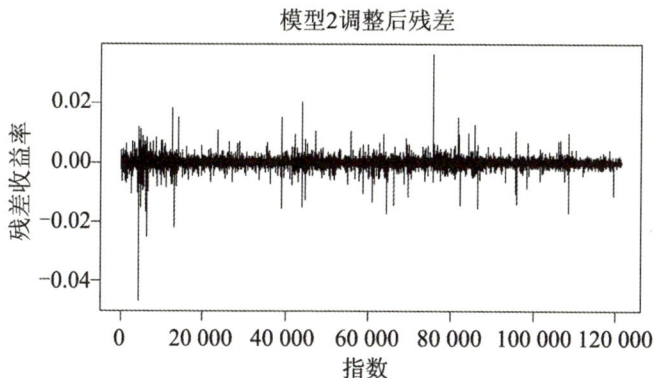

图 12-15　模型 2 调整后残差

模型 3 调整后的残差如图 12-16 所示。

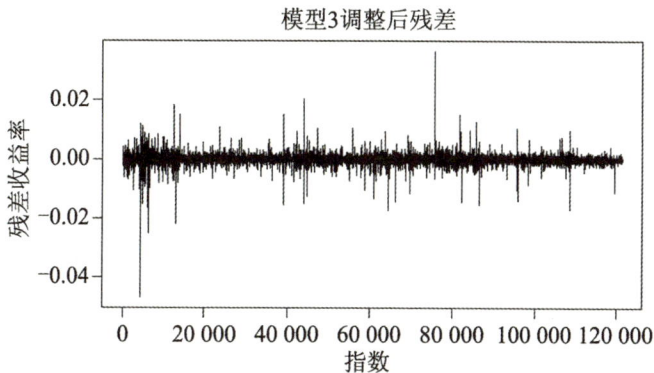

图 12-16　模型 3 调整后残差

可见，经过时间序列分析的调整，残差靠谱多了。传统的统计套利思路就是对残差进行交易，当残差趋势比较小时做多组合，当残差取值比较大时做空组合，这其实跟跨期套利差不多。

这就是用传统统计方法来做跨品种套利。如果是机器学习方法，则应该换一种思路，构建价差合约，然后用预测因子、回归模型等，接下来再进行讨论。

12.4.3　策略分析

我们分析一下，比如两个品种，现在的价格分别是 $x1$ 和 $y1$，一定时间后的价格分别是 $x2$ 和 $y2$，则做多品种对时，金额分别是 A 和 B，则盈亏是 A×（x 的价格变化）−B×（y 的价格变化），近似为：

$$A×[\log（x2）−\log（x1）]−B×[\log（x2）−\log（y1）]，$$

可以看出，盈亏只跟品种的对数收益率有关。因此，我们构造品种对时，可以利用对数价格来构造，比如 x 的 log（bid）减去 y 的 log（ask），以及 x 的 log（ask）减去 y 的 log（bid），这样就可以像跨期套利那样进行处理了。

```
cross.bid <- log(product.all.data$bid)-log(strat.all.data$ask) ## 跨品种买家
  cross.ask <- log(product.all.data$ask)-log(strat.all.data$bid) ## 跨品种卖家
  cross.wpr <- log(product.all.data$wpr)-log(strat.all.data$wpr) ## 加权平均价
  plot(cross.wpr, type="l")
```

加权价格走势如图 12-17 所示。

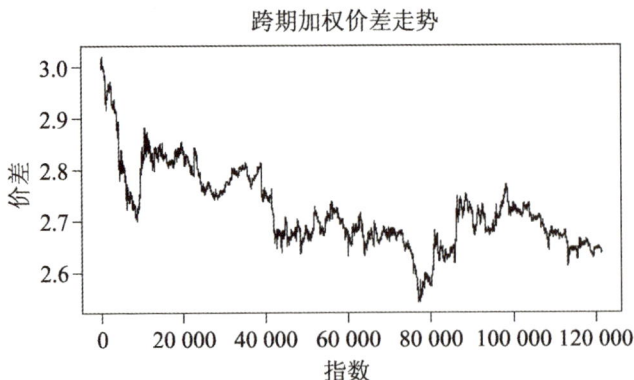

图 12-17　跨品种价差加权走势

可以看出，价差波动范围大致是 50 个百分点。黄金白银的滑点大约是万分之三，两个品种就是万分之六，加上开平仓手续费大约千分之一，波动范围有 500 个交易成本，虽然不及螺纹钢趋势策略的 2000 个，也比跨期套利的 200 个要好一些，但交易频率也不会很高。

值得注意的是，用这种方法的话，两个品种交易的金额是一样的，不能像协整方法那样给两个品种不同的交易金额，这本质上是对两个品种的强弱关系进行预测，而不是对协整那种平稳关系进行预测。

整体上，跨品种价差还体现了一定的趋势特征，比螺纹钢跨期的平稳走势要更适合趋势策略。剩下的工作，就是整理合约、计算因子、拟合模型、整理交易曲线等，跟前面的过程几乎一模一样，限于篇幅原因，本书就不再赘述。

12.5　本章小结

本章介绍了跨期套利和跨品种套利的建模方法，并且运用了时间序列分析中的 ARIMA 模型进行模型的优化改进。对跨期套利讨论得比较详细，对跨品种套利来说道理是类似的，只是需要在对数价格上进行建模，交易的时候需要两个品种等金额来交易。但如果是传统的协整方法，那么两个品种的权重会不一样，更多则是对两个品种的波动来进行交易。它的思路是这个投资组合目前价格处于低位（则做多）或高位（则做空），更多的是希望两个品种的配比关系能保持一致。因此，这是两种很不一样的思路。

第十三章

↓

求职与工作

　　前面章节介绍的都是量化交易研究与技术方面的问题。现实中，除了极少数人会选择创业或者在家自营交易，绝大多数人还是会去公司工作，无论是做期货的资管还是做私募证券投资基金。因此，在学习了前面的知识之后，本章主要讨论求职与工作相关的话题。

13.1　对在校学生的建议

在校学生的选择可以是非常多的。量化交易跟计算机软件工程师、算法工程师、人工智能工程师、统计分析师、精算师等职业在技能上有很多重合的地方，当然区别也很大，在校学生最好先明确自己的方向，然后才能有所规划，从而实现自己的目标。

13.1.1　专业倾向

一般来说，现在招量化研究员会偏向于有数学、统计、计算机等背景的学生，当然这也跟招聘者自身的专业有关系，很多招聘者喜欢招跟自己一样专业的人。比如虽然说高频交易或许对计算机背景的人更为合适，但国内很多高频交易公司的负责人却是数学本科出身，因为有很多历史原因，所以还是很难说的。

比如一家公司的老板或许是计算机出身，编程很厉害，低延时之类的自己也能写，即使不是这方面的专家，但是招了一个这方面的"大牛"来进行优化，剩下的小修小补自己也能掌控。但为了不给这个低延时"大牛"太多的钱，完全可以再把他开除，反正代码已经留下了。但是很多高频交易需要一些较为独特的想法，而且市场变化比较快，可能策略变化也比较快，或许招一个有很多奇思妙想的奥数达人，让一个数学专业的毕业生当高频的负责人，但这绝不代表这个数学专业的人在低延时方面有多厉害，也绝不代表低延时那些方面不重要，只是老板自己就能负责，自然不会再找人来搞。而且，这个数学系小哥表面上是高频交易负责人挺风光，但离开了这家公司他压根就复制不了那方面知识。那方面的编程也不是那么容易自学的，大把工作十几年的 C++ 程序员也写不出那种专门的低延时程序，更何况半路出家的数学系的毕业生呢。

其实，现在很多海归开的私募，特别是海外 Two Sigma、DE Shaw 等大基金的 quant 出来开的私募，他们反而更倾向于招应届毕业生。这些私募已经有比较完善的研发体系，对于国内其他的投资经理，哪怕业绩不错，实际上他们是看不上的，而且那些投资经理的技能也很难融入这些海归派的研究框架中。

因此，还不如招个应届毕业生来培养。

另外，很多国外大基金、大投行工作过的海归，面试的时候很喜欢问概率题、智力题等，这对一些有奥林匹克数学竞赛背景的人来说有很大优势，很多这类题目就出自奥数的练习题。另外，如果有信息学竞赛背景的话也会有优势，因为部分题目会出自信息学竞赛。一般来说，数学、统计背景的人，对这类题目会比计算机背景的人有优势。因为计算机的学习更多地偏向开发，而不是这种数理思维。但如果不是数学、统计、计算机背景的话，或许应付这些题目会比较吃力。

最后，从薪资角度看，计算机专业的毕业生选择更多，互联网企业给的薪资也很高，量化私募往往给不起这样的薪资。但量化研究对编程的要求也没有这么高，因此，这种情况下，具有数学、统计背景的人反而更受欢迎一些。

事实上，国内数学、统计专业的学生，毕业后对口的就业选择也不多，精算、统计咨询、生物统计等在国内的需求都不大，因此量化也是一个值得考虑的选择。

13.1.2　简历准备

我也负责过量化类实习生和全职员工的招聘，阅读过很多简历。不同的人看重的栏目不同，就我个人而言，除去学校、专业等无法改变的因素，更看重的因素包括如下内容。

- 量化建模比赛。现在有很多大学生参加量化金融建模比赛，或者国外 WorldQuant 的 WebSim 平台举办的比赛，参加这些竞赛属于直接相关的量化金融经历，当然会重点考虑，而且这也体现了应聘者对金融感兴趣。
- 其他地方的量化实习。这似乎是一个"鸡生蛋，蛋生鸡"的问题。如果有了第一份实习，那么找其他实习自然容易一些，关键是第一份实习很难找。有时候或许可以大二的时候通过关系找一些没有工资的量化方面的实习，这样到了大三真正实习的时候就容易一些，毕竟简历上已经有东西可以写了。
- 数据分析类项目。比如 Kaggle 的数据分析、腾讯的数据分析等，这些虽然不是跟量化直接相关，但是也用到了统计、机器学习、数据清理等方法，起码说明自己有数据分析方面的技能，也可以加分。

- Quantopian等量化平台的经验。国外的Quantopian和国内的RiceQuant、JoinQuant、BigQuant等可以写量化方面的策略，并且有着完善的回测功能。期货方面也可以用TB开拓者、金字塔等第三方系统，七禾网等还会卖这些策略，几十元钱到几百元钱不等，对于量化的入门者，这些也是有意义的学习材料，有时候交点学费是值得的。

总之，对于找量化实习工作的同学，一方面要展现自己的兴趣，比如自己做了哪些跟量化相关的事情；另一方面也要展现自己的能力，比如编程能力、学习能力、数据处理能力等，包括获得学校奖学金、GPA 比较高等，这些对找工作都有帮助。

只要简历上有以上的这些经历，学校不错，专业对口，成绩不错，拿到量化方面的实习或全职的面试问题就应该不大。

13.1.3　面试准备

前面提到过，量化面试很喜欢考一些概率题、智力题，如果是数学、统计专业的，课堂里学过类似的，还好处理；但如果是之前没学过，仅仅为了对付面试而希望能速成的，则需要自己额外地努力了。

这方面的书有以下几本，很多都有电子版，大家可以下载来自己看看：

- "*A Practical Guide To Quantitative Finance Interviews*" by Xinfeng Zhou，速成绿皮书。这是一位去美国留学并在美国从事量化工作的中国人写的，他是生物专业出身，中途转去做量化，这种经历也是比较励志的，因为一般认为生物是离量化很远的专业。里面罗列了各种各样的数学题、统计题、概率、随机过程、编程、智力题等，大家都可以看看，事实上很多面试官也是从这本书里面出题的，毕竟他们都有正经工作，不可能全职准备面试题的。

- "*Quant Job Interview Questions and Answers* (Second Edition)" by Mark Joshi，俗称红皮书，但第二版貌似不是红色面了。这是一位意大利的金融工程方面的教授写的，以前写过关于quant的职业规划的文章，更多是针对传统的衍生品定价的quant。他的这本书跟上面那本书在覆盖面上有所重叠，但出于面试准备，多做一些题也无妨。另外，此人C++的水平比较高，C++方面的问题可以多看一下。

■ *150 Most Frequently Asked Questions on Quant Interviews (Pocket Book Guides for Quant Interviews)*。作者是Baruch College金融工程相关的教授，这所学校的金融工程硕士比较厉害，而且位置在纽约，就业比较方便，很多大投行都会去这所学校招人。因此他们出的面试书还是认真学习一下比较好。

事实上，国内量化面试的难度不会很大，很多还达不到这些书的水平，包括最著名的那几家大的私募。如果是券商资管和公募性质的公司，更多采用的是国企那种多对一的面试，考察一个人的整体素养，而不会单单考察专业方面的能力。

其实读完这几本书也花不了多少时间，但很多人太过看重投入产出比，要求有立竿见影的效果，所以经常连准备这些面试题的时间都省了。比如花时间上一门课，成绩不错，这是显然的回报；但准备面试题，并不一定能给自己带来工作，甚至投了简历却没有回音，这就比较打击人了，于是无法坚持下去了。

更多的人，压根就在量化这条路的边缘犹豫观望。觉得如果其他工作的面试没那么复杂，只有量化的面试这么复杂，而且这么辛苦的准备了面试，即使拿到 offer，待遇貌似也不是特别好，很容易就泄气了。

说实话，今年（2017 年）很多人找工作，应届的或者毕业一年的，有时候会在知乎私下联系我，并加了微信，其实我也没觉得他们水平有多高，经常一起讨论面试题，但他们都拿到了不错的 offer，而且多个 offer 自己挑，因此我也对国内私募的面试现状有了更多的了解。其实很多名校应届生眼睛只盯着 BAT 等大公司，看不上小私募。

因此，如果在校学生铁了心做量化，大胆向前，认真准备，一般都会有好的结果。

13.2　工作初期

找到工作后，每家公司区别很大，最初的一年或许比较特殊，本人在很多量化私募工作过，很多也是创办初期，我自己虽然有了几年经验，但很多同事都是刚毕业就去那里工作的。只能说不同的公司会非常不一样，这里结合本人在中美工作的经历进行介绍。

13.2.1　交易员转型量化

有些公司是传统的交易员开的，他们想转型做量化。一般来说，公司内部也会有分歧，有的人想转，有的人不想转，他们自己相互都有矛盾，这时候对一个新入职的量化研究员来说工作就更加艰难了。

从量化研究员本身的角度来看，如果在自己工作初期，自然希望有更厉害的量化研究员来教自己。但如果公司元老都是传统交易员，他们自己也不懂那些量化的模型，只懂最基础的胜率、夏普、回撤等概念，也不会欣赏量化方面的研究。

而且对于刚入行的人来说，自己也缺乏量化建模大的图景，第一步做什么、第二步做什么全靠自己摸索。交易员的一些交易想法，说起来简单，听起来有道理，但回测起来都很难赚钱。交易员那边又不会觉得量化工作有多么复杂，只会觉得招来的这个量化研究员能力不行，因此矛盾就会比较大。

另外，好不容易弄出来一个策略，还要跟程序员合作写进交易系统，程序员也会提很多修改意见，这无疑增加了自己的工作量，毕竟自己是新来的，可能程序员已经工作了几年了，比自己资深。

因此，这种情况下，客观来说，是很难有大发展的。作为入行初期，熟悉一下行业的一些基本概念，交易的一些基本知识也是有好处的，但不要指望在薪资、奖金上有多好的体现。毕竟公司是传统交易员开的，在奖金分配上肯定也会向交易员倾斜。因此，自己也不要指望能长久待下去，找个机会离开是比较好的。

本人在美国第一家公司就是这样的公司，我去的时候已经成立了十年，但是后来也倒闭了。倒闭原因有它们自己的问题，也有行业的问题。

13.2.2　重实盘不重研究

有些公司，打着量化的旗号，但实际运营却是非常不量化的。量化意味着客观严谨，回测、模拟之类的工作比较多，尽量避免实盘交易亏钱。但这样做的坏处是研究周期非常的长，因此很多量化团队会按交易标的分成截然不同的小组：期货组、股票组、债券组等，每个组只研究自己那一块。期货内部，也有趋势、套利、宏观对冲的区别，也会由不同的人去研究。

很多私募虽然表面上说自己是量化，但实际操作跟传统的炒单公司没什么区别。这或许有业绩上的压力，毕竟要养活一个小规模团队也需要 5 个亿的管理规模。很多初创私募一开始是烧老板自己的钱，只有跑出一定业绩之后，才能去募集资金。这样的话，就根本无法进行长期研究了，就会出现有什么策略先上了再说的情况。

此类研究不会太严谨，但也不会花太长时间，而且短时间内可以有很多策略出来，甚至不需要自己研究，只需要购买一些第三方的策略，几十元至几百元不等，就可以拿来交易了。当然这些策略的质量也很难说，由于选择的基数很大，任何时间都能找到一些好的，但长期跟踪下来就很难说了。

总之，那些能在 CTA 领域做到 10 亿元、20 亿元的量化基金，一般都会有自己完善的交易系统和研究体系，不大可能依靠第三方平台这种散户式的交易。传统不依赖于这类系统化交易的公司，或许几千万元还能承受，但一般比较难做大，因为稳定性比较差。发行几个产品之后，如果主观干预过多，顾得上这个却顾不上那个，产品走势就会很不一致，久而久之可能会失去客户的信任。

一般这类公司，招人快，裁人也快，不是很稳定，也学不到太多东西。公司并没有一整套靠谱的研究交易系统可供学习，都是一些零散琐碎的知识点，并且还不一定正确，而且要花很多时间盯盘，对于期货的夜盘也要看，严重伤害身体，事倍功半，效率低下，还未必能赚钱。

因此，对于刚毕业的学生来说，风险承受能力较低。需要稳定一些的工作环境，不大适合从事这类成果跟实际盈亏高度挂钩的工作。毕竟期货零和市场，新手亏钱很正常，如果因为不小心 3 ～ 6 个月无法赚钱甚至亏很多钱被辞退，就比较惨了。

13.2.3　经纪公司研究部

证券公司研究所或者期货公司研究所，一般会有金融工程或量化投资的研究组，这些地方也喜欢招应届毕业的学生。

如果是券商的金融工程研究组，其实这是偏向于卖方业务，也就是写研究报告，然后拿去买方机构路演，争取他们在《新财富》评比中投票。如果是新财富的首席分析师，往往有数百万的年薪，比一般私募证券投资经理高不少，因此吸引力还是挺大的。但一般走这条路的话就与实际交易无缘了，毕竟卖方写的报告很多都无法用于交易。因为他们很多都是全样本内优化的，而且交易费用考虑的也不够。

期货公司也有研究部，里面也会有量化投资相关的小组。另外，一些期货公司也有自己的资产管理部，研究部，很大程度上为资产管理部培养后备力量。或许2013年的时候量化在国内刚刚兴起，很多公司愿意在这方面投入资金培养人才，但从最近（2017年）的情况看，貌似不是很乐观，毕竟最近商品期货表现不大好。

当然，这些卖方研究部的工作压力不会很大，不会有明显的业绩压力，也就不会有被裁员的风险，对于刚毕业的学生来说，还是值得考虑的。

13.2.4　大的量化私募

现在的量化私募，最大的规模有上百亿元，较大的也有三四十亿元，当然如果业绩不好的话规模波动会比较大，特别是一些依靠杠杆资金冲规模的，业绩一旦逆转，劣后方损失惨重，优势自然也就流失了。

如果是这类量化私募，其实是不错的选择。一方面，他们的研究更贴近实盘另一方面，刚进去的研究员也不会有太大的业绩压力。最重要的一点，这些公司里面都会有一些比较资深和厉害的量化投资经理会教导新来的人，有些还是美国知名对冲基金回来的，这样就更好了。一般来说，那些基金在美国是非常难进的。如果自己进不了这些基金，但有机会跟里面出来的人学习，这是最好不过的。

当然，很多这类基金的规模不是很大，或许很多应届毕业生还看不上，想去一些更大的公司，比如券商一般会比私募名气大，所以应届生有时想去券商。但从发展的角度来看，我觉得海归创办的靠谱的私募还是有挺多好处的，当然也有不少不大靠谱的海归创办的私募。

要识别不大靠谱的海归私募也不难，大家先不要被他们光鲜的海外背景吓到，更重要的是看看他们在国内发行产品的业绩。国内的私募证券投资基金，一般都会在私募排排网、好买基金网、格上理财等第三方平台上面展示，只需要简单注册一下，就可以看得到。业绩好的基本都会有，业绩不好的，可能会停止更新，净值始终在 1.0 保持不变，或者很长时间不更新。

　　一般来说，私募证券主要比拼的是规模，如果一家公司自称很厉害，或者在面试的时候表现得非常强势，经常打击一下面试者，但自身却没有过硬的产品业绩，甚至搜不到他们公司的业绩，那么基本上就可以认为是不靠谱的。

　　还有一些量化私募，虽然有产品展示，但只有一些很高频的产品，比如股票日内，或者一些被动性很强的产品，比如指数增强，这些私募也要慎重。说实话，很难判断他们的实力。但作为应届毕业生，仅仅是想入行的话，去这些私募也是可以的，但很可能里面的技能不大被其他私募所接受。

　　一般业内最被认可的技能是股票阿尔法和商品 CTA 策略，其他策略或多或少适用面都比较窄。不是说容量小，有些策略虽然容量大，但是对平台要求也高。比如指数增强，很多公募都在发这类产品，私募很难跟公募竞争，资金方一般优先选择公募，费用低，也更正规。但商品 CTA 不同，公募一般不做，只能选择私募。

　　因此，在不同公司工作是非常不一样的，大家换过几家公司就会知道了。

13.3　投资经理

　　当了几年研究员之后，很多人都会自然晋升成投资经理。当然，管理 100 万元也叫投资经理，管理 100 亿元也叫投资经理，这区别其实是挺大的。

13.3.1　业绩提成

　　一般来说，投资经理的收入跟管理的资金规模高度相关。业内厉害一些的量化投资经理，管理资金规模达到 10 个亿的，年收入可以达到 500 万元，如果是管理 1 个亿的，自然就是 30 万～ 60 万元左右了，一般是这样的比例。

　　很多公司研究员、高级研究员也会有业绩提成的，只是提成比例低一些。

有些公司的提成比例会写进劳动合同里，比如"不低于20%"这样的字眼，口头承诺30%，但他们也怕曲线不好，因此合同只能是这么写了。

也会出现承诺的提成不兑现的情况，更多是压根不承诺提成的情况。因此，很多时候，跳槽是非常有必要的，一般新的公司想招人的话会答应这类的请求的。

所以说，业内也是有好的公司，说话算话，答应的提成可以兑现。但很多公司会用各种理由不兑现，比如其他部门亏了钱要去弥补，或者说这是市场好赚的钱，不是能力赚的钱，也或者分几年递延等。

总之，不同的公司会非常不一样。一般海归开的公司会好一些，越是本土背景的公司则越倾向于不兑现，特别是一直在国内工作没出过国没在外企工作过的领导，则更可能不兑现。

很多时候公司奖金分配自上而下，比如公司给部门多少钱，部门给下面的人多少钱，这样对投资经理高度不利，只对部门的领导有利，因为无论分到部门的池子有多小，他总能划出一大块给自己，而剩下的人就比较惨了。而且，由于私募证券自立门户太容易了，部门领导也想尽快完成财富的原始积累，然后自立门户，所以不会有什么长远考虑，自己尽可能地多拿，而不考虑团队成员的平衡，这些情况都是需要考虑的。

13.3.2　跟领导意见不合

工作中跟领导意见不合是常有的事。特别是量化交易领域，很多领导也是外行，而一般来说外行都会低估一个领域的难度，不愿意投入太多的资源，但越不愿意投入资源就越做不出什么成果，越做不出什么成果就越不愿意投入资源。

本人在国内有几次换工作的经历，每换一次工资提升一些，自己水平也会一直提高。第一次是一家期货公司换到一家做高频的私募，在期货公司里面我也是研究高频，但是期货公司用于研究高频的资金并不多，硬件设备也不是很强，我自己C++的编程水平也不是很高，而且策略思路可能也有一些问题。但那段时间自己编程水平确实有很大提高，并第一次用CTP写出完整的可以交易的高频程序，也交易了9个月的时间，虽然是个失败的经历，但其实领导本身不是做交易出身，对高频更不懂，也不知道去哪里招懂的人，或许也没钱招懂的人，所以就这么样了。后来实在做不下去了，我就跳槽去了另一家专门做高频的公司。

所以很多时候，如果领导本身不是很牛，跟着他也学不到什么，如果他给资源资金的话自己还能有所提高，继续待着也没坏处；但如果他自己不能让你有进步，还不给这些资源，那待着就没啥意思了，还不如趁早走了。工作的时候，既要认真工作，也要认真找工作，凡事给自己留条后路。

第二家公司是一家私募，做高频有一段时间了，主要是商品，但他们在统计建模上不是很厉害。我是 2015 年 3 月去的，4 月上市了新的股指合约，上证 50 股指期货 IH 和中证 500 股指期货 IC，加上已有的沪深 300 股指期货 IF，就一起研究这三个股指期货之间的高频套利交易。由于市场活跃，交易频率高，规律明显，所以很容易发现很多规律。他们也有专门的 C++ 程序员和交易系统，每天把最新的发现写进程序中进行小修小补，从原来的亏损到后来打平手续费再到每天 20 万元、50 万元、80 万元、100 万元等，成交量也进入市场前 50 名，每天成交数万手，这高频交易算是做成功了。所以说，虽然在上一家公司跟领导关系闹得很僵，但我最终还是做成了自己想做的事，损失的只是我上家公司，我自己没啥损失的，或许损失的只是时间成本吧。

后来高频不能做了，我转去做期货的中低频，也就是本书所写的这些，在第二家公司完成了主要的研究部分，也交易了一段时间。但由于大部分 C++ 和底层代码由其他同事编写，交易监控也由其他同事完成，我失去了对策略的把控，优化、调试、改进都很不方便，于是跟领导也产生了一些矛盾，因此我就去了深圳的一家私募。

其实在频繁跳槽这件事上要这么看，现在中国经济发展还是比较快的，量化交易领域更快，薪资每年都是一直涨的，从应届生工资可以看出。但如果不跳槽很难获得高的工资，再说跳槽的时候可以提各种要求，在原单位提要求未必能答应，但跳槽时候提要求很多时候都能答应。很多人跳槽频繁却对职业发展有害，是因为他跳槽之后做的工作跟原来工作关系不大，技能没法衔接，包括一些企业中高级职业经理人，比如外资跳到民营水土不服，就是这个道理。但我一直做的都是期货量化交易，所有的研究、交易程序都一直有所积累，换工作后一两个星期就能适应，所以对自己职业发展并没有产生什么麻烦。如果在一个公司待三四年，或许会对公司产生依赖，离开之后失去了平台和资源，很可能难以开展工作。

对于一个做量化交易的人来说，从依赖第三方系统到自己写的独立交易系统，从传统的规则型策略到现代的统计预测模型，从原来的全局优化到更严谨的样本内外再到滚动优化，从回测到模拟，从模拟到实盘，从小资金到大资金，从趋势策略到套利、对冲多策略，从单独的期货到股票、期权、债券多品种混合，每一步都是量变到质变。或许在这家公司前进到这个阶段，到另一家公司又前进到另外一个阶段，反正只要自己一直向前进，哪怕这个过程中得罪了不少人，惹别人不高兴，或者被别人惹不高兴，其实都并不重要。

所以说，如果这个领导不是什么牛人的话，跟领导关系搞砸也并没有什么大不了的。如果这个领导真的很牛，反正公司也垮不了，还是安心做下去吧。至于如何分辨领导牛不牛，就要靠自己的判断力了。

13.3.3　关于跳槽

很多职场老手都说跳槽太频繁不好，但在私募行业，很多公司存活都只有一二年，如果公司倒闭，则不得不走了。即使公司存活时间长，但公司内部也会有很多人离职，经常是级别越高的越容易离职，比如投资总监离职开私募，合伙人离职开私募，部门总经理离职开私募等，这种情况司空见惯。

主要原因在于创办私募的门槛较低，很多人都不甘心居于别人之下，很想自立门户。如果是腾讯、阿里等大企业，离职员工创业更多是依赖腾讯、阿里的平台来赚钱，还能够互利互惠；但从私募离职再开私募或跳槽去其他私募的，基本上跟原来的私募形成竞争关系，这也导致在私募领域人际关系会比较紧张。

本人在国内有几次跳槽经历，第一次从期货公司跳去私募，主要因为期货公司对高频支持不是很够，比如放在高频只有 200 万元，而那家私募做高频有6 000 万元；另外期货公司在 IT 方面支持不是很足，没有全职的 IT 开发高频的系统，需要我自己来开发，而我写 C++ 程序只是半路出家，水平有限。但私募有成熟的系统，也有好的硬件设备，另外交易水平也比我高。所以很自然地就去了私募，然后也跟他们一起开发出了股指高频系统，还是有一定成就感的。需要注意的是跳槽的时候不要跟原公司说去哪里，否则圈子太小，他们很可能会去新公司说你的坏话，搞"黄"你的跳槽计划，其实简单说"累了，想玩一下"就行了。

我也没尝试过用新 offer 威胁原单位加薪，毕竟很多时候原单位也有自己的困难，而且也怕他们秋后算账，所以基本上都是铁下心离开的。

跟第二家公司的主要矛盾在于我的中低频交易系统很难融入公司现有的交易系统，因为公司的系统更多的是针对高频，而且负责 IT 的同事自己也会做交易，并不是全职做 IT 的，这就容易产生矛盾。所以一个公司一定要有全职的 IT，但很多 IT 都想搞策略，这样会导致已有的策略研究员的策略很难上线，毕竟 IT 人员自己肯定优先去弄自己的策略。于是我就跳槽去了深圳的私募。

深圳的私募就有全职的 IT，而且他自己不研究策略，很快就跟我的程序对接好，2016 年 10 月 10 日去到这家私募，10 月 28 日开始交易。后来因为结婚在这家私募只待了 5 个月就走了。

现在我自己有了交易系统，而且放在云服务器上，如果去任何公司，基本上一两天就能开始交易了。所以我觉得，跳槽不要紧，关键是自己的工作能接得上，策略和开发都能接的上，自己也一直进步，交易系统和研究体系一直完善，那么不管在哪家公司，其实都无所谓的。

事实上，很多公司中高层更多的是拿了一笔经费，要开展一项业务，虽然自己业务能力不行，但有钱招人，想尽快招到人，所以并不是很在乎一个人跳槽次数多少这些东西，关键是来了就能干活，能出成果，自己可以交差就行了。会纠结于过去跳槽次数的一般是人力资源，或者一些跟项目利害关系不大的人，但如果他们提出反对意见，自己也没有其他合适的人选，用人部门也会给他们施加压力，毕竟他们害怕完不成任务，特别是一个候选人前后面试交流已经很长时间了，无法再去物色新的人。

13.4　业内交流

很多时候，同一个公司的同事有着明显的竞争关系，比如职级晋升等，关系会比较微妙；但同业内其他人之间虽然客观上也是竞争关系，但并没有直接打交道，有时候互相交流反而能共同进步。这一节就来谈一下这种现象。

13.4.1　其他的量化公司

从公司领导角度来看，他们当然不喜欢下面的人有太多交流，但他们自己很喜欢搜集各种信息，这更多是维持一种信息方面的优势，如果领导知道的下属都知道，甚至比领导知道的还要多，那么这个领导显然就很难当了。

其实，高层交流未必能有太多实质性的东西，毕竟具体的活都是下面的人在做，对于那些非专业领域出身的领导来说更是如此。很多中层领导，干的是承上启下的活，他们之间交流，注定只能是夸夸其谈，很难有具体的东西。但跟下面的人聊天，还是能有不少收获的。我知道有一些中后台领导，被调到业务部门之后，本来是想提拔的，但无奈业绩太差，只好被撤换下来，回到中后台已经没有领导职位空缺给他了，这就比较受伤了。因此，很多时候，努力提高自己的知识水平是很有必要的。

因此，要注重同行交流，加一些微信群、QQ 群，还是有必要的，里面会有很多其他量化公司的人，可以一起沟通业内信息，互通有无，未来想跳槽也会有更多内推机会的。

13.4.2　其他一些资金方

一些第三方代销机构，经常有一些私募去路演，他们会有电话会议，可以打进去听到其他私募路演的内容，这也是学习的机会，很多海外华人回国开私募的水平还是挺高的，可以多学习一下他们的策略。

另外，也可以多认识一些私募公司的老总，这样的话自己未来想跳槽也有选择了。我原来在期货公司工作，由于很多私募公司都是期货公司的客户，因此也认识了这些公司的负责人，跳槽比较方便。

还有一些私募，自己策略表现不是很好，希望借助其他人的策略，这时候给的提成会比较高，毕竟这家私募并没有负担那个人的工资，因此会许诺比较高的提成。

毕竟很多人的策略都是中低频策略，盈利并不是很稳定，一般不敢用自己的钱，反正能接的钱越多越好，自己公司的钱，其他公司的钱，多多益善。如果托管到云端的自动化交易，加一个账号也不需要什么成本，平时也不需要更多的运维，其实也是不错的。

因此，多认识一些人，也给自己更多的赚钱机会。我所在的很多私募都会找外部力量，得到的报酬是自己收到部分的 25% ～ 50%。

13.4.3　跟猎头打交道

这一行业很多并没有公开招聘，大多依靠猎头，大家可以去猎聘网搜到这些职位，很多甚至搜不到。有些公司只是有个模糊的招聘需求，等看到具体的人之后，自己的需求也才逐渐清晰化，这其实也是一个互动学习的过程。

其实量化这方面的职位并不多，这一行的猎头确实挺难做的。不像 IT 行业的猎头，大把大公司的人想跳槽去小公司，职业路径很清晰，流动性也不错。但量化这方面，则完全相反。一个萝卜一个坑，目前管理规模还在下降，行业集中度在提高，职位并不是非常多。

因此，跟猎头打好交道，及早知道行业内的职位空缺情况，也是有好处的。很多职位从放出来到最终招聘到人需要长达半年的时间，越是大公司时间就会越长。

13.4.4　跟期货公司打交道

期货经纪业务非常单一，无外乎希望可以在他们那里开户之类的。有一些好的私募客户期货公司有代销和推荐客户的服务，这对小私募来说是比较好的。券商、银行虽然客户群体大得多，但很多客户都是风险厌恶型，不会考虑期货类的资管产品。但期货公司的客户很多都会考虑期货类的资管产品。

如果是高频交易，那么选择好的期货公司就比较重要了。很多期货公司虽然厉害，但更多是现货企业客户比较多，对高频交易其实并不十分了解，这方面的资源也不是很多。

其实，期货公司吸纳高频交易客户很多时候并不是为了赚钱，而是为了提高成交量，争取更好的市场份额，从而吸引其他客户。高频交易的佣金非常低，一般只是交易所的佣金加上几分钱的保障基金，然后交易所给期货公司的返还，期货公司还要返还给客户一部分。考虑到期货公司在服务器等硬件上的投入，这样的话基本上是亏钱的。

这样的话，说明选择这类期货公司的客户其实是捡了便宜的。但如果选择了一些名气大但是在高频方面没什么投入的期货公司，那么就不太划算了。

对高频交易而言，最重要的是交易机器的物理位置，这比机器内部的系统优化要重要得多。每个交易所都有速度不同的机房，而且好的机房位置非常有限，只有在速度这方面占据有利位置，在交易中节省毫秒级的时间，之后的系统内部优化带来的微秒级的优势才有意义，否则一切努力都白搭。

13.4.5 跟高校、学生打交道

虽然量化业内人士对行业发展前景普遍比较悲观，比如工作不稳定，收入比不上互联网和其他券商、公募基金等，但量化交易在高校还是挺受欢迎的。很多人认为这是一个比较高大上的行业。

很多高校会邀请量化领域的从业人员去开展讲座，介绍行业发展和职业前景等。本人也去讲过一些。对于在校学生而言，特别是理工科的学生，他们对金融都缺乏一些基本的概念，比如量化对冲、期货、期权、回撤等。就像普通客户买私募产品，预期都是盈利 15% 最大回撤 5% 的，但一年下来亏损了 3% 就受不了了，事实上这还没有到最大回撤呢。

其实回想起 10 年前自己读书的时候，对这行的信息的认知也都来源于网上，比较零散，缺乏系统性的认识，但很多观点在 10 年后的今天其实并没有什么改变。10 年前比如我就想做这种二级市场的交易，不是复杂衍生品的柜台交易，10 年后依旧如此；10 年前觉得量化交易比精算好，10 年后也是如此。当然，变化的地方在于 10 年前或许我会认为量化交易用了某些神秘复杂的模型，然后自己想去学；10 年后的今天，我更多认为量化交易是一个系统工程，需要收集更多信息，完善交易系统，不断小修小补，降低交易的随机性，提高赚钱的可能性等。

从自己招聘实习生和应届毕业生的经验来说，多跟高校打交道也是有好处的。可以及早接触到优秀的学生。其实很多量化交易从业人员在读书的时候也不是那么厉害，比如学校不是特别好，在学校的成绩不是特别好等。如果可以

招到比自己当年厉害的学生，对自己和公司的长远发展都是有好处的。如果潜力、素质还不如自己，那招来以后干什么呢？

现在社会竞争压力也比较大，特别是很多人都有中年危机，中间层的人表面威风，决策是上面的，干活是下面的，自己只要承上启下，但实际上风险也挺大。比如之前我说的一位领导，本来在后台部门干得好好的，拿着按照级别定的不低的奖金，即使有业绩考核，也是那种不跟实际盈亏挂钩的考核，就看 ppt 怎么写了。但后来硬是被调去了级别更高的前台部门，无奈业绩考核太直接，可能行情也不大好，很快就被撤回来，原来的领导岗位已经被别人占了，这就很被动了。当然，如果他在业务部门也能有不错的业绩，凭借着中台、前台多年经验，当个公司副总或许是很有希望的。但在前台部门，如果一直亏钱，上级领导想保也难，万一继续亏呢？

所以有些人也会积极地当高校的校外导师，或者 MBA 的兼职教师，获得额外的收入，即使主业受到影响，副业还能保住，生活不至于一败涂地。

13.5　本章小结

本章介绍了职业发展的一些问题。其实量化这一行，业绩评价过于明显，除非是一些故意使得工作考核模糊化的领导，否则每个人的业绩都挺明显的。当然，业绩会有一定的波动性，因此考核期最好比较长一些，比如美国终身教授的考核一般 3 年一次，6 ～ 9 年才可能晋升副教授。如果几个月看不到成绩就想开除员工，这样的领导，其实自己往往也没能力做出业绩，自己被开除也是指日可待的。所以说，还是要努力提高自己的知识水平，该完善的完善好，自己要做好技术和知识的积累，至于能不能赚钱，或者赚大钱，职业长期发展等，很多时候都不是自己能够左右的。大家业余时间可以读一下美国罗伯特·弗兰克所著的《成功与运气》（张琪译）一书，其实很多时候赚钱与否并不必强求。

本书更多是教授科学研究的方法，但实际交易是一个系统工程，两者不大一样。即便高中物理学了飞机飞行的原理，但不代表就能造出飞机。交易也一样，道理都是这些，但不代表你懂了就能稳定赚钱。科学可以指导工程，但代替不了工程。求职面试的书很多，但不代表读了就能找到工作。市场有风险，如果按照本书所说的去交易最后亏了钱，本人概不负责，毕竟读者如果用本书的方法赚了钱我也分不到。道理是一样的。

　　当然，如果读完此书，还在纠结投资到底是科学还是艺术，沉迷交易心态那种毫无素养的空洞哲学层面的问题，这本书也就真的白读了。

后记

　　终于完成了《中国期货市场量化交易（R 与 C++ 版）》的写作。这段时间期货市场行情跌宕起伏，特别是自 2017 年 10 月以来，黑色系主要品种每天大幅波动，在数百点的大区间宽幅振荡，上涨下跌阴晴不定，一改国庆节前的连续下跌流畅行情，很多业内知名的量化期货团队都遭遇了重大考验。

　　可能有人会问，如果一个策略能赚钱，为什么要把它写出来呢？其实，这混淆了科学与工程、科研与产业的关系。我们首先不要把期货交易、量化交易特殊化，就把它看成一个普通的职业，很多问题就容易解决了。比如网上有很多教人做糕点、麻辣烫的文章，而现实中卖糕点的可以做成很大的产业，卖麻辣烫的再不济每个月也有三四万的收入，那既然这些能赚钱，为啥还有人写那些文章呢？因此，本质上来说，哪怕是做蛋糕做面包这么简单的事，普通人可以做给自己吃，但一些大的食品集团可以赚几亿几十亿元，本质技术差不多，但规模上会有区别。量化交易也是一样的道理。

　　也有人会问，如果写了这些策略，别人学会了，会不会影响自己赚钱？其实要这么理解，我写出来，首先别人未必相信。其次即便是他们相信了，也照着做了，每个人风险承受能力不一样，他们也未必能坚持。最后，哪怕他们坚持下来了，或许占据了一定的市场份额，但这些损失由全市场其他人来承担，并不是我一个人承担。但我写书带来的名利上的收益属于我个人所有，因此这是不一样的概念。

　　最后，祝愿大家都能在期货量化交易中取得好的成绩！